鲍德里亚访谈录

ENTRETIENS

1968—2008

［法］让 · 鲍德里亚 著

成家桢 译

上海人民出版社

目　录

前言　洛朗・德・叙泰　／ 001

僭越是一种政治行动模式吗？（1968）　／ 001

亲身参与、打破建制，并拥有建制外经历的运动分子，如今却更受制于建制。

观影故事（1982）　／ 029

我没有真正的"电影素养"，但电影是我乐于为之当观众的唯一事物。

鲍德里亚的诱惑（1983）　／ 040

我试图去除冗余，为的就是避免充盈。我们应当在各种空间之间创造空无，因为那里曾存在着冲突和短路。

一个毫无矫饰的世界的矫揉造作（1983） / 048

我们拥有一种新的激情，但它不是对存在者所独有的主体性产生任何幻觉，而是为自己的变形着迷。

命运中存在的可逆性力量（1983） / 052

我指望一种可逆的宿命，一种可逆性的力量，为的是喝倒彩，为的是反抗。

晶体复仇（1983） / 063

晶体是什么？是物，是纯粹的物。它也许会开始自我讲述，也存在着进行复仇的可能。

图像从根本上不是不道德的吗？（1984） / 089

如果人们想把图像变成任何寓意的载体，那么它就会完全失去自己的魅力。

蒙当、科吕什、勒庞：同场竞技（1984） / 097

自由，自由，三千年前起就是同样的政治善恶二元论。先前的自由捍卫者，也成了废除自由者。

灾难一般，但不严重（1984—1985）　／ 103

从意义、观念、目的性的角度来说，情况是灾难性的，我们不必隐瞒这一点，但同时，情况并不令人悲观。

作为虚构的美国（1986）　／ 127

在那里，自然和文化的问题不再被人提出，人们超越了现实。

大众的冷漠（1987）　／ 135

大众，这个在其中一切变得可逆的黑洞，讽刺性地取消了政治游戏及其可笑的话语。

可惜了！巴塔哥尼亚（1990）　／ 153

美国之行并不是计划好的，这是一个自发的过程，一种相遇。这场心灵之旅兼理论之旅，不可能再来一次了。

写作总是令我愉悦（1991）　／ 168

人们总是把我归为"忧郁且绝望的阐释者、虚无的搬运工、入殓师"……相反，我自己则是带着愉悦而写作的。这是生机勃勃的，远非绝望的。

这瓶啤酒不是一瓶啤酒（1991） / 180

我曾决定不写不朽的作品，决定从容不迫地从事写作。我把这叫作"当一个没有结果的知识分子"……这是获得免疫的唯一方式。

尘世的无调性的风景（1991） / 198

我所谈到的冷漠，是欲望深层的冷漠，是灵魂的荒漠，质量的缺失给了它一种罕见的质量……

封面故事（1993） / 207

有人给了我一台日本造的小玩意，在坐飞机回国的途中，我从高空俯拍了西伯利亚，从此开始了摄影生涯……

一个终极的必要反应（1994） / 220

仇恨没有主体，也没有可能的行动。它的存在模式是激烈的、自我毁灭的行为表演。

事实性与诱惑（1994） / 235

在跟踪中，跟踪者想去某处，但他内心里完全不知道要去哪里。而被跟踪者呢，夺走了对方游荡的方向。

解剖 90 年代（1996） / 248

长久以来，一切都被完全剥夺了生命力，话语本身不过是对
自己的戏仿。

即兴喜剧（1996） / 277

大众的艺术消费并不意味着他们赞同文化教给他们的价
值……大众不再反对任何事物。我们看到了一种排列看齐的
形式。

病毒的与转义的（1999） / 287

二十岁时是啪嗒学家，四十岁时是乌托邦主义者，五十岁时
跨界，六十岁时成为病毒的与转义的。这就是我的整个故事。

鲍德里亚解码《黑客帝国》(2003) / 300

《黑客帝国》有些类似于一部关于矩阵的电影，但也正是矩
阵建造了它。

镜像中的摄影报道（2003） / 305

照片并不是作为图像，而是作为现实的碎片被把握和评论
的。我们给照片嵌入了信息，并赋予其政治意义。这是在对图像
施加暴力。

谋杀现实（2006） / 310

建筑造得越高，它就越体现出全能的虚拟性，我们也就越幻想它会倒塌。

世界的解药在独一性那边（2008） / 318

每个人的身上都仍然存在着某种生命力，某种依然在抵抗着的不可化约的东西。游戏还没有结束。这就是我的乐观性所在……

前　言

洛朗·德·叙泰（Laurent de Sutter）

　　思想的出现有两种可能的模式：或曰计算与组装，或曰推导与诱发，或曰程序与直觉。在前一类中，我们看到的是这样一些思想家，他们在将自己的观念付诸纸上之前就把它们雕琢得像是艺术品那样；在后一类中，我们看到的是另一种思想家，他们的表达形成了关于概念、他们的环境及其生活模式的生态学。让·鲍德里亚显然属于后一类：于他而言，在写作和思考之间，在展示一种表达风格和探索一种理论的分支之间几乎不存在什么差别。如常言所说，鲍德里亚对思想之书写的关注可能是因为他经常阅读文学，因为他对德国浪漫主义巨人的妙语和片段拥有真诚喜好。阅读鲍德里亚，总是指一种投降的方式，即向一位思想家的诱惑投降，这位思想家与哲学传统相反，认为实际上只有在精神被诱拐、理智被挑逗性地带偏的情况下才会有观念出现。**诱惑**，对于鲍德里亚而言，从来都不是一个注定给理论加上彻底僭越之灵晕（l'aura）的简单词汇，而是一桩事实：整个理论首先都是这样一种多少获得成功的僭越的体现。一门不**是**诱惑的理论，就不是关于整体的理论；归根结底，它只不过是一种可笑的概念编码，一种概念的数学，后者连对那些热爱数学的人而言才有的操弄公式和等式的愉悦都丧失了。但是，这样一种数学本身也属于诱惑，只要这是以对愉悦的假设为基础的禁欲主义即可，哪怕这一假设是被压抑的，甚至是被排除在外的——准确来说，那种愉悦就在于相信自己可以控制自己。在鲍德里亚看来，诱惑，及其暧昧的允诺遍及各处，除了人们出于预期理由 ① 而拒绝看到诱惑的地方。正是这种对诱惑的假设赋予了鲍德里亚的文本以其独有的色情及其唐璜般的光芒。然而，这一色情并不是一种简单的美学品质：思想一旦**是**诱惑，它就会反过来变成由其强化带来的考验，而它自身则随着这一力量而得以构成——这是对其恰当性的悖论性证明。

然而，就算人们从此明白，由鲍德里亚署名的**文本**本身就属于关于诱惑的认识论，那么人们还是会常常忘记这个观点：诱惑在鲍德里亚那里大大超出了书写的清晰界限。正如他和自己的朋友雅克·东泽洛（Jacques Donzelot）在楠泰尔（Nanterre）教授的"啪嗒社会学"（patasociologie）② 课程长久以来所见证的那样，诱惑，就其本身的情况而言，也包含了讲话的技巧，无论那是口

---

① 逻辑学术语，指使用其真实性尚待证明的判断作为论据去证明论题的真实性。——译注

② 借用自法国剧作家阿尔弗雷德·雅里（Alfred Jarry）自创的概念"啪嗒学"（pataphysique），它是对形而上学（métaphysique）的戏仿、改写和讽刺。——译注

头教导还是公开演讲。在鲍德里亚写下的作品之外，因而还存在着一部宏大的口头作品，它由课程录音、电视节目、广播节目以及无数发表于全世界报纸杂志的访谈构成。这一口头作品，远不止构成了其书籍作品的衍生产品；毋宁说，这一口头作品形成了书籍的替代性的存在模式——除非我们说书应该被看作对口头的替代。因为，书在鲍德里亚的作品中所享有的表面上的特权实际上近乎牢笼：这一特权是一种视幻觉，它让人无法察觉到在此的首要之物并非**书写**的诱惑，而是书写的**诱惑**。因此，我们应该由此推导说，书只能解释诱惑的某一种可能模式，而话语和图像（以鲍德里亚本人在其一生中拍下的照片为例）则具有别样但完全同等的重要性。诱惑是第一位的；其余的都是第二位的，它们是根据一些不可能的要求——同自身保持永久的距离，同自身表现（un se ducere）保持永久的距离，其中，距离总是比人们所远离的东西更加重要——而展开的。这就是鲍德里亚在其职业生涯中为我们提供的各种各样的访谈应当和他的理论文本或抒情文本一样，被人仔细且饶有趣味地思考的原因。无论如何，关键是这两类作品展示诱惑的方法，而这一诱惑可以防止它们囿于对其所提出或捍卫的观念作简单解释——因为，一旦与其色情分离，这样一种观念就会无足轻重。要思考，就必须要有诱惑，这就是全部。诱惑的各种展示模式就其本身而言只给出了自己略带微笑与讽刺，且多少令人神魂颠倒的脸庞。

　　正是因为诱惑对表达形式具有优先性的名义，我们才决定将以下文本汇集起来，以组成这部书——这些文本从其源头上说都属于口头的东西。几十年前，益格鲁-撒克逊读者就有了按他们的想法汇编起来的大量访谈、对话和采访；然而，尽管他们对此是感兴趣的，并且他们的人数正越来越多，这些人却没能接触到鲍德里亚的法语作品 ①，这一点似乎有些奇怪。然而，对于思想家来说，诱惑的语言首先是法语，因此我们可以认为，一开始只限于收集以法语记录、出版的文本是更可取的，尽管这不利于那些首先通过英语、葡萄牙语、意大利语、日语等方式认识鲍德里亚作品的人。鲍德里亚不惧怕通过法语以外的语言来表达自己，但是，让发生在陌生语言中的交流接受翻译处理，这对于一名法语作者来说似乎应当是之后的事情了。因此，我们将会在这卷书里看到大量法语文本，它们展现了鲍德里亚和记者、大学教师、作家等来自不同领域的对话者关于鲍德里亚公共生涯中关键要素的对话。同他们一起，悬挂在鲍德里亚理论工作重要一面之上的幕布才得以揭开——我们希望这一面后面还跟着许多其他的方面，因为，正如我们将会在浏览收录于此的文本时看到的一样，这些材料既丰富又鲜活。一旦鲍德里亚**在**言说**的时候**思考，一如他**在写作的时候**思考（即是说，在书写的动作本身中），我们实

① Jean Baudrillard, *Baudrillard Live*, éd. Mike Gane, Londres, Routledge, 2002；Jean Baudrillard, *From Hyperreality to Disappearance. Uncollected Interviews*, éd. Richard G. Smith et David B. Clarke, Édimbourg, Edinburgh University Press, 2015；Jean Baudrillard, *The Disappearance of Culture. Uncollected Interviews*, éd. Richard G. Smith et David B. Clarke, Édimbourg, Edinburgh University Press, 2017.

际上就不会惊讶于在此发现了那么多惊人的概述、灵光一现的观念、闪耀动人的表达，这都是在别处看不到的。闻所未闻的不仅仅是它们的表述，还有它们的内容本身——那些观念和视野是在谈话中随性展开的，而谈话又往往是应时而生的，无论它是涉及了报纸新闻，还是作者作品本身的现实性。除了**重新发现**鲍德里亚所带来的愉悦，我们在本书中读到的文本也提供了以不同方式，在不同语境下，或面对着新颖问题和疑问的情况下发现的鲍德里亚为我们带来的愉悦。

　　没有玛丽娜·鲍德里亚（Marine Baudrillard）的意愿与支持，没有《冷记忆》（*Cool Memories*）的保障，没有在马克·纪尧姆（Marc Guillaume）的主持下联系起来的让·鲍德里亚的朋友们，这部书的构想是不可能实现的。这个构想也需要大量录入文稿、数字化和校对方面的工作，而这由法国大学出版社的编辑团队热情且迅速地完成了。显然，它最终也得益于理查·G.史密斯（Richard G.Smith）的帮助，他是斯旺西大学的教授，也是近期在爱丁堡大学出版社出版的两卷鲍德里亚访谈录的主编之一。他非常愿意提供自己所拥有的一套完整的鲍德里亚法语访谈的影印本，这让这卷书的编写工作变得更加迅速和简单了。不过，这卷书所选择的文本仅仅是法国大学出版社和玛丽娜·鲍德里亚之间协商的结果——文本的挑选所根据的原则不同于英语出版社之前的挑选原则：对于尽量删除冗余，我们是小心翼翼的。这卷书并没有按照研究鲍德里亚作品的博学专家的想法来构思，而是按照一切将其思想视作依然鲜活生动的人的想法来构思的。

最重要的是让人理解收录于此的大量访谈中出现的想法的新颖之处，而不是试图满足大学编目工作所要求的完整性标准——鲍德里亚也害怕这一做法。因此，我们不应违背他的意愿而为研究者搭建一种档案，无论这样一项事业的好处出于其他理由会是什么。对这一规则的唯一触犯，就是目下的这篇前言，它给自己的唯一辩解，就是它远不止具有简明扼要的特征，还有强调这一事实的必要性：这次出版要归功于上文提及的所有人。此外，我们在以下书页中听到的只是鲍德里亚本人的嗓音，它只带有一种沉默的评论，而这一评论将在每个人的头脑里，与对其意图的发现相伴。这一嗓音是诱惑本身的嗓音，其颗粒感颇为厚重，且一直闪现着讽刺的灵光。

僭越是一种政治行动模式吗？^①（1968）

B 一方面，在符号学和语言学分析的层面上，出现了一种新的词汇。我们可以规定其中某些用语。我们需要作一些词汇学研究，甚至还要弄懂它的句法；这完全是传统意义上的语义学分析。但另一方面，也的确出现了一些干扰形式、一些行动形式，这也许是一些被言说的形式，我认为它们不属于经典符号学分析的领域，而属于语言的高阶范畴，属于整个符号学都必然会忽视的范畴。我建议大家把这种在更高层面进行言说的范畴叫作"表达"（expression），因为它是在更基础的位置上言说的，也就是说，它解构了编码，它是具有表现力的；这不是因为它创建了新的句法或新的词汇学，而是因为它解构了现存的句法和词汇学。

C 具体来说，它可以通过何种形式表现出来呢？因为，它

---

① 《La transgression est-elle un mode d'action politique?》，*Communications*，1968，n° 12，pp. 159—174. 这是在让·鲍德里亚、贝尔纳·科南（Bernard Conein）、洛朗·科尔纳（Laurent Cornaz）、弗朗索瓦·戈特雷（François Gautheret）、勒内·卢罗（René Lourau）、让-弗朗索瓦·利奥塔，和埃莱娜·于里（Hélène Uhry）之间展开的对话。我们无法明确区分这些话分别是谁说的。

的出现毕竟最终是要铭刻进一些形式之中的，例如新的表现模式——街垒，或依然是书写模式——墙上的涂鸦。当然，它们拥有一种具有超现实表现力的诗意内容，而墙面则是明确的元素，是新的能指。

B 3月22日，当楠泰尔的大学生爬上行政大楼说"你们刺死了越南委员会的三个好人，而我们，我们要在你们的高处睡觉"时 ①，就是在那里，人们掌握了一种极端简单的形式，我把它叫作具有表现性的，恰恰是因为它完全改变了这句话那普通的、功能性的用法，恰恰是因为它以僭越为代价而扭转了那句话的用法。这一僭越曾被所有人如此感受到，即是说，它曾激起了异常深刻的情绪，一桩真正的丑闻。正是这类干扰在我看来是重要的，因为它恰恰摧毁并打破了禁忌。

C 无论如何，这种风格的干扰并不是纯粹的创新，它毕竟还是以符号为支撑的。楠泰尔的九楼也是一个符号，而干涉措施指责了这样一种符号。

B 这不再是保守派所想的那种毁灭；这远比他们想的复杂。

A 你能再把你所理解的"解构"说得清楚一点吗？

B 好。比如，我想到的是福纳吉（Fónagy）在《第欧根

---

① 1968年3月22日，巴黎近郊的楠泰尔大学的数百名学生召开大会，呼吁法国政府释放两天前因参加反越战活动而遭拘押的六人。当晚，一百多名学生占领了楠泰尔大学校长办公室。此事件为著名的五月风暴的导火线。——译注

尼》（*Diogène*）上发表的一篇关于诗歌语言的精彩文章①。他指出，诗歌语言的全部内容准确来说都在于隐喻移置，也就是僭越、转义，总之，是对语言的一般秩序的僭越，例如，对句法结构的僭越。我把这样一些僭越叫作解构，也就是不断赋予意义；因此，这不是纯粹的毁灭；因为这样一些在编码内部的运动操作，使我们甚至拥有了新的意义；我们走出了意指（signification），进入了意义（sens）。

C 这有点像雅各布森的诗学理论：将范式投在意群之中。

B 是的，但这一语言——它最终并不是语言——的有趣之处完全不是雅各布森所想的在话语秩序中实现意指和交流所必需的隐喻和换喻；恰恰相反，它的代价通常是丧失交流，是让那个在更高层面言说的东西显现，也就是让意义显现，后者并不追求在交流性的意指中说出自己。在这次五月运动中让我感到震惊的就是这件事情，因为这里存在着一些不在官方建制中自我言说的事物，它们只以其自身的解构为代价而自我言说，也就是说，通过一种全然诗意的操作来言说自己。

C 这是诗意的、启示性的操作；我认为，这一涌现模式或抗议模式最终揭示了建制的根本之所是：镇压。此外，这事实上也是对这类干扰的限制。不创建任何事物的运动在很大程度上是否定性地、反应性地以既有价值，即镇压性的系统为生的。

A 这完全符合福纳吉的论题；如果镇压徒有其表的话，那

---

① Ivan Fónagy, «Le langage poétique, forme et fonction», *Diogène*, 1965, n° 51.

它就有点像以等价原则为基础的诗歌语言中空洞无物的所指：它可以指任何东西。我们越让等价原则（即选择轴在组合轴上的投射）饱和，所指就愈发显得缺席。因此，建制作为所指——相比于通过之前的理论研究来理解它，我们现在能更好地理解——乃是镇压。它的显现只能通过"诗歌工作"（事实上是政治工作），即试图从来自建制、空间、大厅、楼层、门、禁忌的现有材料出发解构语言。

  B 从根本上来说，在关于语言结构的论题中，是什么构成了意指？是禁忌，是合乎规则的分离。意义就悬挂在一些合乎规则的分离之上，即禁忌之上。这些限制正是作为任何结构分析之对象的意指的源头。过去这段时间令人感兴趣的，恰恰就是它揭示了这一点：建制从根本上来说是镇压，即禁忌、合乎规则的分离；在这里我们可以做什么，在那里我们不能做什么，等等。而运动立刻成了对禁忌的僭越，因为这是属于大学的政治表达和活动的权利。准确来说，僭越禁忌，由此而来的这种不确定性，一直都是大学的真实功能。人们一直都不知道大学有什么用，我认为人们现在也不知道。

  A 除了大学的政治化，我们所描述的这个过程符合某种以政治化为目的的事物吗？换言之，这类解构的话语旨在揭示被指涉物（即建制的现实），但其方式却被五千万法国人（也许没那么多）视作消极的，那它在对谁言说呢？它是否能像不同于纯粹的消极性的东西那样而对人们言说呢？它能作出补偿吗？

  D 显然，按这一观点，事件什么也没有改变。既然事情有些复杂了，既然选举开始了，好吧，那么就像人们说的那样，所有这些从事政治的人都重新拾起了他们在危机发生之前的分析，重拾了他们的思考模式。他们在政治层面上把运动变成了资本，但这是和危机前的政治层面相同的层面；我认为，这里的僭越，这新语言，这诗歌语言，人们如今试图定义它们，但人们却没有意识到，它们一点也没有在建构性的政治话语中得到把握。

C　我感觉，词汇实际上自有其重要性。工人罢工曾以尊严、"冷血"的名义进行，而这都是些同大学生的词汇和价值系统相对立的东西。就算在以阶级斗争的意识形态为名义的时候存在一种共识，但在传统的政治层面上，价值系统的分隔也无法被完全消除。

D　昨天晚上，我和一个作为运动核心的政治小组在一起，里面有一些干部、工人，都是些四五十岁的人，他们说："那么，现在发生了什么？不再有运动了，人们在哪里？"的确，一方面是期待，另一方面则是传统的回应和形式，它们无法真正回应那些期待。在某一刻，这些人察觉到了某种东西，他们感觉到某些禁忌被僭越了，他们隐隐约约看到了一种可能性。随后，他们产生了这样一种印象：那种可能性会立刻消失。他们不知道要在哪里寻回那种可能性。他们在政治团体、政治建制、政治学说中寻找，可这并不奏效，并被人完全晾在一旁。这里出现了一种疑难：人们待在那里，扪心自问："我们要做什么？"

B　当你谈到政治化的时候，人们会觉得，对于你来说，政治化是一种已经异常完整的活动了；而在五月运动中，有一瞬间引起人们兴趣的东西正是某种醒觉，是针对某些被当成规范的、人们习以为常的、建制化的事物的关注。这些事物因此立刻失去了其建制特征。人们意识到他们可以超越这些建制。

D 你说的"人们"（on）是谁？这个"人们"恰恰不是舆论，不是大众，而是有意使自己变得政治化的那部分人。

B 亲身参与、打破建制，并拥有在建制之外的经历的运动分子，如今却更受制于建制，他们更多地感受到自己身上的重担，这甚至表现在了他们在此刻尝试的政治化的形式之中。

A 你怎么理解建制在新的政治化形式上附加的重担？

B 所有人都曾告诉自己：这里曾有某种敞开，某种醒觉。让我们开始为此努力吧。人们直接参照已经被研究、被建制化的形式，人们开始重提列宁和马克思等人。这一行为恰恰是危险的，除此之外人们并没有尽力去创造新的语言形式。

A 我之所以如此相信这一点，是因为运动是根据某些方法、某些十分原创的程序而诞生于某些情境中的，是因为运动不遵循过时、庸俗的说教模式。很明显，人们此时不会马上重新引入这种说教和宣传标准。此处，问题在于"具有意识"（prise de conscience）。很明显，五千万法国人并不具有意识，甚至连一千万罢工者也是如此。两个月前开始的事情正在朝着这样的方向发展：除了少数派的革命教育为大众塑造的必不可少的杰出意识，我们还应该找到其他的标准。

B 当人们之前说，在运动的诸种价值和工人运动的价值之间，且尤其是在运动的诸种干涉形式和罢工本质之间维持着一种完整的外在关系的时候，我认为这是一种过分悲观主义的看法；这正是工会曾试图给工人运动描绘的图景，这乃是其最为建制性的一面。但是，我们不应该忘记，罢工是在年轻工人不受框架和建制干扰的基础上发动的，并且，如果罢工能够得以维持，也完全是因为这一点。换言之，在某一部分工人阶级中，在年轻一代的工人阶级中，存在着这类表达的真实反响，这是毫无疑问的：工人阶级中的这个阶层得到了承认，它宣布："如果人们不仅想要推翻资方的控制，还有工会的控制，那么就应该走向这一面。"于是，当他们随后对自己说"现在，这里不再有任何东西了"的时候，一切都烟消云散了。事实上，从运动诞生起，这就是不可避免的：这就是欲望的意义。因为运动在以难以置信的速度陨落，这的确是难以置信的速度。八天后，不再有任何人了，诸种类型也不再被承认和追求了。这意味着什么？这不是说运动死了。根据传统的政治标准来说，运动是死了；但是，在传统政治标准之上，3月22日的运动是绝对的典范。它从来都不像传统的政治运动，它是以不同于政治组织的模式存在的，它依赖于表达性的诗歌模式。

　　C　我坚持认为这两种价值系统之间存在不对称性，但我不会把它们同两个社会范畴混淆起来，这两个范畴就是大学生和工人。我坚持认为这两种价值系统的表现十分抢眼。例如，在劳动者那边，表达欲望的唯一方式不是使用物质需求、工资、福利这样的词汇，这都只是第一个层面，是肤浅的层面；恰恰相反，表达欲望的唯一方式是使用价值、社会承认等词汇。这就是他们的表达形式。相关的僭越发生了，它直接重新激活了资产阶级的价值系统，而我们从前也在把工人阶级向资产阶级的价值系统引导。的确，这是工人阶级诉说其所意愿之物的唯一方式，而非意愿尊严和其他类似事物的唯一方式。这已经是一种行动了，资产阶级的价值系统也许会在之后被这些人所超越，这些劳动者，他们如今要求的正是这一点。但这一切还需要时间。某些事情发生了，但还有某些事物没有被超越。

E 是的，但我认为我们已经猜到了年轻人所拥有的在两种价值系统之间的沟通渠道。如果青年工人和大学生碰上了，这并非偶然。也许是因为在传统的意识形态信息之外，朝年轻工人讲话的更多的是**媒体**、工具、街道、骚动，以及类似的东西，而非著名的意识形态内容本身。

D 我相信，传统的诉求政治（la politique traditionnelle de revendication）事实上被理解为这样一种做法，即或多或少地满足工人阶级的欲望，满足其肯定自身的意志，哪怕这一点并没有一直表现出来；这是僭越某种资产阶级秩序的意志，可该意志每天都生活在这种秩序之中。哪怕是涨工资的要求，我想也是可以这样理解的。但现在发生的事情是：这一表达在五月变得更加纯粹了，这是没有要求的纯粹表达。从这个观点来看，这表达是转瞬即逝的。正是它让要求的诸种古老形式发生了蜕变，使要求如今看起来就像是原始的东西一样，这里我指的是它近乎天真；现在，我们应该走得更远一些，应该更坚定地自我肯定，我们不再需要以要求作为托辞。

A 我们接下来讲讲这场运动衰落的速度。政治化是在手段的层面上形成的，这些不带信息的手段曾很快得到使用，又很快被带偏。例如，在某些举动中，就存在着主动占领的模式。那里有着真正的僭越，但这种僭越很快就被信息带偏了，这是一些传统的信息，它们整合并收回了这一新手段；例如自治的手段，它曾渗透了整个工人世界，但随后又被带偏，也许是法国民主工联（CFDT）带偏的（法国民主工联并没有明确它所理解的"自治"是什么，但我们可以猜到）。尤其是，诞生于这些事业中的新的组织形式，也或多或少被某类携带信息并整合了手段的建制带偏了，并且还被附加了某种信息。我想向您提个问题：我们讨论了运动的诞生，但这信息是如何诞生的呢，既然它唯独无法诞生于手段？它是如何出现的呢？它已经出现了吗？

D 事实上，我们察觉到这里平行地存在着两种被使用的手段的形式：伴随着传统组织的传统政治的手段，它是可以被概括并理解的；与之保持平行关系的是一些新的手段，它们模糊了自己的足迹，但也许擦碰出了可辨认的火花。这是一些更惟妙惟肖的东西。关于政治化的计划，我们会试着看到这两种语言和表达形式是如何运作和推进的。

C 这就是我要提的问题：这些僭越和表达的模式会铭刻入某处吗？存在人们可以由此作出反应，也就是发动政治运动的基础吗？存在朝一种有组织的政治语言过渡的可能性吗？

A 这有点儿像我要提的问题：人们曾经使用的自发手段只有在它们于某种建制、话语、定向的形式中被把握的时候才具有真实效力吗……?

B 我相信，人们与之打交道的是一种完全不同于传统政治的行动，它把传统政治视作整合程序。人们感到焦虑，是因为他们实际上不再知道要做什么。我相信事情会继续以全然隐蔽的方式，通过讨论、阅读而逐渐得到发展，并且无论如何，它都会突然出现，这就是我们所能说的一切。现在并不是进行传统意义上的组织的时候。组织直接表现为我们要拒绝的东西，就像是政治意识形态的老把戏一样。实际上，我认为，某种东西并没有被超越；我们也许处在一个完全不同的层面上，因为这是现代社会第一次受到了质疑，它不仅仅被视作剥削或政治上的镇压，还被视作异化。

C 我们不只要谈欲望。因为有一些政治学和社会学的资料表明，毕竟正是大学生导致了当前的社会和意识形态局面。我们会问（问题不在于理论化和预言，而在于分析），这一局面是在何种基础之上才能扩大化的，这就是全部问题。例如，在曾被叫作"青年劳动者"的社会范畴的基础上，是否还有这一运动再次出现的可能性，且这要比单单从大学生那里出现运动的可能性更大？我们会问，几代青年劳动者（他们的受教育时间更长，并对迄今为止还只属于大学生的问题意识具有感知力）究竟会不会在政治层面上构建出一些如今还欠缺的元素，即在工人阶级层面上的连锁反应？欲望，这是我所意愿的；但我们应该预见，这一欲望所穿透的正是彼此联结的现存范畴。

B 我们与之打交道的是一个现代社会：首先是大学生，当然，还有一些青年劳动者，他们掌握了越来越多在第一层面上，即在需求层面上去除自身异化的方式，欲望在这一层面上是通过需求的词汇而体现在物上，并被集中在建制化的情境中的。运动为什么会诞生在大学生那里？恰恰是因为这个社会阶层可以很容易地解救出欲望，这是另一种东西，是改变生活的要求；因为现代资本主义的问题就在于不断平息欲望，以便将其改造为需求，并将其表现在物上。但是，年轻一代的大学生已经开始从事这项工作，毫无疑问，年轻一代的工人也会如此，或已经在这样做了；再说，这就是异化和去异化这样的词汇在那一代人身上异常重要的原因。我多年前起就和劳动者一起工作了，他们说："批判生产已经有人做过了，批判传统政治也有人做过了，但是，我们应该批判异化，批判一般消费，这是现在的当务之急。"同时，问题在于将这种能力从其他不断被导向、被施加到物上的事物那里解放出来，并从得到整合的事实中解放出来。我相信，在那里存在着一种开放的观点，在这种观点看来，现代资本主义将会毫不停歇地颠簸运转，也就是说它的运转会伴随着大起大落；这一层面上将不再会有和平，这对于所有现代资本主义国家而言都为真，且毫无例外，无论是东方还是西方。

  D 因此这是说革命的概念完全过时了吗？

  B 这里不曾有革命的概念。因为革命曾经成了一个概念，它成了义素（sème），这是语义、词汇和句法整体中的一个意义观念；曾有一些可以被说出的句子，在其中，"革命"这个词拥有了它的字面意义等等。我们恰好正在说这个曾被生产出来的东西，这就是对此一词汇的解构。说这过时了等于什么也没说。相反，人们曾经所做的事情倒是具有革命性的，如果说革命的确就是解构的话。

C 阶级斗争的概念对应了剥削的概念。那在这个新的语境里，对应阶级斗争概念的又是哪一个概念呢？我感觉，事件——它们同时也在关键之处，即在文化中，在价值中打开了一个缺口——重新激活了分隔，揭示了现代社会不仅仅建基于阶级间的敌对关系，还建基于新的区分、文化区分系统、价值系统的游戏，统治阶级也由此模糊了阶级斗争的模式，并批准了他们自己的特权。

A 这是何种分隔？

C 传统的工人阶级如今不得不通过要求福利和消费品来表达自己。他们在某种程度上致力于消费。消费于他们而言是自我表达的唯一方式。而特权阶级则没有这样，他们会过度消费。他们的真正特权在别处，他们能占有权力、责任、决策，而工人阶级和中产阶级则被剥夺了这些东西。

B 我们无法把工人阶级当作这样一个群体，他们只是身陷消费，并且热衷于作为其唯一表达模式的消费。有大量征兆表明，恰恰是对于年轻一代的工人而言，这种导向，这种消费性的补偿变得好笑了，他们也会批判这种导向。我想到了《周六晚还是周日晨》（*Samedi soir ou Dimanche matin*）这样的书。它已经在高声宣告，其内容正是对这类整合的蔑视，是对其他事物的欲望。

C 有一种社会策略取代了阶级斗争的策略，它超决定（surdétermine）了后者，并试图搁置奴隶的道德价值系统中的全部范畴：这种策略就是愉悦和不负责任。

E 问题在于拒绝还是异化？因为注意到这一点是很令人惊讶的：一些试图作出改变的行动最后都成了象征性的替换。例如，大学生最后说出了一种有效的话语，即可以被夺回的象征性话语。为什么恰恰是这个群体呢？我们也许会想，在另一个时刻，占领九楼只会停留在楠泰尔的趣闻轶事的阶段；而在这一刻，是何种事态导致这一群体行动具有了象征意义？分析正是由此开始的：大学生群体和导致他们在某一刻站到一个投射性位置上（即其他人在此能够得到承认，并承认属于大学生的行动的可能性）的社会关系整体之间的关系如何？

A 五千万法国人同时将选票投给了老大哥，而他却把小罗夏（Rorschach）① 送上了电视。

B 当你说"老大哥"的时候，你就给出了答复，这正是我们与之打交道的东西：镇压、压抑和自我压抑的机制。劳动者们在大学生所表达出来的欲望中认出了自己，但他们同时也害怕这一欲望。我们只能以这种方式来理解参与运动的同一批人为何又会在一个月后把票投给了戴高乐。因为戴高乐对于他们来说代表

---

① 罗夏是美国 DC 漫画旗下的反英雄，登场于《守望者》系列，该角色戴有罗夏墨迹面具，面具上的墨迹会随着他的心情不断变化。罗夏是个亦正亦邪的人物，他神经恍惚并具有暴力倾向，并坚持永不妥协的原则。——译注

了一种安全感，这恰恰是超我的安全感：这不是戴高乐的人格，而是一般权力。但是，这并不是说他们不拥有相同的欲望，即他们从前在其中可以认出自己的那种欲望。

C 这不是非常清楚；在我看来，这一欲望的蔓延基于一种误解，而且这种误解从战略上来说是有效的：被大学生运动如此揭露的镇压位于基础层面，而蔓延则是在符号层面上形成的，即警察镇压的符号。这即是说，在那一刻，大学生作为社会范畴被镇压了，而蔓延是在意识形态层面上产生的：所有人都反对镇压，这一点很清楚。但这镇压也许从根本上来说并非大学生所针对的那种镇压，并且，那种基于误解的团结实际上也已瓦解。也许，甚至连警察镇压——革命共识正是靠这种镇压形成的——也会通过凝聚起传统类型的团结，而最终让集体僭越那更为根本、更为激进的过程变得中性化。

E 如果变革行动具有这种符号意义，那这是当下情况导致的，还是社会模式之基础所给定的？如果它们具有这种象征维度的话，那么它们也会具有某种脆弱性。它们在实际变革方面的效应变得愈发间接，其结果就是愈发变得脆弱，这导致老大哥本身也如此轻易地使用了符号。那么，阶级斗争发生在哪里呢？人们总是对此作出假设，但它居于何处？它如何同这些起到质疑作用的象征模式联结起来？

C 欲望经济和社会战略之间的结合点在哪里？

E 你似乎把这一点当作了答案：阶级斗争不再像从前那样通过生产关系这样的词汇而得到定义。对于 B 而言，恰恰相反，这个问题意识似乎一直都是根本性的，任何差异都受到某种程度的调和，这动摇了差异本身。

B 关于阶级斗争，在马克思主义的分析中存在两大范畴，即剥削和压迫：社会经济方面的剥削，以及政治方面的压迫。在此基础上，我们可以说，无产阶级表现为应该对系统进行质疑的场域，因为恰恰是无产阶级在完全承受着剥削和压迫。但在一个世纪后的今天所呈现出来的则是不再仅仅关涉政治表达，还最终关涉挪用创造性力量的异化维度，从根本上来说，这就是剥削。因为我们察觉到，剥削不只是马克思所说的将剩余价值收入囊中，还有将创造力带入歧途。异化，乃是集体创造者同其产品的关系。我因此认为，阶级斗争没有消失，它在大学生运动中找到了其必需的补充：大学生运动扩大了斗争实际上发生的场域——不仅仅是政治经济场域，还有文化场域。就这一点来说，五月运动恰恰是可敬的，因为它曾是现代资本主义社会中第一个完整提出异化、剥削、压迫问题的运动。在大学生运动和工人斗争之间的关系中有一个有意思的地方，即对异化的批判和对剥削或压迫的批判是有关系的。在那里，我们遇到了整合（或半整合）入系统的老旧建制——传统的政治组织和工会所带来的巨大困难。半整合的意思是说它是系统运作的必需。这是这个问题第一次以公开的方式，并在迄今为止无人知晓的维度上被提出的。它不再会被人遗忘；事实上，它是不可遗忘的。阶级斗争也如此这般得到了延续，工人运动和大学生运动之间应该产生联系，而这个联系也即将产生。

C 我们需要对生产力概念进行新的理论化。如果生产力也是文化力，那么实际上，从生产力概念变成一种总体概念的一刻起（阶级斗争的概念应该在这一意义上得到分析），阶级斗争的形象也会发生变化。

B 于我而言，我曾对许多来到楠泰尔的官员干部的态度感到惊讶。但是，对于工人来说，这是同一个问题：这是在社会中重建生产力之统一性的问题。这些家伙知道得很清楚，生产力如今被分散了——工人、干部、大学生，甚至还有艺术家。

D 在事件和政治的场域中，这实际上就像老旧的政治与工会建制，和在另一个层面上提出阶级斗争问题的运动之间的冲突。由于劳动力被社会中的许多阶级分解为某种多形态的东西，所以我们应该重新定义阶级斗争概念，也许还要为它找到一个新名字，因为名字乃是诸多误解的源头。

E 词并非误解的源头，社会现实才是。为了实现阶级斗争，它应该由实际的人群掌握。变革的尝试出自资产阶级并非无关紧要的事情。有许多群体或多或少承受着剥削，这一点并没有完全消除阶级区分，反倒是有利于阶级区分。人们难道看不出来异化的功能就在于让承受异化最多的那些人本身愈发看不清剥削吗？然而事实恰恰是，正是那些被叫去当未来管理人员的大学生，那些常常作为群体被叫去为剥削服务的大学生质疑了剥削，正是他们以如此激进的方式揭露了剥削，这是因为没什么遮掩剥削的必要了。但是，被剥削的那些人自己去重新掌握这个概念的过程显得非常艰难：在占领工厂中酝酿出的萌芽之后，工人运动不断跌入其欲望表达的诸种异化形式之中。

D 我认为，大学生运动所针对的首要对象，就是这样的镇压系统：这一系统在其被内化的形式中，在语言和日常生活的不同方面中，和在其更为粗暴的形式中是一样的；也许，大学生运动所针对的首要对象就是它，而不是什么剥削。正是在那里，存在一种一直没被作出的选择。暧昧性笼罩了两个月，但它现在趋于消散了。问题在于，人们是否应该像先前那样从剥削和压迫出发来分析运动，也就是说像从前那样认为是工人阶级带来了革命；或者说，问题在于人们是否要把这一分析放在一边，然后将赌注完全押在从异化概念出发来对整个社会进行重新分析上。旧有模式不变，问题就不会得到解决，革命也就不会发生，这很明显；而且，其他的异化形式（它们也许并不可以被并置）同时也可以插入这一模式中。

F 现在，我们应该重新把剥削问题当作异化的物质基础，但起点是我们关于东欧国家的经验，并且，这只是第一诉求的基础，一个必要但不充分的诉求的基础。我所发现的一个一直没被解决的问题，就是归化抗议的方式。我感觉，曾经存在着阶级冲突，并且无论如何，这冲突是以传统建制为中介的，哪怕它的新形式被构想为教育体系、镇压、国家警察等等。最终，人们被逮捕，这就是运动面对建制时的失败，即面对工会时的失败。人们批判了所有的建制，除了它：由工会和政党组织并调和的抗议。我相信，我们应该分析这些传统意义上具有革命性的建制是如何实现对抗议的归化的，并分析人们面对这些建制而遭到阉割的原因。然而，这里曾有过对建制的一切形式的全方位批判，无论是在信息层面、教育体系，还是公司企业中。

C 我认为，在一个特定时刻，大学生运动作为过于强烈的欲望的表达，以及少数派的公开表达，会产生罪恶感；这一罪恶感的形式会使其退回工人阶级及其政治诉求所具有的形式化命令；大学生运动于此停滞了。不过，我们还是要思考，人们是否应该在此涉及大学生本身在社会学层面引出的暧昧特质，因为这一暧昧特质既是对这种资产阶级文化的僭越，也是这种资产阶级文化的载体。在我看来，阶级斗争的意义如今已经变了，因为问题不再是生产方式的所有权。当生产方式属于工厂并呈现为物质形态的时候，工人的要求是很清楚的。而如今，工人被异化了，因为他们要求支配的不再是工厂，而是资产阶级的价值系统，而这一独属于资产阶级文化的价值系统从很久以前起就受到了这些经营它、占有它的人（尤其是大学生）的质疑。但是，它不会受到工人的质疑。它也不会完全受到以它为生的大学生的质疑。

E 事实上，存在着一种镇压的内化，相比于大学生，它似乎在工人阶级那里更有活力，更加致命。对于权力来说，实际上没有必要使其力量介入工人阶级的层面——工会完全担起了使镇压内化的责任。这在大学生中间是行不通的，在那里，人们依然必须动用警察去包围葡萄酒码头（la Halle aux vins）[1]。为什么在大学生那里，这种镇压内化的影响要更小，活力也更少呢？

---

[1] 20世纪50年代末，索邦科学院搬迁到了塞纳河边的"葡萄酒码头"，即现在的巴黎六大所在地。——译注

B 我并不完全同意 D 所说的：在剥削和异化之间需要作出选择。当您说人们没有作出他们应当作出的批判的时候，在您看来，似乎是工会履行了和教育体系、警察等事物一样的镇压和控制的职能。这是一个严重的错误。对于劳动者而言，在关于工资等事项的日常斗争中，工会具体来说就是在没人进行斗争的时候去找老板的分管负责人或车间负责人。这是些从来都无法被指责的家伙。在平时，也就是车间里发生压迫的时候，工会这些人是唯一起来斗争的人。在没有工会的地方，在建筑业等行业里，第一件事情就是建立工会，并为了让人尊重基本权利而斗争。你不能说工会是和其他事物一样的镇压性诉求，这是不对的。镇压的全部力量就在于夺取这样一种工具：这是劳动者进行斗争的工具，也是偶尔会带偏劳动者的工具。的确，工会有两种功能；我们应该非常坚定地坚持与之有关的理论分析。这是一条传动带：统治阶级通过工会来对劳动者进行实际控制；但工会也是保护劳动者的工具。大学生运动不会指责某种在最小程度上保卫工人阶级的事物。

F 我们应该修改阶级斗争的传统概念，并为它补充一些变体，这些变体如今要比对剩余价值的掠夺重要得多；尤其是价值系统造成的异化，它使工会不再去质疑价值系统和等级制度等物，这强化了意识形态的异化，强化了消费异化。矛盾这一传统问题意识以一个虚假的类比为基础。

B 事实上，对于一些人来说，工会是保卫工人阶级的纯粹工具；他们时不时地说，人们应该组织一个革命的工会；但这里没有革命的工会。我所说的完全不是这样的东西：当大学生运动在工会面前受阻时，不仅仅是因为它产生了罪恶感，还因为它发现自己面对的是一个于它而言未知的东西。大学生完全不知道什么是剥削，他们不应该像劳动者那样在公司里斗争。运动所面对的处境是它自己不知道要做什么。如果一方面是"斯大林式的人物"[如科恩-邦迪（Daniel Cohn-Bendit）[①] 所说的那样]，那么另一方面则是在那些来到楠泰尔的家伙中的带有善意的劳动者，他们在自己的范围内做着工会的工作。换言之，青年劳动者的唯一观点是，批判工会的活动完全是在经济剥削的领域发起的，而没有考虑到批判领域。因此，他们的观点并不在于创建革命的工会，而在于发动一场批判工会的政治运动。只有劳动者能做到这一点。这种做法也并非在"制造一种工会情结"。

C 从当前由大学生领头的运动来看，工会**只不过**是"反动"的。在反抗剥削的层面上，工会保有自己的价值，但是，在异化机制方面，在智识与文化的掠夺方面，工会完全是"反动"的。这种建制和所有被整合以及正在整合的建制一样，没有触及冲突的新类型：从我们所指出的超越（即从剥削层面过渡到更加基础的层面）来看，工会确实是"反动"的。

B 运动的相对失败（从工会的角度来看是失败）可能会激励我们达到一种理论的准确性。我们要明白，剥削和异化不是在资本主义社会的历史中展开的形式，而是一些相互交错的元素，

---

① 达尼埃尔·科恩-邦迪，楠泰尔的大学生，他开启了 1968 年 1 月的反对严格限制男生探访女生宿舍的抗议浪潮。——译注

异化将会继续，并且发展仍旧深重的剥削。我们不应该相信工厂里的情况会比一个世纪前的更好。我们不应该笑话一个世纪前的工厂。最终，这种欲望不会是社会的欲望，而是没有任何社会经验的大学生的欲望。从某些方面说，这就是他们的力量所在，因为他们的欲望由于这个原因而不会在消费需求中异化并误入歧途。正是出于这个原因，大学生运动和工会的关系处于核心位置。想要从迷失于消费品中解放出来的欲望应当诞生于工人阶级本身。而我自己，则信任青年一代领导的政治工作。我们不应该从外部告诉工会，他们所做的都是无用功；这等于说，我们和工会一样都是兼并主义者（annexionniste）。异化经验并不比剥削经验更有价值。理论应该统一这两种经验。

　　E　在工厂里劳动的楠泰尔大学生群体和某些工厂的工会起了冲突，而在另一些还没有工会的工厂里，那些工会还会想尽一切办法帮助建立工会组织，以便罢工能够继续或再次开始。我们在运动中从这些不同的经验出发而作的分析赞同 B 的立场，即一方面反对这些想要强化工会、并把它们变成革命工具的人，另一方面则反对这些坚决想要攻击工会的人，这些人在那里看到的是整个系统的基点。人们最终从所有尝试过的经验中得出了这个想法：让我们参与横跨诸多工会的行动，工会关于行动的问题意识将会出现在其中，而行动的方向也会贯穿工会的问题意识。

　　A　我并没有被说服，并不认为人们可以辨别出这种反对剥削和异化的双重斗争；如何将异化和剥削这两个概念联系起来？工会想要帮助工人，但却没有保护他们免遭工厂的剥削；即使工会这样做了，哪怕做得很好，但还是失败了。值此之际，工会给出了某种关于政治行动的观念：剥削和政治行动本身是割裂的。工会在这里十分强调一种二元论，我认为这种二元论在客观上构成了资产阶级和剥削的意识形态：这是公民社会和国家的突出割裂。这一割裂源远流长。我们发现，在五月事件的进程中，它在某一期《法国晚报》(France-soir) 和塞吉 (Séguy) [①] 等人的话语中再次出现了。人们无法毫不迟疑地坚持这种双重斗争，至少在理论层面上是如此。也许在政治层面上，这种双重斗争一直存在着和解与调整；但是迄今为止，这些调整还没有引起什么大动静。在我看来，我们应该在实践中发现其他无法被视作"斯大林式人物"的纯粹好斗或其他抗议的东西。因为，在这一点上我不同意您的看法，因为这里也曾存在着对工会建制的抗议。但大学生没能使用相同类型的抗议来反对工会或政党这样的反对组织和教育体系、法国广电局 (l'ORTF) 或其他文化机构。大学生没能占领它们，因为它们已经被其他事物占领了。另一种障碍是，剥削依然保持着它在公司里的样子，它和医学院这样的"公司"中的剥削或异化形式完全不一样。这个障碍讲的不是同一种语言。它在这里不会碰到如此激进的抗议，也不会使用相同的方式。这就是为何抗议依然是意识形态的。也许正是这一点能对失败作出些许解释：在这一层面上（这还是关键的层面），抗议依然是传统的，但正是在这一层面上，抗议本应该比反对法国广电

[①] 法国总工会（CGT）在战后的领导人之一。——译注

局、教育界等文化建制的"老妇人"时更加冷酷无情。换言之，在这两类建制之间存在着一些差异。我们应该研究它们，而不是混淆一气。成为车间或工厂工人的朋友的官僚，和作为不具有个人身份的人的官僚不是同一回事情，因为我们完全不认识、听不到，也看不见后者。我们因此完全不能混淆工会主义者对于其建制的亲身经历，以及相对于工会主义者而言的社会保险的功能，因为工会主义者也要和它打交道，他们不得不排队才能获得自己的保险金。

G 大部分这些批判工会的人都完全不清楚工会的内部组织……

A 我刚才论述的观念也许就是这个，它让大量工会参与者从根本上看到了专职人员和机构组织程序非人的、未知的存在：在这意义上，五月事件也许具有教育意义，即使工会建制本身事实上什么也没变，甚至在人员方面也没有改变，但政府本身却产生了某些变化。

B 这也表明，工会并没有像政府那样受到劳动人民的攻击。一个劳动者并不是像被权力"言说"那样而被工会"言说"的，劳动者们没有把工会视作自己的敌人；从某些方面来说，他们也从未将其视作自己的敌人。

C 但是，要求大学生也不要把工会视作敌人，就像是要求他们完全改变自己介入社会的方式那样，恰恰相当于绕过大学生／工人在国家和组织之外的联系。我们可以认为，从僭越运动出发，近乎超越了政治和传统社会的大学生自我组织了起来，并发明了关于僭越的政治，但这并不是他们的直接计划。

B　我认为，大学生和青年劳动者可以找到，甚或发现一些特殊的介入模式。比如，在车间里，所有基本抵抗形式——干私活、怠工、停工——都不会遭到训斥，因为它们不会带来任何东西，它们处于守势。但是，世界各地都曾有大量劳动者尝试介入其工作环境和生产方式，它们才是真正的抗议。罢工、占领场地、挪用生产资料、关押领导者（包括工会的领导者），这些做法全方位地违背了任何法律法规。在法国，我们可以唤醒的是这样的运动。法国无产阶级从这一观点来看太糟糕了：相对于盎格鲁-撒克逊国家而言，法国有着最少的野蛮罢工。但这类和大学生有关的运动也可能在这里出现一些。青年劳动者都已准备好做一些这样的事情了。

F　当你谈起青年劳动者的时候，事实上，你指的尤其是青年罢工者，这些人要更难组织。比如街垒上的那些最冷酷无情的小伙子，他们是成群结队地从郊区赶来的。于是，这带来了一个关于交流的问题。在索邦的时候，我想起来了人们对那些小伙子所说的唯一一件事情，即"请你们有序地组织起来"，因为青年劳动者们事实上除此之外还能做什么呢？好吧，这些人可能是加丹加（Katanga）① 人。

E　那么，那种语言出现在了所有情况中吗？人们也许只是

---

①　刚果民主共和国最南部的省份。1960 年至 1961 年间，该省曾在莫伊兹·冲伯（Moise Tshombe）的领导下发起过独立运动，并最终以失败告终。——译注

在那段时间里谈起了它，但最终……

D　人们最终回到了工会，只要工会的话语没有变，就可以说当局本身还是找到了某种表述：参与。

C　毋宁说，我们更应该寻找直接行动在语言中的等价物。比如，我曾为示威中的那类词语感到震惊，它们大部分都去除了由权力颁布的文字符号——"小团体""德国犹太人"。这是对取自别处的词汇进行了抗议性质的再创造。

A　重要的是，意识形态话语的某些惯例从大学生那里消失了。我尤其想到了科恩-邦迪一开始所讲的话，那些话大大震惊了人们，因为他通过"把猫叫作猫"的做法而不再尊重某些游戏规则，但在政治和工会的话语修辞中却总是存在着委婉用语的克制。这种公共话语中的粗暴和侵略性震惊了人们。此外，这也震惊了那些习惯听工会领导像部长一样讲话的人。

E　对甚至不再被人们叫作隐喻的东西的使用，乃是对被理解为真理和现实的不同词汇的掩盖；如下情形并不常见：我使用了一个隐喻，我知道在我所说的话里不存在亲身经历过的现实。但相反，通过心理学甚至是精神分析的词汇（在其中，欲望这一问题意识是恰当的……），政治和社会学的词汇被掩盖了。但曾几何时，谈论社会事件中的欲望这一问题意识把人转向了一切模糊不清的类比。

A　这曾是反动的……这依然反动！

C　你所说的这种混淆是真的在进行吗？还是说，它仅仅涉及游戏层面，即符号的、更加自由的联结这个层面？

B 是的，这也是个游戏，正因为这是欲望的语言。混淆将不会继续。如果混淆还在继续，那么我们无论如何也应该拒绝这种词汇，或者，它也可能会成为一种自动机制。我们会带着勃艮第口音悲伤地说："请把您的诸种欲望当作现实。"法国总工会的秘书长将会说："请把您的诸种欲望当作那种现实。"

D 就是在这个地方，我不赞同你刚才所说的。你刚才说：工会一直都被工人阶级视为保卫者，这里不存在真正的冲突——剥削和压迫，这是一回事情。我不同意这一点。实际上，这里有真正的冲突。这里有选择，有一种人们在特定时刻不得不作出的选择。用塞吉的语气说"请把您的诸种欲望当作那种现实"是矛盾的。一方面，这是严肃的，人们反抗压迫，反抗他们所知的体制。我们应该一步一步地作出回应，我们应当警惕。当时，人们又通过另一种绝对有效的话语来回应包含惯例，因此也包含禁忌和固定差别等物的话语。简言之，这种话语应当得到调整，应当变得有效，以便回应另一种同类型的话语，人们就是在这一层面上进行反抗的。但如果我们谈及僭越，谈及言语的全面解放，那么就会涉及另一种事物，而这是矛盾的。

C 实际上，我认为你是在试着将政治维度重新引入欲望的维度中，但从逻辑和理论上来看，这可能是矛盾的。

B 这是可能的，不过……最终，我认为，如果我们放任剥削的一面，那我们的欲望，好吧，就不是欲望了……这一做法是个吝啬且聪明的小把戏。您盼望工会的消亡，但工会只会随着资本主义社会而消失……简单来说，我们应该把大部分工人阶级

（主要是青年劳动者）同这一欲望的运动团结起来……

D 我想说的是，如你所言，一个工会代表无法拥有"欲望精神"（l'esprit du désir）。如大家所说的，当人们有责任感和现实感的时候，他们就没有欲望感了。

C 将欲望政治化，这实际上可能会是做梦，是彻底的乌托邦。即便我们把根本动机变得具有社会性、政治性，但是直到新秩序出现之前，人们都还处于矛盾的地步：你无法将僭越政治化，你无法组织它。

B 问题不在于组织。运动应该争取工人阶级，它可以在批判剥削、批判工会所作的剥削的基础上争取工人阶级。这一点无法在我们身处的层面（即批判异化的层面）上直接达成。

D 是的，这场运动应当去争取，但确定的是，这将会以工会为代价。别无他法。只要我们说的是真的，工会以其今天被组织起来、被体验到的样子，侵蚀了现实，变得完全无关，它简直答非所问。

B 这一切都是些类比；你只是不断把工会简单地等同于镇压性的制度。可它既不是社会保险，也不是警察。

A 那么，我们也许应该把理论欲望转向工会本身：在何时，出于何种理由，人们会创造出这些奇怪的机器，它们是如此有用，如此仁慈？为了使它们如我们所认识到的样子存在，这里又存在着何种斗争？这也许还和社会学的诞生有关，尤其是涂尔干那个时期。于是，人们也许会察觉到，工会和其他事物一样都是一种暧昧不清的建制，但与其他事物的方式不同；我们也应该重新质疑这些建制，无论它们有什么积极面（如公共服务）。其他同样属于政权、民权的建制在表面上也是非常有用的，这是其公共服务的一面。

C 当然，这些都是中介，它们因此是模棱两可的。但如果我们看一下直接的层面，模糊性就会更强：工会也许是某种和充满剥削、阶级斗争的社会相同的事物，但它的确和未来的社会模式完全不同。这重新提出了有关剥削与异化的问题：如果剥削是不可否认的基础，那么在我看来，建制的关键就愈发是这种文化分隔，这甚至对于被剥削者而言也是如此。由于工会掩盖了这一境况，它必须遭到彻底质疑，哪怕是工人阶级酝酿了它，并不断将其设想为活下去的手段。

B 然而，目前存在着策略性的问题：我们有必要对工会采取极为巧妙的立场。我们不会对它们说："你们，不过是异化的工具。"如果我们这样做了，我们就无法壮大这场关于欲望的运动。

A 总结一下，我们可以说，工会的策略为自己保留了那些棘手的问题，但这些问题与近期大学生行动所凸显的棘手问题不再是一致的了。无论人们愿意与否，事情就是这样，这不带任何价值判断。

观影故事 ①（1982）

问 您会"涉足"电影吗？

答 啊，是的，我是个很好的观众。因为在这个领域中，我的眼光并不老道，或者说并不是批判性或分析性的。我的感知水平和娱乐水平十分初级。我会保持如此。电影，这实在是个我要缴械投降的领域。

问 您常去看电影吗？

答 很少去看电影。我未曾是常客，也不是狂热爱好者，我没有真正的"电影素养"。但我非常喜欢电影，这甚至是我乐于为之当观众的唯一事物。

问 您会在白天去影院吗？

答 一般是晚上。但我非常喜欢走出昏暗的大厅，来到艳阳下，就像迷失在荒漠中的拉斯维加斯赌场或扑克厅，人们从半明半暗来到耀眼的阳光下。这种强烈的生理感觉，人们是可以在电

---

① «Histoires de voir: Jean Baudrillard», *Cinématographe*, 1982, juillet-août, pp. 39—40 et pp. 45—46. 采访者是塞西尔·沙博尼耶（Cécile Charbonnier）。

影院里找回些许的。人们也可以通过拍电影来丧失白天的时间感。这是一种令人略微晕眩的感觉，它接替了电影给人带来的小小晕眩。相反，早晨降临的时候，我倒会不适应。白天于我而言尚未开始：这是一段不确定的时间，那时，从根本上说，我无法想出什么和看电影一样重要的事情！

问　您已经进军大荧幕了吗？

答　是的，是弗朗索瓦·莱兴巴赫（François Reichenbach）的《休斯顿/得克萨斯》（*Houston/Texas*）[1]。这是头一次。从观念上来说我无法忍受。在我看来，它在玩弄事物的真相方面是极端错误和虚伪的。导演的位子就在那里，这是"观看"者的位子，在我看来，这个位子既淫秽又差劲，十分恼人。拍摄的时间有些长，我就走了。但说实在的，通常的片子都能让我留下来。

问　那部电影"好"还是"差"？

答　是的，这是纯粹的诱惑，是图像的施咒术。此外还有对电影的十分强烈的想象——最终，我，我体验到了这一点……但是，我也感觉到，如今放映的所有电影，哪怕是最好的，也不再引人入胜，以至于它走入了另一种潮流：它成了超级现实主义（hyperréaliste），从技术上看是矫揉造作的，但竞争力很强。所有电影都"不错"——最终，无人能再说它们质量很差。但是，那些电影没有从想象中取得什么大成果。就好像电影从根本上来说是在朝着形式且空洞的完美无限退步，我不知道这是何种完美……

————

　　① 1981 年的法国纪录片。——译注

问　您有时候会强迫自己去看电影吗？

答　啊，是的。因为，当你越来越少去看电影的时候，你最终就会再也不去了。这在某些情况下是一种持续的连锁反应。然而，在我这里却不是这样。所以，我不得不以这样或那样的方式挣扎一下，最终决定还是去看电影。我不会说："今晚，看还是不看，我都会去。"不，但毕竟我还是必须强迫自己才行。但这是一种愉快的强迫！电影，就是激情。这是为了自己的电影（le cinéma pour soi）：归根结底，我不会说随便什么电影我都会去看，但我总是乐于坐在大厅里。这毕竟是种将自己带向愉悦的方式，但这种愉悦和电视所能够轻易带给我的愉悦相左。

问　您看电视吗？

答　很少。我从两三年前才开始看。之前，我并不想要这头野兽。我是间接地看电视的，在我妈妈家，在我朋友们的家里：这不是我想看的。还有，人们也许和劳尔·鲁伊斯（Raùl Ruiz）① 一道在电视上玩着幻觉把戏。他想要戏仿电视新闻或电视连续剧，而我告诉自己："毕竟，从来不看它们是彻头彻尾愚蠢的！为什么不最后看看呢？"一旦电视在那里，我就会很乐于接受它。但我使用它的方法并不是前后一致的。我看到了农民——我的农民家庭就在某地——他们的做法完全不同……好吧，电视就在那里，但是，一旦邻居回来，讲着村里的事，电视

① 劳尔·鲁伊斯，出生于1941年的智利导演和编剧，1974年起定居巴黎。——译注

就不再存在了。让人感兴趣的东西是类似仪式、游戏、比赛、包含最少电视元素的把戏之类的东西。一切具有道德、教育、纪录性质的东西都无法激起村民的激情……也就是说，于我而言，电视，甚至不是一种图像。图像，不仅仅是一种技术性现实：为了能在这里有一种图像，就应当存在场景、神话、想象。电视图像里没有任何东西可以作为光环：它就在那里，它的确是纯粹的荧幕，我相信人们就是这样接受它的，漫不经心，不带情绪，没有激情。人们有点儿弄混了电视和图像，但我相信人们现在摆脱了这种混淆。证据就是：人们回到了电影院，这是绝对不可替代的，这是属于我们的仪式。至于戏剧仪式，我不再能忍受了，也没什么可做的，只有资产阶级还是那样，哪怕是最为当代的那种资产阶级；相反，电影仪式，它的图像品质，它的光影品质，它的神话品质，好吧，这些还在。

问 有时，在日常生活中，您会感觉自己像在一部电影里吗？

答 是的，尤其是在美国的时候，我为此感到困扰。开车在洛杉矶兜兜转转，离开城市进入沙漠，这都给我留下了全然电影般的惊人感受：我**在**电影里，我沐浴在现实、超真实（l'hyperréel）、电影的物质中。这物质还包括对"灾难"的预感：一辆行驶在高速路上的大卡车，常涉及一些潜在的灾难性事件……但这也许是属于我的舞台布景。有时候，一些场景也会开始奇怪地接近电影场景，在我看来，这一游戏构成了电影。电影也是为一种不再属于艺术或文化领域、却依然深刻的角色而生的：电影深度加工了我们对人对事，以及对时间的感知。但我们如何对此作出描述呢？

问 您会独自一人去看电影吗？

答 不会，现在我不再这样做了。我以前并不反对这样做，但它毕竟还是要分享，还是有一点儿象征意味：这里还应当有另一个人。和电影独处并不是自慰，但最终，这有些太过孤独、太过排他了，人还是应该玩一下的。在第一个层面上，人是在朋友或某个他人的陪伴下玩，随后在第二个层面上是和集体一起玩——这个大厅，它的空间，并不是白白建造的……像个单细胞生物那样处在电影院大厅里面，在我看来，它走向了对电影院的一般想象的反面——但我不想对此有什么说教。我也不太喜欢前卫电影院的小厅，这种电影院太局限了，成了有些许窥淫癖色彩的少数派。我不是指责它，我只是更倾向于大众。就像在美国的时候一样，我很喜欢在大型电影院里和大量好莱坞观众一起看那些大型机械装置。

问 您会坚持在电影开场前进去吗？

答 现在是的，我宁愿在电影开场前到达。这不是规矩，这只是游戏规则。但我非常喜欢电影在放映的时候受到些干扰和攻击——这不是一场仪式！我见过那些意大利电影院：人们会在电影院里起哄、嚎叫，这就是生活，是总体景观。在洛杉矶的宽敞影厅里，我相信，这种场景从 20 世纪 30 年代起就没发生过太大变化，这种兴奋，这种迷恋，这种热忱，还有这种总体的日常性。

问 您会去看"法语译制版"的电影吗？

答 大概有那么一两次，但我避免了。至于意大利电影，我太熟悉这个国家了，译制片会让我感到困扰。对于美国电影，距离又隔得太远，人们说出的只是漫画形象。原版，一方面是拥有真实对象的想法，这很正常，另一方面也是跻身特权阶级的念头，这已经成了一种条件反射！

问 走出影厅后，您会谈论刚看完的电影吗？

答 我走出影厅的时候总是略感惊讶，有些呆滞，或者说出神，稍后才会有一些想法。一而再再而三地谈论电影，成了一种仪式，成了电影的回声。但现在，我实际上不会再用"这不错，那不好"这样的话来进行评判。一方面，我缺少判断的基本概念；另一方面，进行判断的人也和别人一样并不可信可靠。那么，为什么还要去评判呢？我们不再有判断的方法。于是，我们任其自然。在观念的领域中，我知道我所说的东西、我所判断的东西，但在图像领域却不是这样。它于我而言相对陌生，它从其陌生性中获得了象征性的好处，而我则尽力保持这一点，并使它带有自己的不确定性。我完全不想进行分类和评判，并且，我真切地认为，判断话语所使用的术语不同于判断图像所使用的。确切来说，图像的魅力（就其字面意义而言）有着十分强烈且直接的显现模式、诱惑模式，在赋予其意义之前，我们应该让它保持原样。好吧，之后，人们如果依然渴望的话，那么还是可以赋予它意义……但目前，我们应该承受图像，我们应该把握的不是被动性的程度，而是不同感知的程度。

问　您会在恐怖场景前遮住双眼吗？

答　我很天真，但我毕竟还是把图像当作图像：这是一种出神（extase），但又是一种**很酷的**出神。我所真正接受的不是一个图像所独有的意义，而是其魅力。于是，就算图像很激烈，它也总是被这一充满诱惑的距离所削弱。

问　您喜欢黑白电影吗？

答　我非常喜欢黑白电影。我确实相信它在再现的本质方面要更具电影性。这种剥夺，这种深度……甚至也许还有缄默。人们越是把电影拉向"现实"，拉向同绝对现实的相似，人们也许就愈发远离电影的秘密。但是，对于这种源头的怀旧效果，我们必须多加小心：如今，重新拍摄比那个时代"还要好的"默片或黑白片，这纯粹是昏了头！让我们如其所是地对待电影吧，但在电影曾经更强有力的这个事实中还是存在着部分真理。神话依然**位于技术领域**：技术意味着神话般的力量。之后，一切都瓦解了，技术一飞冲天，但神话成了它的代价。说实在的，这里存在着一种衰退。当然，我们应该考虑到这种关于源头的回溯性视幻觉。

问　您能想起来自己看的第一部电影吗？

答　那是在兰斯，我还是个小孩子。一家街区电影院"阿尔罕布拉"（*L'Alhambra*），每次放两部电影。那里放过《人猿泰山》《阿罗哈，岛屿之歌》（*Aloha, le chant des îles*）[1]……非常棒。我

---

[1]　1942 年的美国歌舞喜剧片。——译注

甚至会偷偷跑去那里（笑）。是的，我父亲曾守在影厅前，而我则会在电影结束时快速溜走，以免被他看到……后来放了一些迦本（Jean Gabin）的电影，像《雾码头》(*Quai des brumes*)①……因为我和大家一样钦慕米歇尔·摩根（Michèle Morgan）②。这是一种非常强烈的爱。《田园交响曲》(*La Symphonie pastonale*)③，我后来也看了四五次。这是一段多愁善感的时期……经历过这样一个略带歇斯底里和多愁善感的时期是一件不错的事情……

问　您会在电影院里受到触动吗？

答　哦，现在很少了。在看《雁南飞》(*Quand passent les cigognes*)④的时候我好像就哭了。但我没看过《爱情故事》(*Love Story*)⑤那样的电影，我不知道人们今天会如何在电影院里哭泣。现在的电影不再是"哀婉动人"的那种了，它们小心翼翼地避免了这种类型。不，我不再会在电影院里被感动了，但这毕竟是还是一种非常酷的诱惑力。

问　您有时会被一部电影"迷住"吗？

答　就像被梦境迷住一样，我会整日沉浸其中。我看《烽火

---

①　1938 年由让·迦本主演的法国电影。——译注

②　同为《雾码头》的主演，被认为是 20 世纪最伟大的法国女演员之一，也是戛纳电影节最佳女主角奖的首位获奖者。——译注

③　1946 年的法国电影，改编自纪德的同名小说。——译注

④　1957 年的苏联电影，法语译名为"当鹳鸟飞过时"。——译注

⑤　1970 年的美国电影。——译注

赤焰万里情》(*Reds*)①时，就一整天都沉浸在那部电影里。说来话长……在某个向您讲述了一个故事的事物面前待上三小时也是一种奇特的愉悦。电影的意识形态品质，我受够了，但我还是真的陷在了里面，沉湎其中。

问 您有挑选影厅和电影的习惯吗？

答 我有地域狂热：在我的街区之外，也就是在香榭丽舍外面一点，在拉丁区外面，我很难走出自己的局部辟路（frayage）②。我还有选择方面的狂热：我宁愿去看一部平庸的美国电影，也不要看法国电影。和许多人一样，我对法国电影有一种颠倒的沙文主义。好吧，它解释了法国人的日常生活，但这并没有激起我的兴趣，我对那太熟悉了！它太像历史片、心理片，它也许拥有过多的意义……它离我们太近了，我们因此可以深究它，我们知道在那背后还有一点什么东西。除了戈达尔的电影，它像一台音效强劲的共鸣箱那样播放着。它也许是唯一一个不会被法国小资产阶级的美丽假象所抵消掉的东西。它有时令人愤怒，但它所揭示的东西如我们所见：我们可以生活在戈达尔的电影中。这既是一种不同的维度，也是对在我看来唯一现代的图像进行的处理。总之，这里不再有那种处理这一当代性的电影人，

---

① 1981年的美国电影，讲述了20世纪20年代初期，向往共产主义的美国名记者约翰·雷德千方百计跑到十月革命之后的苏俄体验生活，追求理想的政治国度，并写出了轰动世界的报导文学《震动世界的十天》。——译注
② 精神分析术语，指通过重复来促进导体中的神经流。——译注

甚至在美国也是如此；奥尔特曼（Robert Altman）①，还有像他这样的人，但不会再有几十个这样的人了……

问 某些电影会让您印象深刻吗？

答 说实话，我并没有作记录。我甚至对演员和电影的名字异常健忘。可我还是能确定它们，不过日期我是完全忘了。这一健忘就在于这种如梦的场景，即想象性移情的场景：电影隐入一片模糊之中，一种全景的梦。那么，何种范畴可以更加优先得到确定呢？某一时期的意大利电影；所有时期的美国电影，西部片；德国表现主义电影，是的，但这些变成了档案：我们可以重看它们，但我们不再有机会以此为生了；文德斯（Wim Wenders）的《美国朋友》（*L'Ami américan*）② 我非常喜欢……还有一些伟大的电影，科波拉的《现代启示录》（*Apocalypse Now*）、库布里克的《巴里·林登》（*Barry Lyndon*），我们在其中重新找回了神话维度……但是，在第二个层面上，我感觉，它们在想象力方面不再拥有**直接**影响了。不过，就电影的慢性刺激而言，它依然和美国有关。我爱电影，就像某种人们能找回对其拥有**真实**激情的东西：如果人们去美国，人们就会体会到一种直接的拼贴，人们**身处**一部电影之中。尤其是在加利福尼亚，人们体验**到**了电影：人们把荒漠体验为电影，把洛杉矶体验为电影，把城市体验为旅行。我爱它们就像爱——也只爱这些——荷兰或意大

---

① 罗伯特·奥尔特曼（1925—2006），美国电影导演。——译注
② 维姆·文德斯，1945 年生，德国导演，《美国朋友》是其 1977 年的作品。——译注

利的博物馆，因为城市周围**就是**博物馆。对于电影而言，只有美国能给我这种感觉。我在那里找到了电影的"母体"：还是在这里，这种奇特的神话诞生了，它和自己的偶像、明星一起如节日般发展壮大。那么，很明显，神话和技术，同时还有现实，我都爱。

问　您有时会在电影院睡着吗？

答　不会，这种情况很少。但我有一段时间失眠，那时，我一去电影院就会睡着。在蚕茧里入睡并不会令人不悦……但我更喜欢在会议或圆桌上睡着，这些地方就适合用来睡觉……相反，在电影院里，我非常清醒，保持警觉，我总是有理由出现在那里，我从来都不想出现在别处。是的，在一个对我有利的环境中，我感觉良好（笑）。

鲍德里亚的诱惑 [①] （1983）

问　让·鲍德里亚，《致命策略》(*Les Stratégies fatales*) 是您最形而上学的书吗？

答　当然。但这没有阻止形而上学家们嘲笑它。我从那里听到了这些评论："看呐！在符号之后，他又重新发现了宗教。"当然，这不是问题所在。于我而言，问题不在于奠定一种新的神话：激进的主体性一结束，激进的客体性就活了过来。这种小打小闹我不感兴趣。我感兴趣的毋宁说是这样一种观念：如今人们应该找到另一种理解和距离。批判的距离，即批判主题的整个遗产，在我看来都结束了。此外，当科学家作出了社会科学所共有的关于观察者和科学对象的不可分割性的假设的时候，他们就逃过了一劫。对象被谜一般的光线照亮了。事物是疏远的、不可溶的、不可调和的。

问　然而，当您谈及必然和命定的时候，这里还有宗教的地盘吗？

[①]　«Les séductions de Baudrillard», *Magazine littéraire*，1983，n°193，mars, pp. 80—85. 采访者是帕特里斯·博隆（Patrice Bollon）。

答 完全没有。这是全然不道德的。命中注定，是处于客观程序对主体的求知以及权力意志的冷漠深处的讽刺。

问 您难道不怕被人们指责为助长新的蒙昧主义之类的吗？比如"事物不是美的，而是缄默不语的"，"我们应当保守表象的秘密"，等等。

答 这是一种可能的夸大。的确，我谈论了幻觉的力量，但在尼采那里是存在着这类东西的。这里有一个押在隐藏颇深的秘密上的赌注，但不是因为某物被隐藏了。这里没有宗教立场中那样的针对求知意志之类东西的禁忌："这里有一些无需揭示，以便将其保持在美之中的事物。"事实上，这里没有任何真正被隐藏的东西；这里只有游戏，只有一些变形或加强的效果，它们不需要被解读，无论如何，它们都知道游戏规则，以确保自己不是游戏规则。这是一种诡计，一种追踪，一种干扰，它使得秘密无论怎样都被保存了下来，而不想把对象再主体化（resubjectiver）。

问 您书的第一部分重新指出，您常常以不同形式做了这些事情：完全抛弃系统的参照系，将参照系转移到非现实中。直到现在，您已经从中得到了关于激进性的规则，即反抗社会系统的近乎斗争的规则。但这不是这本书的内容。您因此会享受这种狂喜的状态吗？

答 这里并没有揭露，确实——尽管在话语中，人们很难避免这一点，即描述会产生一种否定或卑鄙的效果。狂喜让一种状态的终结得到认可，但并不是通过错误、罪恶感或偏离的方式，而是通过过度（excès）的方式。从某种角度来说，暴露了一个系统的饱和状态、并通过过度增长的方式将其引向自身古怪死亡的过度，和作为必然与命定的过度之间不存在差异。从根本上来说，如今，人们无法区分好的过度与坏的过度。限制不再能被找到。人们也不再知道何时会有一种不可逆转的境况：这恰恰是当前境况中全新且有趣的东西。

问 您的整本书都能让人隐约感受到尼采的存在。在不惜一切代价都要避免西方世界给意义送葬，即给对注释的无尽阐释的意志中，这一点十分明显。

答 的确。在每个人都通过意识形态、激进批判、弗洛伊德和马克思进行迂回之后，在我看来，人们需要回归那些我以之为起点的作家：尼采和荷尔德林。不过，这里没有任何乡愁。如果说我重新发现了他们，那他们不是以次要的形式出现的，而是以根本规则的形式出现的。

问 那您会如何定义？

答 我们应该走出人们以近乎人为的方式造成的一切紧张局势和动荡，它们对应的不是系统的过载运行，而毋宁说是人们对根本上不再拥有真理和目的性的境况所施加的自我防卫的螺旋上升。在这一理智的、心灵的、形而上学的境况之后而来的，是与之完全不协调的惰性。也许，正是由此才有了人们如今所知的思想的呆滞和衰弱。社会主义导致了一种理智立场的瓦解，但它要更加深刻：人们忍受着难以消化的全部合理性，即毫无支撑，没有敌人，更没有挑战的激进性。我的书当然带有这一立场的印记，但我并不试图把这些旧秩序的残余从《致命策略》中清理掉。如果我们坚决要做这一工作的话，那我们就会掉入追求**先验**一致性的意志之中：我们就偏离了目标。

问 您本可能略过这一迂回吗？

答 人们总是可以说，对于某些人而言，这一切都具有直接的明晰性：这是诗歌的问题。我最近读了肯尼思·怀特①（Kenneth White）的一篇小文章，它就是在绕着这些观念作文章。他说，对于他而言，想要成为诗歌的诗歌会变得自负得可怕——这是老掉牙的看法，但是，美德、诗歌的感官材料如今却要经过理论"机器"的处理，这台机器会到处溜达一会儿，然后清理一些地盘，但却从不会真的驻足于某处。也许正是在这里，人们才能够重新发现一种处于原始状态的诗歌的力量和功能，不过这当然不是格律和韵脚的力量与功能，不是旋律性甚或整个现代诗歌的力量与功能。

问 您从肯尼思·怀特那得到的东西几乎定义了您的写作方式。《致命策略》中充满了类似的论述，它们本身就能构成相当多的书本内容。

答 这是当然。我们几乎可以把这本书中的每个段落扩充成一本书。但抵抗这种欲望对我来说是没有丝毫益处的。为了抵抗它，人们需要一些自己所没有的美德：人们需要耐心，需要一种求知意志，即围绕复杂化的论题重组论述。于是，人们重新

---

① 肯尼思·怀特，苏格兰诗人，1936 年生于格拉斯哥。——译注

发现了许多事物。相反，我则试图去除冗余，为的就是避免充盈。我们应当在各种空间之间创造空无，因为那里曾存在着冲突和短路。对于传统的对观念的想象而言，这是不可接受的，这是亵渎。

问 您因此而成了一位难以阅读的哲学家。但是，在重读您著作的过程中，令人惊讶的地方在于，您的书反倒是形成了一种连贯一致的系统……

答 是的，我的思维模式是十分系统化的——从根本上说是十分合乎道德的；但其中也存在着一种反-游戏（contre-jeu），它同时解构了被构建起来的东西。问题不在于坚决进行"颠覆性"解构的意志，而在于找回事物曲度的尝试。这是事物力图消失的模式，但这不是随便哪种模式。事物不想死去，它们想要把自己的消失视为效果。最大的能量就存在于这些时刻。这有点儿像这些最终呈现出其民主幻觉的暴力景象（或其牺牲和消失的暴力幻觉）的社会。书写，也就是让自己本身在系统的核心处响应这种消失冲动的要求，并能够与之游戏。我不太会展示这一程序，但它对我来说是关键的。

问 在阅读您著作的时候，人们对此有着强烈的感受。此外，这有时也有些令人沮丧和费解：当人们相信自己最终掌握了其意义的时候，这种意义就会消失——以便在将来得到重建……

答 这是当然。于我而言，理论就是一种致命的策略——甚至也许是唯一的策略。这就是平庸理论和致命理论之间的全部差异：在前者那里，主体总是认为自己比客体更聪明；在后者那里，人们总是认为客体比主体更聪明、更犬儒、更天才；具有讽刺意味的是，客体正是在拐角处等待着主体。没有什么比我的书更加反教育、反教学的了。这也不再是一种劳动疗法（une thérapeutique du travail）。我想知道我的书可以面向谁……

问　那为什么是公众？

答　如今，有许多问题意识是无法根据心理学或社会学解决的——这是不断扩大、却从未再次得到处理的争执。这就是为什么我们应当试着翻出围墙，对客体刨根问底，并以它的立场来反对主体。这整个明确的、建构主义的、结构主义的阶段结束了，但另一种倾向，即否定性、颠覆性、激烈批判的阶段还处在消失的过程中。在这个困难的阶段里，从根本上来说，不再有人有本事了。要么说这种境况让人不安（说大了就是冷漠），并且说它只是以平庸策略为目标的练兵场；要么说这种境况令人充满激情。除了对这个谜穷追不舍，从根本上说还剩什么呢？这就是我所提出的"赌注"的意义：让我们毫不犹豫地作出假设，即这里存在一种属于诸多事物的致命且谜一般的立场。

问　这是一个首先来说对您也具有价值的赌注。我曾把《致命策略》当作关于个人转变的论文来阅读，也就是当作一种"世纪末知识分子的忏悔录"……

答　这太奇怪了。事实上，我同时还想呈现出我在两年时间里写下的日记。从逻辑上来说，两种书写必须能够混合在一起。此外，我完美地想象了一本具有双线结构的书，其中一方面是更为理论的部分，另一方面则是日记。这是一本古怪的书，它就像一种无法真正奏效的小玩意儿。我在写这部日记的时候要比写《致命策略》的时候体会到更多愉悦，但自从我开始撰写后者，我就立马失去了快乐……

问 相较于您之前的书，《致命策略》还拥有一个隐藏的维度：就好像您的生活也少许融入了进去。至少我感觉是这样……

答 您的印象也许是正确的。在很长一段时间里，我都是从容自在地写着书。不存在什么生命的必须：我的生活并不会被包含在里面。自从《论诱惑》(*La Séduction*)以来，二者之间就产生了一种相遇，一种碰撞。不是因为我为写作而生，而是一切都交织在了一起。使您得以"解释"事物的那种批判的、分析的距离不再有了。世界位于外部，您自己的生活也是，您处在一种精神分裂之中，它可以非常复杂和丰富，但您依然处在这一双重性之中。只要待在那里，就会是一场大赌博：您不再具有双重性。您所写的东西描绘了您之所是。的确，在尼采那里，这种交织是显著的。在那一刻，一本书，毕竟还是会变成另外一种东西：这不再是教化的过程，而可能是它成了一种生活的规则……

问 这使我向您提出最后一个问题：《致命策略》相比于终点，更像是开始。对于未来的工作而言，它具有一种纲领甚至宣言的意义……

答 远不止于此。写一份宣言，也就是重新导演一部新的歌剧或批判性的情节剧。这里必然存在着关于断裂的幻觉。这就是我想避免的。我先前所做的，更多的是基于令人失望的、冷漠的评判模式：作为冷漠大众的内爆(l'implosion)。事情依然如此。

然而，我现在瞥见了一种试图自我定位的内爆能量。因此，这里有了反能量的可能性，即开端的可能性，但我依然没有清楚地看到它会通往何方。内爆依然是主体的灾难性系统。只要您最终从另一边出发，从客体那边出发，就能打开可能性的新领域。

一个毫无矫饰的世界的矫揉造作 [①]（1983）

问　您是理解了我们的现代性首先是在拟像和表象的游戏中运转的罕有的社会学家之一，或者说诗人，谁知道呢？

答　我们不再身处一个异化的世界，因此，从异化独有的苦难，从其非本真性，从其不幸和苦恼意识中得出结论不再是可能的了；期望在他人的凝视中、并通过他人的凝视而触及存在也不再是可能的了，因为不再有关于同一性的辩证法。因此，所有人此后都被责令显现，且仅仅是显现，而不过度忧虑其存在。由此产生了"造型"（le look）的重要性……

我甚至不知道内心中是否有一种去诱惑他人的渴望；我不认为有，因为那还需要外表根据引导他人的策略而得到加工和装饰，而那种策略的目的在于捕捉他人的目光，以便将其引向自身的丧失。而外观仅仅是：我存在，我在那里，我是一个图像，请您看我，看吧，看吧！就好像纽约的波多黎各人的涂鸦："我叫某某，我生活在纽约，我很出众！"这也许是自恋，也许

---

① 《Le maniérisme d'un monde sans manières》, *Le Nouvel Observateur*, 1983, n° 954, 18—24 février, p. 50.

是拟像游戏（jeu de simulacre），但总之是没有被禁止的展示，一种公然的天真，在其中每个人都成了自己所独有的外表，成了自己所独有的人造物的代理人。在那里存在着一种新的激情，它是讽刺性的、全新的，但这种存在者的激情却没有对这些存在者自身所独有的主体性产生任何幻觉——我说的基本上是不对那些存在者所独有的欲望产生任何幻觉，而是为自己的变形着迷。

问　正是在这一语境中，外观的搭配对于任何个体而言都成了一项自我辨认的事业，但人们却错误地低估了它的意义和影响……

答　外观，有点儿像以图像构成的电视：点缀有少量的定义，最小的定义，就像麦克卢汉（Marshall McLuhan）[1]所说的电视图像。和仪式相反，这是一种四处闲逛的表象，是反复无常的、附带的表象，是可触知的表象，就像麦克卢汉对电子世界的评论一样；换言之，它甚至不会招来目光，更不会招来钦慕！——而潮流之镜依然是这些东西。它只是纯粹特殊的效果，没有任何特别含义。它甚至不再像潮流仍然会做的那样宣称一种区分的社会逻辑；它不再以编码化的差异来游戏，而只是差异地游戏，却不再相信这种差异；它以独一无二的方式游戏，但既不紧跟潮流，也不附庸风雅。这既不是灵巧，也不是优雅：这是在一个不再认识矫饰的世界中失去魅力的矫揉造作。

---

① 马歇尔·麦克卢汉（1911—1980），加拿大媒介理论家。——译注

问 我们可以从着装打扮的近况，也就是 20 世纪 60 年代以来的这段历史中吸取什么样的教训？

答 迷你短裙也许是时尚史的最后高潮，它不仅仅是时尚的效果，还是风俗史中的一种事件，因为强奸的外表取代了禁欲的外表（这是先前的时尚）。这里存在一种真正色情的效果，即色情涌入现实。今天，一切都带有当前的色情外观，此外无他：这只是色情涌入了外表，这种色情就像是时尚层面的特殊效果。但这里也有同类型的社会主义外观：这是一切社会主义外观在社会中的爆发……

问 在 19 世纪，巴尔扎克或巴尔贝·多尔维利（Barbey d'Aurevilly）^①都在关于纨绔子弟和资产阶级的"生理学"中寻求其时代的真理。您认为我们如今应当重新学习他们的好奇心吗？

答 我们不再拥有纨绔子弟和资产阶级在现代的伟大化身了：最后的化身也许是无产阶级和电影偶像，即历史性的反抗和神话般的魅力这两个顶峰。如今，这样的女演员或那样的男歌手的外观都取代了好莱坞女星的"魅力"；共产党、社会党、如此这般的新闻和工会成员的政治外观都取代了力量关系的辩证法。此外，这里因此不再有 19 世纪巴尔扎克等人的那种追溯这一变化的旺盛精力了。面对这一任务，电影的精力也耗尽了，因为它依然需要一种想象，而外观这种模仿游戏的纯粹外流是不带想象的。我们也许应该谈及伴随着外观而来的时尚修辞术的消失。关

---

① 巴尔贝·多尔维利，19 世纪的法国作家。——译注

于美和有用性的策略（牛仔裤所是的时尚零度中也包括这种策略）不再在外观的层面上进行。这个层面上不存在任何审美判断或功能判断。由此，外观避免了任何修辞，迈向了变形的纯粹组合……

命运中存在的可逆性力量 [①]（1983）

问 您是不是哲学家、社会学家、作家、诗人？

答 我既不是哲学家，也不是社会学家，我既没有走这些职业的学院道路，也没有走它们的体制内道路。我在大学的社会学系任教，但我既没有在社会学界，也没有在高谈阔论的哲学界得到承认。理论家，我很想当；形而上学家，这是最坏的情况；道德家，我不知道。我的工作从来不是大学教员，也不会进一步变得具有文学性。它变化着，变得更缺少理论性，但既不愿意提供证据，也不愿意以某些参照为支撑。

问 在《致命策略》中，您谈及了癌症社会与窥视着我们的灾难。我们就身处其中，还是我们将会进入其中？

答 对一部真正意义上的启示录作出预言是愚蠢的。我的想法是，灾难曾经发生，灾难就在那里。但令我们感兴趣的恰恰是灾难的彼岸，即我称为过分发达（hypertélie）的东西，也就是加

[①] «La puissance de la réversibilité qui existe dans le fatal», *Psychologie*, 1983, I, mai, pp. 65—68. 采访者是多米尼克·吉耶莫（Dominique Guillemot）和达尼埃尔·苏蒂夫（Daniel Soutif）。

速、跃进、无度，是灾难，但并不必然是毁灭。一开始，我用批判性的、革命性的术语进行分析；现在，我用突变性的术语进行分析。

我不是对不幸作出预言的人；我认为，在我们的世界中存在着一种灾难性的逻辑，这是从字面意义上来理解的灾难性，而不是在浪漫的或动人的意义上来理解的。"癌症社会"（la société cancéreuse）是一个隐喻。我们有权把书写和假设推进到底，以至于它们最终什么也不想说，但它们还是会去向那里。从字面意义上来说，这里的确存在一种癌症形式，即事物增生的转移形式，但我不想把癌症当作概念。我说的是过度增长（excroissance），而不是增长（croissance）；过度增长这种形式既会侵入理论，也会侵入社会组织或经济和生产。在信息、消息、物质财富和性关系的生产中，这一点都很明显；这种生产过剩显然都不再准确地知道它想要什么；这一刻，它在自身的增生中发现了一种逻辑。

问 技术难道不会使人得以重新发现秩序吗？至于信息，人们难道不会认为技术能使人得以控制这个过度增长的过程吗？

答 信息依然被视为发展、平衡、丰富的过程，但我不知道那里是否存在一种可能的控制，技术史中也许有一些这样的阶段。对于技术整体而言，我们可以提一下麦克卢汉关于大众媒介所说的话：媒介成了信息[1]。技术本身成了信息，它无法推动事

---

[1] 麦克卢汉在《理解媒介》一书中的核心判断是"媒介即信息"，鲍德里亚此处的引用稍作改变。——译注

物发展，也无法改变世界；它成了世界。正是在这里存在着一种替换，人们会认为它是危险的，因为问题不再是重获平衡或秩序。

伴随着技术——比如信息，这里存在着世界之现实化所产生的效果。世界有史以来就是神话、幻象、叙述、寓言，它由技术实现。这种物质化在我看来乃是一场词源学意义上的灾难（catastrophe）①、一种死亡，因为它让所有事物都会产生实际影响。我们可以想象一个阶段：我们日后所拥有的一切思想都可以通过电脑而直接现实化。我并不是要评判技术，它富有魅力，它有着绝妙且特殊的效果。但是，随着世界的物质化所产生的影响，可能性、想象、幻觉都消失了。但是，幻觉也许是有生命力的。一个不再具有任何幻觉效果的世界，将是完全下流的、物质的、精确的、完美的。

问 书写这门古老的技术曾在其所属的时代中改变了某种事物，我们也会继续使用它。书写的地位如何？它难道不也是在以一种过度增长的方式运作吗？

答 是的，没人能完完全全地将它稳定下来。似乎有一种限制被跨越了，这使得同样也以生物学方式在物种层面上起作用的自我调节不再奏效。在一个没有凝视、距离和判断的世界中，存在着增殖的无限可能。如果世界是内在的、明确的，我们也就不再需要判断。

---

① 即巨变的意思。——译注

归根结底，书写如今已毫无效果。我会停笔，因为我不再处于一种让作家书写、让知识分子思考的合乎规定的文化中了。当我想写的时候我就开始写，要是不值得写的话，我就会停笔。我需要挑衅和挑战。如果不再有这些东西，我就会停下来，我并不是疯子。然而，在某一刻，您让那些事物存在，但不是通过在其物质意义上对它们进行生产，而是通过挑衅它们、直面它们。这一刻，这一切是很神奇的。这里只有如此进行的书写。我不知道人们是否根据欲望来和他人打交道，但人们过于通过挑衅来和他人打交道了，并且，人们自身只有在得到充分挑衅的时候才得以存在。我们应当被欲望，被爱抚，但也应当被挑衅，因此也需要被诱惑。这里有一种游戏，它不是关于世界之必然现实化的游戏，而是事物于其中需要被挑逗、被改变、被诱惑的游戏。我们也许可以让它们既出现又消失：去玩整场游戏。书写，仅此而已，理论也是如此。它们最终就是让一些概念和效果涌现出来，并瓦解它们。文化不是一个关于观念或差异之生产的无聊问题。它也是迷人的举动。

人们十分清楚生产的诸种规则，但不熟悉这种游戏的规则。我会把二者对立起来。一方面是平庸，另一方面则是兴许有着可控效果，但其秩序要更加隐秘的游戏规则：宿命。然而，我们今日极有可能无法清晰地区分宿命和平庸。因此，让我感兴趣的不是"命数"（fatum）意义上的宿命，即那种非时间的、非历史的东西，而是同平庸有关的现代的宿命。平庸是我们当今世界的宿命。

问 您能明确一下您对精神分析的立场吗？

答 精神分析变得没用且讨厌了。它尽情发泄了解释、自我强迫、自我复制带来的晕眩。话语曾是分析的基本工具之一，随后，事情开始止步不前，也是在那里，有了一种愈发诡辩的概念生产导致的谵妄。有意思的是，这不再能触动我了。一开始我并不是这样说精神分析的。如今我反对精神分析，是因为挑战也许在它之外，并促使其瓦解。

问 在《致命策略》中，我们不知道您谈的是何种地理空间，不知道是不是指全球空间。

答 我没有在社会学的意义上谈论人们。大众不再是可以根据人口来明确的东西，不再是可明确的个体的总和。我分析的是大众效果，是大众形式，它在某些地方不再产生什么差异。这个在那里的某物，这个不再产生差异的某物，乃是对象征秩序的特别挑衅，无论这个挑衅是政治层面上的、社会层面上的，还是其他层面上的。

如果您在现实地理框架中重构我的分析的话，那么就会发现它多少不适用于这样或那样的模式。这是一种激进的合逻辑的假设，更确切地说，我的这个假设受到了一些发达国家，尤其是美国的启发。但是，第三世界国家也受到了这一连锁反应、因果关系的丧失、过度增长（比如人口方面）的强烈冲击。这个星球的一部分服从于生产与匮乏的相对传统的逻辑关系，而全球却进入另一阶段的情况是不可能的。我们的整个世界都进入了同一阶段；无论是有钱人还是穷苦人，也许都没有在扮演一个十分伟大的角色。

问 您写过，人们寻求的不是集体幸福，而是狂喜和景观。

您想说的是什么？

答 我不知道人们寻求的是什么。人们被教导要去追求某些诸如幸福这样的事物，但由衷地说，这并不令他们感兴趣，生产和被生产也是如此。让他们感兴趣的毋宁说是游戏的诱惑这类事物，但它们不是轻浮意义上的游戏。世界自己就在游戏。仪式也变得十分重要，但仪式如果不是游戏规则，即另一类诸变形之间的关系（而不是力量间的关系），它还能是什么呢？人们有时会对一些极度苛刻和残酷的逻辑充满激情，但却不会对劳动、退休金和社会保险充满激情。

仪式性（la ritualité）并非存在于野蛮时代，然后随着现代性的出现而消失，现在又通过某种仿古而复兴。仪式性一直在此，而人们却只同现实作斗争。这就是全部问题。如果世界就是现实，那么逻辑实际上也就是世界之现实化及其变形的逻辑，仅此而已。但如果世界也是幻觉，那么表象在这一刻就会以另一种方式得到把握。这里存在着一些不同的逻辑和规则，而我也相信没人会忘记这场游戏，也没人会放弃它。比如，它的模式是连续的集体激情，完全去除了历史的视角，我们不会说这种模式是古代的模式。让事物真正运转起来的，也许是将事物变成景观这一模拟的功能，而不是事物理性的、经济的机制。

如果苏联社会真的是根据其价值体系、官僚制度、意识形态而运转的话，那它早就崩溃了。这个社会存在那么久，也许是因为起作用的东西正是官僚制度的游戏。运转过程中存在着一种嘲讽，这种嘲讽并不是以现实的方式对官僚制度起作用的，否则人们将无法幸免于此。

意大利也是在对实情（即政治经济上的混乱状态）的嘲讽中运转的。那里存在着一种集体的共谋，它使得一切都在反常状态中游戏和存在。真正的社会联系是同社会契约相反的协约，即诱惑、共谋、嘲讽的象征性协约。这就是社会主义的两难：它想把一切带回社会契约，并消除挪用、反常游戏、密谋这些形式，消除关于社会关系的病理学，而在那种社会关系中，人们的想象力和激情都进入了维持自己地盘的双重游戏之中。

社会主义者不是唯一上当受骗的人。他们只是唯一想要让那种现实变得透明，并根除其一切非理性（包括所有的符号、拟像，它们会导致这些嘲讽的效果）的人。

如果他们最终根除了这一点的话，那他们也就终结了残存的社会。但幸运的是，人们能够以不同于任何表面上代表他人，但又让其服从的政治系统的另一种方式行事。事实上，游戏规则要更为隐秘：这一切都包含在深刻的嘲讽之中，对这种象征性阶级的谋杀也在其中某处得以完成。一切有权有地位有信誉的东西都应该被摧毁、被杀死。

问　这个想法也出现在了您对性器的赞美之中。

答　性器扮演的不是欲望主体和自我解放的角色，而是想要成为纯粹的物，变得不再能被评判或凝视，从根本上说，也不再能够被欲望。展示①是一种完美的淫秽。正是它为性器赋予了

---

①　l'exhibition 本义为展示，也指露阴。——译注

力量。

没人能赢，也没人会输。很有可能的是，由于我刚才所谈到的嘲讽和诱惑的效果，女人们曾进行抵抗，并幸存下来。当人们向女性主义者解释这些的时候，她们会觉得这是不可接受的。这里存在着一些糟糕的误解。人们指责我再次将女性排进了诱惑者的行列。"女人被剥夺了一切，人们只为她们留下了诱惑的位置。"女性主义者哀叹道。这完全不是我想说的。诱惑是一种进行挪用的力量，它使人得以掌控稍显隐秘的游戏规则，并成为事物间的另一种关系的主人，而非力量关系的主人。在这意义上，没人会赢，也没人会输。说人类赢得了这一历史性的比赛过于简单了。

为了生存，女性主义者需要女性的祖传苦难。那些苦难是社会要求造成的。对于女性而言，这种苦难必须存在过，且必须一直存在。她们对我的厌恶远胜过她们对大男子主义者的厌恶：一位大男子主义者不过是一位大男子主义者，同他进行斗争就够了，但某个来告诉您"您比自己所想的拥有更多至尊性（la souveraineté）①"的人则会毁掉您全部的思想结构。

女性主义者明确地拒绝了我。很可惜。如今这一问题意识完全被封禁了，出人意料的是，精神分析并没有试图对此作出澄

① 巴塔耶的重要概念之一，指劳动的、生产的、积累的主体通过献祭等仪式性操作，撕裂自身而达到的与他人产生交流与共通的极限体验。至尊性是自我散失、自我耗费、自我奉献的权力模式，其模范是原始社会中自我奉献的部落首领。这完全不同于传统西方政治思想中的主权（la souveraineté）概念。——译注

清。曾有许多由女性领导的精神分析工作，但一切都凝聚在了同母亲的关系上。精神分析使其整个概念构造都服从于此，但它却没有澄清这些事情。无论如何，那些事情也不会得到澄清。

问　性解放失败过吗？性解放事实上发生过吗？

答　无论它发生与否，这完全是次要的。您只是在完全无法读解的统计学层面上对它作出区分。我想知道的是，人们讲述的关于性行为的一切意味着什么。也正是在这里，人们十分天真：人们认为，只要询问某些人的性行为，他们就一定会作出回答。但事实上，我们不可能知道情况如何。

问　于是，人们希望将我们从一堆事物中解放出来，但归根结底，这件事情并不令人感兴趣。

答　断裂的效果总是有趣的。解放生产力，曾经意味着让人劳动。所有革命都曾是这种意义上的解放：打破旧有结构，以便捕获带有特定目的的人群的潜在能量。如人们在1968年所梦想的那种疯狂的解放乃是解放的审美意象，因为事物完全挣脱了任何东西，并成了自己独有的目的。但实际上，人们的解放只是另一个层面上的奴役。

问　您常常提到生物学，谈论了克隆和基因编码。相反，您很少谈神经生理学，也就是正在媒体中逐渐占据惊人位置的脑生物学。您是如何理解神经元的突然闯入的？

答　于我而言，这很奇怪。我并不在乎这些真理。它们的走向和其他一切真理一样，不过是一个更加精细、更加微缩的终点。这并没有令我感兴趣。我感兴趣的是神话。随着这种微缩化的激增，也就是使其余一切变得无用的对事物的金字塔化，我们还是会问什么是身体。如果一切都被归结在一个定义中，被归纳为基因编码或脑，那么身体就成了没有用的东西。令人头大！不过，我们还是可以随心所欲地认为这很荒谬。

我想去看看到底会发生什么，直至现代世界的畸形与病态的极端。这个世界不可逆转地逝去了吗？我对此一无所知。这个世界如此运转着，以至于一切游戏、幻觉，甚至只是语言，都冒着困于其中的危险。然而，事物终究都是各自独立发展着的，没有灾难性的顺从，并且，将人道主义精神这一伪道德话语——这种话语一个世纪前就存在了，因为那时科学、技术也已经存在了——应用到它们身上不会带来任何改变。

接着，事物总会有一种与系统（包括信息技术）一同游戏的方式。人们觉得信息网络是万能的，世界将会在数十年内得到真正的计算机通信化。但这不会像信息技术那样发生，因为事物不会只在其现实演化层面上进行游戏。请您看看精确的科学：它们愈是向精细的现实主义发展，物就愈发消散。人们愈是将物囚禁在其现实存在的窠臼之中，物就愈是逃逸。这是我所持有的唯一期望。

以造物主式的语言来分析今后总是带有一种超能力式（ultrapouvoir）的操纵，我们知道这种分析不再是可能的，也知道这种分析中存在着许多离奇的曲折。让我们以核能为例。我们毕竟知道，正是核武器的激增导致核战争不会爆发，尽管没人真正承认这一点。幸运的是，人们生产了不止百倍的核武器！万一有一天人们重新找到了一个十分适当的战争空间，那么核战争就会爆发。我们被过度增长所保护，被毁灭的狂喜所保护。我们依然处在未曾发生的核战争的幻景之中。

这一宿命，哪怕是我们的，也并不令人感兴趣。宿命唤起了我的激情，但并不是这种功能主义式的、灾难性的宿命。还存在另一种宿命。我指望的是一种可逆的宿命，是一种可逆性的力量，这一力量存在于命运之中，为的是对这些过程喝倒彩，为的是反抗这些过程。

人们可以如自己所愿地构建社会，这种底层反抗（infrarésistance）将会一直存在，这种底层失调（infradistorsion）使得社会不再运转，而这是幸运的。正是它让我感兴趣，我不明白为何事情一到科技层面上就是不同的。

晶体复仇 [①]（1983）

问 平庸的策略和致命的策略之间存在何种差异？

答 对，这一迂回，这一对立是较为容易的。一旦人们接触到它，这个对立就会显得更加复杂。这种平庸——大众的平庸、沉默的大多数的平庸——完全就是我们身边的氛围……于我而言，这却是一种致命的策略：它是某种无法保证自身、且人们无法逃避的东西，但也是人们再也无法解读的东西，它就是这种内在的宿命……正是它位于系统的核心之处，位于系统的战略要点，位于其停滞点和盲点。这符合我对宿命的定义（此外别无其他定义）。但是，这是平庸的极致，是平庸的顶点：大众行为、大众艺术、波堡 [②]，这一切……显然，我是围绕这些来讨论的。但是，我们可以说，这种宿命归根结底属于拟像系统，正是它产生了这种大众物（cet objet de masse）。

相反，于我而言，诱惑也是一种致命策略。这是一种宿命的

---

① 《Le cristal se venge》，*Parachute*，1983，juin-août，pp. 26—33. 采访者是居伊·贝拉文斯（Guy Bellavance）。

② 当地人对蓬皮杜国家艺术和文化中心的称呼。——译注

最佳或最优美的例子……还有一件事情：性的平庸，另一种秩序，一种富有魅力的秩序的关键，不过显而易见的是，这件事情就大众的策略而言毋宁说却是被祛魅的。但宿命包含致命的诱惑和平庸的性两个方面。它们有一个共同点：在宿命背后，总是有一种类似讽刺的东西。这不是属于浪漫主义类型的悲剧性的、悲怆的宿命，也不是宗教的宿命论。因此，这里存在着讽刺，但它不是一种主观的讽刺……在其背后不存在一个主体。主观讽刺和主观激进性的美好年代对于我们而言也许确实终结了。这是整个哲学发挥作用的时代（克尔凯郭尔，还有那些浪漫派）的终结，以及一种客观讽刺的开端。

在这些策略背后存在某种东西……一种关于目的性的讽刺：这不是拒绝目的性，不是僭越剧本，不是暴力地毁灭剧本，而是讽刺性地绕过与主体想要强加的有关目的性的东西。于是，在我看来，讽刺就近乎一种反定义（antidéfinition）：一个秘密，也许是最明显的秘密……客观的讽刺，难道不是吗？

问 这是物的复仇。

答 是的，正是如此。我把它叫作"晶体复仇"（le cristal se venge）——事实上我正是从此出发的。那本书把这个主题结晶化了。当我想到这个标题的时候，书很快就要完成了。当然，我也已经掌握了许多要素。

晶体是什么？是物，是纯粹的物、纯粹的事件，是一个既没有源头也没有终点的物。主体曾想要给它一个源头和终点，但它并不想要这些；如今，它也许会开始自我讲述。今天，也许存在着物向我们讲述某事的可能，但尤其存在着物进行复仇的可能！看到这种以相对激情的形式存在的东西令我十分愉悦，因为这里不仅仅有主体的激情，还有物的激情：诡计、讽刺、冷漠这类事物的激情，冷漠的、惰性的激情，这恰恰对立于主体的激情，后者是强健的、目的性的……比如欲望和需求。而物本身则是惰性的。但这也是一种激情，在我看来这是一种讽刺性的激情。它还有待探索（这不是那本书的任务）。它本可以在某些章节中得到展开，但我没有这样做。也许之后我会这样做，发展出一种关于**激情-物**（passions-objets）、物的激情（passions de l'objet）、客观激情（passions objectives）的理论。

问 很明显，您同物的关系从《物体系》开始就发生了极大的改变……

答 是的！完全变了。甚至不再有任何关系，除非通过这种对物恋（l'obsession de l'objet）的指涉。用词是一样的……就这样同物打交道，从物以及我对它曾有的迷恋出发，这让我十分快乐，其中也存在着讽刺。当然，问题直接在于不同于物的另一种东西。这样做只是为了作一番概览。但最终我还是要从物出发，也要以物收尾（笑）。

无论如何，对物体系的分析是一种迂回，其目的在于倒置主客辩证法。那里曾有一个系统，但也有另外一种东西，一种不同于物的他异性的逻辑。这已经是一些被削弱的问题意识了。因此，把物当作系统的做法曾是稍稍打破传统的方式——这如今朝着另一回事情发展了。

问　您所谈及的这种物是一个类主体（quasi-sujet）。它不完全是被动的，它表达了许多事物。

答　是的！它不是被动的，但它也不是主体。这不是一个主体，因为它没有想象界。它的力量和至尊性可以脱离想象界而存在。这无法在投射和认同的系统中得到把握；镜像阶段……欲望。物是没有欲望的，正是它以某种方式逃避了欲望，它属于命运那类事物。在我看来，这里只有两种事物：要么是欲望，要么是命运！

问　它也没有否定性。

答　它没有否定性。

问　它也总是最高级的①。

答　是的……但它也碰上了当今的许多潮流：这些潮流并非寻求一种实证主义（positivisme），而是寻求一种肯定性（positivité），即事物的内在性。比如，在德勒兹那里，即使我们也许相隔甚远，但问题依然在于这相同的追求——即追问整个主体性之外（甚至是最为激烈的主体性之外），物是怎样的，物要对我们说什么，它所组成的世界要对我们说什么？它是不是没有过程，比如内在的过程？这追问是不带情绪的，然而还是发生了什么事情。这不是一种被动性；相反，这是一场游戏。

问　您在自己全书的开篇就谈及的这种协同效用、翻倍效果的激情，要比真实更加真实，比美更美……这完全吸收了自己的

---

①　形容词程度上的最高级，而非字面意思的最"高级"。——译注

反作用力的品质，于您而言确切来说怎样的？

答 一个幻象……我不知道。任何人都可以说这是神秘的。我不这样想，因为这不是混成一团的。它毕竟还是个游戏，因而存在游戏规则。它的目标不是事物的某种同质化或融合。相反，翻倍的效果是这样一些事物：它们得到了准确来说属于镜像、相似、图像范畴的其他事物的清晰映衬。这恰恰超越了想象界。这也是以下这种意义上的超级现实（hyperréalité）：说它是超级现实，是因为这一翻倍等同于一种绝对化。只要承认这是一个过程（这可以是一种运动中的情况），那么这从根本上来说就是某种进入了彻底客观性的东西。这不是科学意义上的客观性，而是如他人所说的彻底的物性（l'objectité）。

那么，实际上，这也算是一种复仇。人们过去把物放在客体的位置上：主体把它当作一个客体，但却多加防范，而物则躲开了这一陷阱，躲开了主体的策略，进入了这种彻底的物性之中。那一刻，物躲掉了辨认和阐释的系统。从某些方面来看，问题在于这种令我感兴趣的事物是不是一种迂回或一种属于现代的波折，或者说这种事物是否在根本上是形而上学的。我相信二者兼有。这里有一种愈发形而上学或反形而上学的维度，但二者殊途同归，而正是当前的这种现代组合令我感兴趣。这不是平庸的宿命，也不是形而上学或哲学的研究对象。从根本上说，我不是一位哲学家，除非我感兴趣的是辩论和术语。这不是说我避开了形而上学或哲学，而是说我并没有以此为起点。事情就是这样。我感兴趣的是从当代的核心处境出发：一些处境-物（situationsobjets），或许还有一些大众策略。这些是现代的波折还是后现代的波折，我不清楚，但它们是我们的诀窍所在。"物体系"起初毕竟是某种在其他文化中从未被如此生产的东西。在那些文化里，人们也许拥有一种特殊的命运。

问　这么说，您还是社会学家吗？

答　啊不！……社会学是伴随着现代性诞生的，它诞生于对现代性的一瞥……所以，这么说来，我不是社会学家。

问　您依然把自己放在现代性的框架里，还是像人们喜欢说的那样把自己放在后现代的框架里？您如何确定自己相对于这场时代游戏的位置？

答　我不知道……这不是按照故事情节发展的，这一点是确定的。就"故事"这个词的一般意义而言，它指的是连续的变化，是寻找后续，寻找因果的起源。然而，这还是存在着一个并非纯粹奇闻轶事的维度，毕竟这不是关于现代性的一览表。这是另一回事。所以说，这也许是一种现代性，我对它的分析会贯穿始终……或者说，这与我所制造的、最终也将我抛入一种形而上学之中的现代性的螺旋效应或翻倍效果是同一回事情、同一种效果。于是，问题在于出自此种现代性之翻倍的形而上学，而非形而上学的历史，即千年的西方思想史……如果我想要就其断裂及其对过去的否认的效果来描述这种现代性的话，我应当切断那些指涉，并应当在分析中做同样的事情。同指涉决裂。这不是出于蔑视，而是为了找到一种彻底的**感染力**（pathos），就像尼采所说的一种纯粹的间距。这不是批判性目光的间距，不是否定性的间距，而是纯粹的间距。这一刻，这种现代性就会以另一种方式，得到更加鲜活、更加激烈、更加彻底的揭示。它因此而更加有趣。这就是我认为美国的现代性比欧洲哲学史中的现代性更好的原因。美国的情况更加令我激动和着迷。但只要人们作出这一明确的决裂，就不会有人说，在现代性的波折中，在其转向自身的过程中，它没有再次抛下一个完全不是社会学的维度，一个……形而上学的维度。这种形而上学因而来自这一固有的事物，而不是来自别处。

问 准确来说，当您建议要用物的消失模式取代生产方式的时候，在我看来，您是在用尼采反对马克思。这也让我有点想起了尼采的永恒轮回问题。您也以同样的方式察觉到了这一点吗？

答 这里的确存在一种回声，即使它参照的不是尼采。很久以前我兴致勃勃地阅读了尼采，但自那以后我就再没重读过。最终，这件事在某处以十分果断的方式消失了。是的，永恒轮回的主题也许在这意义上是某种十分神奇的事物。但就尼采的影响而言，我也根据**变形**重新发现了它，比如：不存在因果的形式链条的可能性……或者因此是消失的可能性。某种消失的事物，其痕迹被抹消，其起源和终点也被抹消。它不再被线性地把握。从根本上说，向消失状态的过渡，也就是以线性和因果的方式消失。这赋予了在其他事物的视域中消失的东西以重新出现的机会。在这里显然存在一处弯曲，它不受先前秩序的控制，它的确意味着某种东西……即使不是尼采意义上的**永恒轮回**。但总之，这里有一种十分强烈的组合关系，它毕竟和潜在的上升有关。潜在的上升在这个循环中发挥了作用：它恰恰出现在自己能够改变价值的时候，亦即说出现在自己能够有力量去消失，而不仅仅是有力量去变形的时候。这是不同的。因此，这里的确曾有一种不同的秩序，一种与全然另一种现代性相对立的秩序：历史的、意识形态等等的现代性就是那全然另一种现代性，它是事后才确立的。但这不是返回到某处。相比于尼采，这更像是荷尔德林。

问　您在某处将波德莱尔的态度同本雅明的态度对立了起来，把 19 世纪的态度同 20 世纪的乡愁对立了起来。

答　这一对立完全不是为了某一方的好处。本雅明是我非常钦佩的人。他们两人的语调也有一些协调之处：在本雅明那里，还有在阿多诺那里，都是对某种辩证法……和对不再辩证的某物（这种系统及其灾难）的预感的全新混合。这里既有辩证的乡愁，也有不同于辩证法的深沉的忧郁。这里的确存在着对诸系统之宿命的评定……在我看来，面对着现代性的波德莱尔已经看到了这样的一些事情。有趣的是，他还没那么激进——因此在那时，问题还没有被提出来，他也许以比本雅明更新的视角看到了现代性……而本雅明又以比我们现在更新的视角观察现代性！人们越靠近断裂时刻……

问　开端时刻……

答　……对！人们就越能看到事物。我坚信这一点。实际上，这一直都是正确的。当某物发生变化的时候，无论是肯定的还是否定的观念，都会是强烈的。之后，它们就会模糊不清。从心理学上来说，人们很清楚这一点，并且，在精神分析的体制中，它也是如此运作的。这还包括艺术、现代艺术、艺术的现代性问题，当然还包括黑格尔所预言的"绝对商品"（marchandise absolue）的整个历史……艺术就像消失，就像关于消失的巫术，黑格尔十分清楚地看到了这一点。

问 也许，您正是在这意义上才对艺术产生了兴趣。您在某处说过，艺术如今只不过是施行了让自己消失的巫术。

答 是的……

问 您是出于这个理由才对艺术怀有兴趣吗？尽管我不知道这个兴趣始于何时。

答 是的，这也不是什么直接的兴趣。好吧，我从未有过实际的兴趣……我认识许多艺术圈人士。有一点是确定的：也许在某些地方，就这个词的深刻意义来说，是美学让我充满了激情，包括世界的美学维度的消失。今天，这是一个巨大的赌注……这并非艺术意义上的美学，而是一种感知模式：它准确来说是关于显现的艺术，是让事物显现的艺术。它不生产事物，而是让事物显现。

现代艺术的拐弯抹角、各种错综复杂的运动并没有激起我的兴趣……我曾经在某一刻对波普艺术感兴趣，后来是超级写实主义。但这毋宁说是根据精神分析来做的：艺术是众多领域中的一个，这些领域让某些事物在其中得到了清楚的阐释。由于诱惑的缘故，作为视觉陷阱（trompe-l'œil）[1]的高度写实的绘画也让我

---

① 使二维的画给人以极度真实的三维空间的感觉。——译注

感兴趣。但艺术史本身并不令我感兴趣。之所以艺术令我感兴趣，是因为那一些新兴形式……美学（esthétique）的挑战……这个说法令人十分不快，我很少用它，我避开它，因为它听起来像是谐音……

问 唯美的（esthétisante）……

答 人们无法避免这一点。我们应该把它字面上的发音还给它。

问 也许与伦理（éthique）**相反**？它变得更有趣了……与道德相反。我们恰恰可以这样阐释在您讲座上公众的消极反应……

答 是的，我听说过。是什么消极反应呢？

问 我曾发现，观者的反应涉及道德层面，而您的话却恰恰涉及美学层面……

答 ……美学，当然。如下这个基本问题在美学层面上是十分恰当的："好吧，要是它消失了，就只剩下文学！"因为如果精神分析消失，如果它实际上是通过试着揭示某个不得不向我们讲述某些事情，但却完全不再来自对主体进行解释的体系的物，而寻求自己的消失……那么总而言之，如果不是叙述，何者才能使其消失呢？人们在此进入了美学，就这个词最纯粹的意义而言。我真的认为，叙述，正是宿命发挥作用的地方。叙述就是保护宿命般的特征，最终……它就是历史。

问 同时，您也说唯一的致命策略也许是理论。

答 确实是理论，但它也像叙述、螺旋、链条一样。好吧，我所使用的概念并不算概念。我不会要求它们具有概念性内容，这要求得太多了……我们可以使其成对地发挥作用，这不是什么凡俗琐事；在我看来，这非常严肃，因为这是人们能够适应事态发展的唯一方式。理论在这里乃是一种稍显悖论的方案，是的，它成了致命的东西。它成了对象。当我说"叙述"的时候，并不是要语气生硬地说我们要回到一种浪漫主义的形式……尽管我有时非常喜欢这种形式……此外，在我的书里也有一些段落……

问　也就是说，您最终承认了理论具有不真实的权利……

答　当然！当然，也就是游戏的权利、保持激进的权利。它能成为叙述，两种意义上的叙述。在我写的书里有一些历史分歧点，那里总是有一些小历史和小事情在开始，它们常常是事物涌现之所：不同种类和情境的讽刺、妙语、梦呓、**笑话**（*Witz*）……我更喜欢这个德语表达；妙语（le trait d'esprit）这个说法有点冗长。笑话不再是围绕着符号组织起来的元语言，而是围绕妙语摄制的推拉镜头。因此，在这一刻，在妙语中不存在连续性，它原则上过去得非常快。这里不存在话语性。这是一种叙述模式，在此，我认为理论等同于叙述。但这恰恰不是人们所想的那种文学。之前的问题很好，但最终它太具有偏向性了，因为它回到了文学。这不是我想做的。但这里也许会有各种方式让它过关，包括哲学，但前提是哲学也要破坏其词语、概念等物的装置。这会是诗歌吗？……但不会是"诗歌-诗歌"（poésie-poésie）。不会是那样……

问　这也许就像一种"交往美学"（esthétique communicationnelle）？因为，相比于提出一种以理性共识为基础的"交往伦理"（éthique communicationnelle）的哈贝马斯，您毋宁说提出了一种以冲突和诱惑为基础的美学。

答　对抗与决斗，是的……我一直对"交往"这个词本身抱有偏见，它在我看来总是众矢之的，它是交流、对话、系统（某种类似的东西）……联系……所有包含于其中的语言学功能和元语言学功能。如果这就是交往，那我并不会赞同它。

在《象征交换与死亡》（L'Échange symbolique et la Mort）中，已经存在另一种东西。但象征这个范畴有一些过时：这与其说是因为对这个词的误解太多了，因此我们要抛弃它，毋宁说是因为在我看来，有趣的人际关系并不是按照交往模式而存在的。还有其他种类的人际关系模式存在：对抗模式、诱惑模式、游戏模式，这些模式让更强有力的事物得以存在。交往满足于在原则上已经存在的事物之间建立关联。它没有让任何东西显现出来。而且，它寻求平衡……信息，就这些。因此，在我看来，似乎有一种更令人激动的模式，它可以使事物显现出来。所以，这种模式实际上更像是一种对抗，而不是交往……我不知道是否存在一种严格意义上的交往美学。

问　我的意思是，当我说"交往美学"的时候，这并非关于交往的美学。这不如说是通过美学在某种程度上把交往挽救回来……或者说由此重新维持交往……

答　交往阶段，的确，在我看来一直都是稍显实用的、功能主义的，就好像事物的存在只是为了……

问　令人信服……

答　就是这样，人们总是处于教育关系或者道德关系中，或者说处于包含关系中。我相信，最根本的问题并不在这个层面上，并不在交往层面上。

问　在我看来，就这方面而言，"符号的可逆性"问题非常重要，您在某种程度上把它当作反对"僭越法则"的策略。我希望您能对您想表达的含义作出解释。在我看来，冲突正是在这一点上最为激烈。我们也许可以在此看到许多反常之处……

答　也许吧，因为在那里，在可逆性来自一种至高的讽刺这桩事实中，存在着某种不道德的东西。但这个在一切神话中都非常有力的主题不太符合现代性。我们身处的系统不再实施可逆性和变形，反而建立在时间、生产与许多类似事物的不可逆性之上。令我感兴趣的恰恰是类似致命策略的东西，它依然试图消解事物的不可逆性和目的性所具有的优美秩序。

触动人们的乃是这一点：可逆性在此刻被当作一种法则。然而，我并没有把它当作法则，而是当作游戏规则，这是不一样的。如果人们把它当作法则的话，那么它就会在某处就会将事物冻结。但这不是法则。法则会被僭越，但我不知道人们如何能僭越可逆性……所以，好吧，这里没有僭越。事物的秩序负有逆转一切的责任。所以说，显而易见的是，深刻的伦理、深刻的道德会抵触这类命题，因为人们总是不得不有所作为。人们不愿承认这一轻率的语调……于是，他们只会把事物之不可逆性中的宿命翻译成某种贬义词。

于我而言，这个主题变得非常重要。《象征交换与死亡》已经是一门关于可逆性的理论。它认为主客体并非对立，认为并非所有的清晰的对立是真正清晰的对立——尽管在此之外，对立并不真正起到主导作用，人们实际上应当发现的是主客体的可逆性。于是，这些说法就这样消失了，这致使我们应该找到另一种模式……我一直更倾向于事物之间的激烈对抗——存在某种不可调和的东西，并且在这一刻，对立项之间不是辩证的。在我上一本书里，问题在于恶的原则——这指的是全面的不可调和，同时还有事物全面的可逆性。这两者全都对立于线性的、辩证的东西，但在它们之间依然存在着一种张力。一方面，这里会有一种激烈的对抗，一如弗洛伊德通过自己的爱欲和死亡冲动原则提出的对抗：我们没有必要寻找二者间的调和。这不是两条相互对立的原则。这意味着，一条原则考虑的是一切重新调和，包括最终是对两方的重新调和，而另一条原则——死亡冲动则对此说不。爱欲并没有把世界重新调和起来，人们最终也从未能够做到这一点。

问　正是在这方面，您如何看待当代人对精神分析的兴趣？

答　我从未正面接触过精神分析。在某一刻，我曾想要写一种**欲望之镜**——就像《生产之镜》（*Le Miroir de la production*）那样，对欲望之镜作出真正的批判。我相信这并不难。情况已经变了：许多东西都被写掉了……德勒兹，所有那些人。所以，我不再想写这些了。也许太晚了？……无所谓。实际上，这种批判在《论诱惑》中就已经有了。也就是说，《论诱惑》不再是一种批判的或否定的方式，让人们如此这般竭尽全力去批判某种自己由此所强化的东西，而是一种自主地摆脱精神分析的方式。

因此，在我看来，精神分析就像被边缘化了一样。和它先前有趣的样子相比，现在它几乎是无用的，也无法成为工具。事实上，这也相当于一种激进的批判。在我这里，这一批判愈发深化了。

问 您批评精神分析尤其否定了二次诞生（la seconde naissance），即一种入社仪式（l'initiation）。

答 我知道这对于精神分析学家而言似乎过于简化了。首先，他们把这看作一种攻击，一种侵犯，不过事实并非如此，他们随后会在相对简单的基础上说："精神分析也能胜任这类事情。"相对而言，这样说没错。实际上，我相信这是一种相对神秘的阐释体系，它就其好的方面而言能成功地使某种东西免于这种谜团，免于这种谜一般的特征。但这也是一台机器——完全不是欲望机器，是一台完全压迫性的、恐怖主义的生产机器。所以说，的确，这台机器愈发消失，它就愈发存在。我为此要感谢拉康。拉康总是使我欣喜：完全不是作为精神分析的建筑师，而是作为它的毁灭者。拉康恰恰有着与对精神分析进行过度转移的相反的一面，这是十分美丽的诱惑情节。这令我十分愉快。但是，当人们以这种方式向精神分析师讲述时，他们并不会满意。

现在，我不知道。在法国，精神分析的话语巨幅地、十分迅速地失去了自己的影响力。它不再拥有曾经全能的权威了。

问 这就像马克思主义，二者几乎是同时的。马克思的思想和弗洛伊德的思想之间有一种关联。在某一时期，甚至出现了将这两类思想结合起来的尝试。

答　那是20世纪70年代末的伟大年代。那实际上也是这一切的顶峰……也许也是绝望的符号：二者都完蛋了，正是在它们的媾和中人们掩盖了那种小把戏——双方各怀鬼胎……这没有持续很久。人们最终碰到了更加有趣的事情，但那时的确是二者的意识形态顶峰。

问　有时，您会把艺术和淫秽对立起来。某种程度上，您把艺术表现为淫秽的反题。您说，焕发出真实的全部力量的虚假，就是艺术；反过来，焕发出虚假的全部力量的真实，就是淫秽。所以，我希望您能从淫秽之所是，以及相对于淫秽，何者才是艺术游戏这些问题出发。

答　这一切都围绕着幻觉。那么好，此时，我们应该重新把艺术家的尝试当作尝试幻觉：这并不是指欺骗，而是指能够让某物起作用，能够创造一个场景、一个空间、一场游戏、一条游戏规则；这是指最终能够发明事物的显现模式，随后在周围制造空无；也是指消除一切因果过程——因为这些过程都是绝对反艺术的，这一点毫无疑问，并渴望重新找到形式链条的意思（形式之间在那里相互链接）。这就是艺术开始的地方：在这里，形式根据人们大部分时间都不知道的内在的游戏规则而彼此链接，而艺术家能感受到这条规则，但在我看来，这条规则依然是隐秘的。一旦这条游戏规则成为一种方式、一种方法，一切就完了。这种情况通常很快就会发生。

因此，幻觉的力量在我看来实际上正是艺术的特征，而淫秽则是幻灭和客观性的力量。淫秽，就是可见性意义上的客观性。让事物如其所是地被人看见，是一种现实主义的立场，是一种把事物铺展开的可能性，并最终能切断事物同幻觉和游戏的和谐关系，以致："看，它们就在那里，它们存在着，它们是毋庸置疑的！"那时，人们迈向的正是一种可见事物的恐怖。这就是淫秽。而艺术这个词略微宽泛，但最终，它乃是唯一准许人们游戏的事物。人们被一个系统所捕捉，无论是社会系统还是其他什么系统，它带来的绝望使人们无法游戏，不想游戏，不再想游戏。人们因此疲于重新创造交流。然而，在我看来，艺术恰恰不来自交流。它显然是一种诱惑，一种挑衅。也就是说，审美愉悦完全不是沉思的愉悦；这显然不是一个景观。某物在游戏，某物回应了一种挑衅，某物由于形式的某种内在性而发生了变化。主体本身也进入了这场游戏。艺术仍然是幻觉，它有能力瓦解主体之防御，即其因果系统。突然间，艺术的的确确焕发出了一种能量，这……我觉得……这是真实的能量，但……好吧，在表述中，我们不应该过于……

问　……使事物僵化。

答　也就是说，艺术包含一条普遍法则；和我们所说的"淫秽"的过程相反，这条普通法则很有可能在于某些完全物质性的生产过程、阐释过程、解释过程等等。当我们说：正是虚假散发出了真实的力量，我们指的是真实的事物，我们把它所能够拥有的这种光环赋予它，但我们寻它而不得。唯一的策略就是反其道而行之。您只有通过反其道而行之才能够触及真和美，如果说这是完成的标准的话。这是东方哲学中异常有力的东西。人们不操心于此，但它依然为真。这恰恰是因为，在于我们的道德中寻求真理的意义上，企图找到真理是一种彻底的误解，因为人们在追求真理……幸运的是，艺术本身没有造成这种误解。它清楚地知道，如果某物应当被找到的话——但这说的是被"找到"，而不是被追寻——，那么幻觉就是触及某物的唯一道路，而这正是通过他物的可逆的迂回。这十分重要。

我为社会绕了一圈，是因为在我们所设想的社会中存在着一种可怕的矛盾，或者说在恰好把自己呈现为前沿社会之现实化的**社会主义**中（我这样说并非不带恶意，但也并非毫无理智），事物从来都不会根据一条自始至终都保持为直线的标准而将自己设定为符合期待的事物。幸运的是，事物要更加精妙。这也是物的复仇。艺术毕竟还是能发现这种迂回的诸多过程之一……当然，得是在它成功的时候……

问 透过关于艺术和淫秽的问题，您尤为强调一个被您当作关于再现场景（la scène de la représentation）之消失的现象。在您看来，它到底是怎样的？

答 这里没什么神秘的。这里某处也许有秘密，但没有神秘。场景，就是创造一个事物能够以另一种方式自我改变并游戏的空间，而不是在其客观规定性之中。关键就在这里：移动空间，以便重新创造一个与其他空间不同的无限的空间，这一做法本身将会受到专断的游戏规则的限制。从根本上说，场景是任意的。它不能从一般空间的角度来理解。在某些文化中，场景这个概念并不存在。它是不可再现的。我们应该创造一种小小的奇迹，一个特殊的空间，从我高度秘传的观点来看，这个空间非常特别。在场景的存在本身中有着一个秘密。在我看来，相当一部分愉悦都来自这里，来自完全专断的划分。和游戏一样，愉悦只产生于人们非常专断地划分出他们可以随便游玩、以另一种方式游玩的领地空间时，即人们处于真实以外、处于约定俗成的空间的粗暴现实束缚以外时。

这里曾有一种发明。我不知道这个发明一开始是在何种层面上出现的。它是否一开始是心智层面的，随后是戏剧性的，而后成为了社会场景？这种发明就是：所有的再现系统都分泌了自己的场景，还有躯体。如今消失的乃是这种可能性：发明一种有魅力的、但又能保持距离的、并能以这一距离而游戏的空间的可能性。随着淫秽的泛滥，这个场景消失了。淫秽不是专断的，而是恰恰相反：它总是生产出自己的一切理由。它生产了太多自己的理由。它毁掉了这个距离。它是事物间的可怕的贴近：不再有凝视的距离和游戏的距离。淫秽不再承认规则，而是将一切混淆一气：这是事物的完全混杂，是秩序的混乱。正是它终结了所有的仪式和系统曾为了避免事物的淫秽、全面的心智层面的困惑，以及人性和非人性之间的短路而尝试保存的详细区分。但也正是在这里，淫秽是一种品质，而不只是一个概念，它甚至可以说是一种音调。然而，究其根本，淫秽对应的是某种人们很难用丧失，即场景的丧失以外的术语来分析的东西。的确，人们感觉某物在那里遗失了。然而，我们不应该在这意义上走得太远。淫秽，是另一个世界。人们也许会与这个世界打交道，与这个过分可见（hypervisible）的世界打交道，所以说，这里也许有另一种游戏的可能性。我对此并不清楚。某一刻，再现（représentation）曾是游戏的可能性之一。此外，再现并不总是以相同的方式游戏的。在文艺复兴的空间，即具象的空间中，我们在艺术中看到了再现。当艺术被发明为某种再现的时候，人们一开始非常疯狂地使用它，完全不像后来那样再现性的、经济性的。

所以，从根本上说，我对此并不清楚。无论何种规则变化都可能制造出不同的游戏的可能性，即其他的钻空子的游戏方式。在随后这些年里，也就是随着这个控制论、计算机通信等所有这些玩意的世界的建成，看到它内部所发生之事是很有趣的。人们是否会无法找到一些场景或场景的碎片，找到一些完全不寻常的路线？我们不应该把这个系统当作贬义性的"无事可做"的宿命。当然，人们一直在和一种能够摧毁幻觉、能够带来一个毫无幻觉的世界（在"幻觉"这个词的两种意义上）的巨大力量接触。也就是说，如果这种力量不再给游戏留出地盘，人们就会忧郁，人们就会失去这种秘密……但是，在所有宗教或文化中，在所有古代神话或传统秩序中，都曾存在幻觉的力量，它是一种否认真实的十分激烈的力量。它在原始宗教中甚至非常重要。它总是被体认为一种对真实的否认，类似于某种彻底的不信任：这是一种认为本质发生在别处的想法。在世界运转不息的压力下，这也许是终将失去的东西，是慢慢消失的东西：人们认为世界是真实的，我们如今已足以操控它。这甚至不再是一个乌托邦的世界。任何地方都不存在乌托邦。甚至不再有关于乌托邦的场景。而这本身也是一个场景。现在，乌托邦回到了现实，我们也在……

问 也是出于这个理由，理论首先应该变得激进，而非真实？

答 当然！激进性并不是比之前所说更加真实的真理。激进性，就是移动着的激进性。对，激进性就是一种同我们的老目标有关的问题：激进性曾被视作一种颠覆意义上的革命性。今天，这变了，这说的不再是同一回事情。激进性不必通过否定性来颠覆系统。它也许恰恰位于幻觉之中。它要找到的是幻觉和间距的至尊性。

问 您在会议上的发言从一种区分逻辑转变为一种诱惑逻辑。区分，有点儿像布尔迪厄所做的事情，他从很早以前就开始这一工作了。

答 是的，从 15 年前起就没变过。

问 您自己也这样做了……

答 对，我也做了这一工作。我们走在同一边。我是个不错的社会学家，这一点没有问题。从根本上说，这一直是一种身份。它依然使我能够言说某些事物。但它成了一种陈词滥调，一种生产显而易见之物的分析。不过，显而易见之物又有什么用呢？某一刻，我曾觉得布尔迪厄太过顽固了，但这毕竟是很久之前了……后来在某一刻，我又不这么觉得！真理中的那种显而易见，那种一致，那种自满，我们知道没有任何东西能动摇真理，它将会一直得到验证。我们在布尔迪厄的话语中，在他的话语形式中也找到了这种同义反复。从此往后，我的确作出了全面的改变，离开了这种在我看来在人类学层面尤为有趣的差异的、区分的逻辑。

问　也许是讽刺的逻辑？在我看来，在这类社会学中，一开始似乎的确有某种讽刺性的东西。

答　当然，相比于马克思主义，相比于所有这样的学说而言。这在意识形态挑战被取消的时刻产生了巨大影响。是的，非常大的影响。突然，人们都去谈论差异化的文化了。"好的！阶级！那阶级逻辑又在何处发生？"这是漂亮的一击。它在1968年之前就起作用了。当1970年布尔迪厄出版《再生产》(*La Reproduciton*) 的时候已经太晚了。那时，这书就是布尔迪厄自己的自我再生产，他所描绘的因此只是对自己立场的朴素捍卫。最后，人们也不会对此作出审判。好玩的是，这些东西又流行起来了。它们甚至以另一种形式——人们也找到了一种模拟形式——再一次得到了异常严肃的对待，因为可以说它们在20世纪60年代是恰逢其时。紧接着在1968年发生的事情极大地抹消了这些挑战。嚯！在大冲突之后，恰恰还是同样的把戏，一丝一毫都没有改变。于我而言，这种**重写**（rewriting）没什么意思。但这就是社会学：一种重现的持续。在消沉的时期，在理智停滞的时期，或者在历史时刻回流重现的时期，嚯！这些思想就像救命稻草一样回来了。

问　您和一种显得十分暧昧的时尚有关系：它既不是批判性的，也不是共谋性的。但从根本上来说，我们不太知道您的立场。

答 这是个普遍的问题。时尚是用以衡量万物的合适场地，因为正是在那里（包括在激进、左翼等所有思想中）才有否认，才把左派否认为、把时髦左派批判为非道德、反革命。我们在这样的时尚里待了很久。本质上，当我描述对象的时候，有一种理想选择的观念，它近乎道德上的否认。这种观念为大部分人所享有。今天，情况发生了某种变化。人们不再能够忍受了。人们感觉到，相对于时尚、广告、电视，否认和批判的看法行不通了。这是一个十分普遍的问题，和我们提出的社会主义体制的存在一样。现在，面对这个问题，我们如何自我定位呢？我们是否失去了以令人信服的方式进行指责的可能？在此，不再有可靠的回旋余地了。这里的事物间曾存在一种联结的状态。我们如何能够看到这些曾相互联结的事物，而完全不陷入您说的那种共谋之中呢？我们因此应该进入一种新的感知，它不属于那类妥协："对！时尚在抵抗。它在某处一定意味着什么：电视，所有人都看，我们也看；我们与之共生。"此时，我们还应该偃旗息鼓吗？——我们就身处其中！我们进入了这个世界！部分新一代的人已经这样做了。他们进入了这些事务之中，进入了这种精神之中。他们将会应对事物，并且找到一种新的社会行动的道德。我呢，则没有踏出这一步。我不想这样做。但整个20世纪70年代的喜爱道德说教的革命左翼立场也的确终结了。我暂时没有看到新的、独创的、可靠的立场。这是一个真正的问题。

问 在政治层面上吗？

答 正是。于我而言，这不是一种期望，一种否认，一种被动，或一种失望的退却。我一时间不知道要保持何种距离。在杂志里我体会到了这种距离。首先是《乌托邦》(*Utopie*)，一份激进的小刊物，属于情境主义那一派。在其中，人们知道自己的所作所为，而他者、社会、权力则在另一边。人们知道，他们在某处所拥有的并非一个集体，而是一场运动。人们告诉其他人，这里不存在问题，事情相对是清晰的。随着 1975—1976 年间整个社会向吉斯卡尔（Giscard d'Estaing）[①]式的自由主义演变，这些小刊物忽然之间消失了。它们不再言说，它们不再有所承担。那时，在没有那么清楚地看到的情况下，人们做了《逆境》(*Traverses*) 这份杂志。这是一种贯穿性（transversalité），而非一种僭越，其目的在于找到另一类更加居间、更加流动且半是制度性的否定性。《逆境》就其意义上来说，就是波堡。但这当然是一种反波堡（anti-Beaubourg）。这是不同于波堡文化的另一种类型的文化。因此，在共谋和某种……场景、某个集体等事物的保卫者之间曾存在着一种游戏。但现在在我看来，连《逆境》的立场也不再可靠了。它也结束了。

问 是吗？在何种意义上呢？

答 在这种意义上：通过波堡，人们曾对这份杂志下了政治性的最后通牒，要求它社会化，要求它成为一份考虑人民群众需求的"社会"杂志，而不能成为一种知识分子的杂志。这太严厉

---

① 吉斯卡尔·德斯坦，1974 年至 1981 年任法国总统。他因主持起草《欧盟宪法条约》，被誉为"欧盟宪法之父"，还被称为"现代欧元之父"。——译注

了。由于社会党人自身的缘故，杂志差点就消失了。对于他们而言，成为社会党人是一件大好事："智识和权力，你们是我们的东西。"这是让事物协同合作起来的尝试，尽管它们在自主模式下运行良好。人们曾试着让自己理解这一情况，但他们并不想理解它。事物得到了处理，是因为他们还有其他更重要的事情要做。由此，人们得以幸存，但也明白他们不再有自主的余地了，甚至连自由的余地也没了。

因此，《乌托邦》结束了，《逆境》在我看来也真的结束了。它当然还会苟延残喘一段时间。事情总是会出人预料。那么，这里是否还有其他什么东西呢？我们是否还能找到另外一种同这个不仅吸收了这些余地，还不把边缘的、异端的产物放在眼里的新社会所保持的距离？这个新社会不想要这种产物，也不在乎这种产物。我们再也不能找到一种颠覆性的立场。这不再有意义了。这因此是一个非常非常普遍的问题。它构成了一种时尚。在此发生之事令人着迷，但也不再能得到评估。这里不再有评估标准。就是这样，标准是内在的，许多事情毕竟都是如此。这甚至是一种激情。这不是琐碎的，不是无意义的。但分析不再具有相对于这一切的优势地位了。面对分析和批判性目光的这一优势地位的丧失，如今何者能够取代它们呢？这是个问题。

问　您首先分析了作为人与人之间差异系统（即一种区分他们的方式）的模式。现在，您想要思考它的致命力量，一种在与自然的游戏中与自然相区分的力量，作为对人类同自然相区分的能力的肯定……这是生产其文化的力量吗？

答 是的，生产一种人造物，一种真理……也就是说，我们应该考虑到人造物。当事物同自然或真实相混淆的时候，它们是淫秽的，就是这样。一切都是人造的，都是将事物人造化的可能，这是在波德莱尔的意义上说的，而不是在道德或贬义的意义上说的。我想知道人造物就在那里。它才是关键，而时尚则是一种让身体在对身体的性的、生理学的、功能性的现实的否认中存在的强有力的方式。最终，身体的崇高游戏显然不带任何色情意味，而时尚的绝对反题就是色情。一旦来自深处——我说的是来自真理——的微光出现，时尚就不再存在。如果身体在某种淫秽中显现，在某种纯粹的性需求中显现，那它就完了。时尚应该不断地与此游戏，而不应该跨越这一界限。它有权变得情色，但不能变得淫秽。

这之所以变得有趣，是因为时尚本身异常暧昧。因此，时尚会把动机和说明用于更普遍的立场。它不仅在现实中自我革新，还依然保持为一个谜。它因此变得极为有趣。

问 您对时尚的兴趣也许意味着政治本质向文化的转移……

答 是的……我很少对平庸的场景产生兴趣。政治的、社会的场景都变得平庸了。从根本上来说，人们只能见证到向适应和普遍调整的扩展……瘫痪政治的手段，包括未来以革命形式呈现出来的瘫痪政治的手段，似乎最终都损耗了、侵蚀了，其兴趣中心也转移到了幕后的东西上。左右派的政治意识形态还会继续在台前当道，但那已经是虚假的舞台场景了——那里会有一种模拟系统。今天，我们没有必要再对政治进行批判了。让我们走到别处，去看看在别处发生的事情吧。

图像从根本上不是不道德的吗？[①]（1984）

问 电影在您的生活中占据着何种地位？您如何选择电影？

答 某种程度上来说，我和电影的关系是粗野而业余的，我一直想要保有这一点，而从未想要试图进行"分析"；也就是说，我非常喜欢电影，这是我依然抱有强烈幻想的少数事物之一。举例来说，我对之抱有的幻想要比我自己更熟悉的绘画更加强烈。我对电影保有着一种直接的愉悦。

至于我的选择，它是十分初级的。我更偏爱美国电影；我喜欢的电影，既不必然是最复杂的，也不必然是最有趣的，我觉得是这样；我很少被实验性的电影所吸引。当我在洛杉矶的四千人大影厅里，和吃爆米花的观众一道观看《星球大战》这样的大制作时，我感受到一阵原始的电影院气息，它近乎群居性的现象，但强而有力。美国就拥有这一特点：在被包围起来的电影厅外，整个国家都是电影式的；当我们身处其中的时候，我们就像在电影里。我在意大利小镇中也感受到了同样的愉悦，从那儿的博物

---

① «Est-ce qu'une image n'est pas fondamentalement immorale?», *Cinéma*, 1984, n° 84, janvier, pp. 16—18.

馆里走出来的时候，我找到了和城里一样的东西，一种图像的神化（apothéose）。

其母体，就是身处电影院时的愉悦。驱车美国的沙漠，在影厅里观影，我都能获得这种愉悦。

我因此和电影有着十分强烈但断断续续的关系，这一关系是不规律的、任意的、完全主观的。我既不寻求一种有序的经验，也不试图掌控这一经验。

这也许是矛盾的，因为如您所说，我无法使自己不是一名知识分子，但对某些事情而言，我完全不想让分析性的功能插手，尤其是对于电影，我会时不时地同分析作了断。我进电影院，就像进入一场梦，它具有一种梦幻般的价值……梦幻般的，但对它的体验也反过来不断改变着日常生活。我感兴趣的正是生活／电影的互渗。

问　您从未受到过电影的社会学反思，甚至是"电影社会学"的诱惑吗？

答　没有，人们问过我同样的问题……电影中让我感兴趣的东西，恰恰是超出了社会学的东西，那就是电影的神奇效果。我们不是要去研究其成因。社会学让我厌倦，而电影却使我愉快，那我为何要把二者混为一谈呢？

问　此外，一门真正的电影社会学应该先验地在同一标准上思考所有电影，并评估其影响……

答　我们因而遭遇了社会学本身的问题；鉴于它研究的是非个人的大众，社会学不得不通过统计数据、平均值、规范、一般规律，也就是通过不变量来进行研究，但恰恰是这些不变量或客观事物没有呈现出任何有趣之处。我更喜欢独一性（la singularité），即具有优先性的事件。至于社会学，我认为就是一门还原性的学科。

问　有时，以社会学方式研究电影的令人厌烦之处，正是硬以为某些电影即使知名度不高，但也是典范性的，是一些标杆性的作品，或是代表某一群体和国家在某一时刻的精神面貌和意识形态。这也许是准确的，但从社会学上来说，我们能以何种名义作出如此判断呢？

答　我同意。我对此深有体会：在社会学里，所有假设都是可逆的，或者说，人们会信任社会学，但我不会。此外，我并不发自内心地认为自己是个社会学家，相比于社会学的数据，我更多的是在研究象征效果。

我感觉，电影更取决于一个社会的想象力，取决于其逃逸、消散或爆炸的方式，取决于它消失的方式，而非取决于它被生产、被资本化的方式。

各学科对该领域的一切干涉我都不信任，对任何话语间进行的性骚扰我都感到反感。各门学科混淆了自己的概念，并且一般而言都是混淆了它们最糟糕的概念。它们所真正交换的，乃是最糟糕的东西，而非最好的东西。

问　如果概念真的是专门用来定义一个特定事物的话，那么它就会是不可言传的。

答　当然，它会是不可言传的，而正是这种差异才有趣。

我们更应该深究这一点。当下的电影试图在所有其他事物中找到自己的参考，比如社会、精神分析等，这一做法蕴藏着某种危险。

问 在发表于《电影手册》(*Les Cahiers du cinéma*，第302期)的一篇讨论《大屠杀》(*Holocauste*)① 的文章里，您宣称电视没有传递任何想象，它不再是一种图像。您能详细解释一下吗？

答 电视荧幕在我看来就是一个图像消失之地，因为每个图像都在总体的连续性中失去了区分。内容、情感、强烈的事物都在不具有任何深度、作为纯粹表面的荧幕上划过。电影同样作为荧幕，却具有深度，它是幻想的、想象的或别的什么。电视呢，则是内在的，它把您自己变成了荧幕，您对此会有一种触觉上的简单感知，但却很难定义。根本上来说，这不是一种强烈的图像。这要求的是一种直接的、即时的参与，以去阅读它，让它存在，而不是为了让它进行意指。

为了图像的存在，应该要有一个场景，以及某种距离，没有距离就没有凝视和凝视的游戏，这场游戏让事物显现或消失。在这意义上，我发现电视是淫秽的，因为这里没有场景，没有深度，没有潜在凝视的场地，因此也没有潜在诱惑的地盘。图像和真实嬉戏，而游戏应当在想象和真实之间运作。电视不指向真实，它处于超真实之中，它位于超真实的世界，而不指向其他场景。这一真实和想象的辩证法对于让图像存在和享受这一图像而

① 1978年由美国著名作家，电影制作人杰拉德·格林（Gerald Green）根据他自己创作的小说改编的长达7小时的电视影集。——译注

言是必需的，但在我看来，它无法在电视上实现。

问 还是就这篇讨论《大屠杀》的文章来谈，我们曾相信自己察觉到了对批判社会、揭露现实、具有意识的电影的讽刺性抛弃，人们称这些电影为社会电影或政治电影。

答 对的。我不相信电影有任何教育或政治的功效。这个说法也许在任何时代都是空口无凭的。本可能有这样一些时代：电影拥有多功能性，它甚至可以拥有某一类型的功效。但如今吸引我们的电影并不具备所有这些把戏。我相信，存在着一种对道德和教育功效的集体性的自我神秘化，不仅仅电影是这样，其他事物也是如此。

图像从根本上不是不道德的吗？它不属于判断的领域。

图像中、电影里，或其他领域中发生的某种东西总是和自己独有的内容一道发挥作用。我们不应该忘记，您所看见、纳入、消化的正是这种内容。否则图像就无法成为图像。重要的是图像和其独有的意义一道发挥作用。

言及寓意（message）是所有教育家、政客，以及所有想要教导大众学会生活或反思的人的天真，虚假的天真。无论如何，我都不认为人们可以在这种意义上教会某人随便什么东西，但图像从某种程度上来说却是能够做到这一点的终极载体。这就是为什么它是令人激动的、邪恶的。如果人们想把它变成任何寓意的载体，那么它就会完全失去自己的魅力。这只会带来最糟糕的电影，那些人要么把电影变成虚伪之物，要么变成天真之物。

问　您会阅读影评吗？

答　我偶尔会读，但我并不会因为我想去看什么而读什么，我很少是据此来作决定的。

问　对于您来说，一篇好影评是什么样的？

答　我不太清楚。不过确定的是，那些满足于讲故事、作概述，并随后对剧情、演员作出评判的文章不太令我感兴趣。这些文章我也能……我想我甚至都不会写它们……（笑）我一直觉得我可以做得更好。

令我激动的也许是一种讲述电影的方式。通过讲述电影而诉说的文章——但我承认，我很少发现这样的文章，能为语言赋予一种电影本身的音调，但这音调不会作出进一步的解释，也不会最终给我提供任何价值判断；相反，它会在话语中找到一种电影运动及其节奏的类比物、等价物……前提显然是人们爱电影。我想，每周都这样写是很难的，除了某些例外。

问　那影评的作用和功能呢？它的角色是什么，如果它有的话？

答　我想问您……在那些评论家里，会有很多人最终去拍电影吗？

问　是的，有一些会。

答　我不是说影评是次要的，但它在我看来是一种很难持有的立场……眼睛盯着图像，而笔又在别处……这多少有点分裂。

这有何用呢？我不知道，批评能承担一种真正具有启发和教育意义的角色吗？很有可能……

曾有过批评的黄金时代——至少文学批评是这样的，在这个时期，成为批评家在某种程度上是一种重要的、原创的战略立场，但这已经结束了。

评判标准已经变得很有问题、很危险了，这如今是一种难以坚持的立场。事实上，的确不再有批评了。

我们可以追问：对批评的真正需求存在吗？无非是为了让事情变得简单，为了提供一种使用方式。但在这一刻，批评只是一本菜谱。

问 电影愈发受到视听设备发展的威胁。某些人甚至说，20世纪末将不再会有电影，您是怎么看的？

答 我不相信。我认为，视听设备就像所有的技术革新一样：它们很少从无开始，它们存在着吸收、吸取的效果；更加危险的也许是这一点：电影就其内在组织而成了录影带、电视本身，它从内部开始适应。电影有一种被此吸收的自杀式共谋：这就是危险所在，因为它只能抵抗外来的威胁。这是烂大街的说法。生活是电影化的，此外，这也是让人得以忍受它的地方，否则大众的日常生活就会是不可活的，这一维度吸纳进了集体生活中。这就是对电影最好的保护，这也使我认为电影会坚持下去。

问 把电影教育引入大学的做法您是怎么看的？

答 我认为这很好……我也是这么想的。我在学生时代是否也想获得电影教育呢？我当然会想。从儿童或青少年时期起就把电影带进家庭或许要更好……但这也不是肯定的，有许多人都会通过异曲同工的方式而爱上这些事物。

人们可以把一种教学普遍化、统一化，这绝不是坏事，但如果要有一些真正的使命和激情的话，那他们会设法通过教学来实现……对电影，对其他事情皆是如此。真正的教学需要通过制度来实现。

蒙当、科吕什、勒庞：同场竞技 ① （1984）

问 对于极右翼的出现您怎么看？

答 勒庞（Jean-Marie Le Pen）② 并不是布热德（Pierre Poujade）③。这不是硬气的法西斯主义，而是在政治挫败时由于社会力量的四分五裂而出现的东西。它是超强价值观的复活，但只是一种弱化的版本，属于一场虚弱的危机，一种回流，一种一惊一乍，一种左右翼的饱和。这里没有神话。对于秩序而言，这是一种面对疲软的无序状态时的赤裸裸的毒性和暴力。

问 我们难道不是完全处在《精神》（*Esprit*）杂志创始人埃马纽埃尔·穆尼耶（Emmanuel Mounier）所说的既有无序中吗？

答 这里不再有革命的傲慢。科吕什（Coluche）④、蒙当

---

① 《Montand, Coluche, Le Pen: même combat》, *L'Idiot international*, 1984, n° 1, juillet, p. 1 et p. 6. 采访者是皮埃尔·阿沙德（Pierre Archard）。

② 让-玛丽·勒庞，生于 1928 年，法国政治家，极右党派国民阵线领导人。——译注

③ 皮埃尔·布热德，法兰西第四共和国时期的民粹主义政治运动家，主张维护商贩与手工业者的权益。——译注

④ 意大利裔法国演员，原名米歇尔·科鲁奇（Michel Colucci），艺名为科吕什。他在没有政客的帮助下独自开办面向无家可归者的爱心餐馆等公益事业，并于 1981 年参选法国总统。——译注

（Yves Montand）[1]、勒庞之间有一点相同的连续性，即以公民抗议反对政客阶级的脑萎缩。争取学校自由的斗争在文化层面上和这一现象走到了一起，但并没有因此在政治上趋于一致。人们此后开始关注地方事物、地方环境、温和生态学、反国家运动。当右翼掌权的时候情况就已经如此，但人们依然信任社会主义的理性主义，尽管它已经崩溃了，不再能够重整旗鼓了。在某种意义上，勒庞加入了里根主义的阵营。法国并没有两百万极右翼，即使它充斥着不满的声音。更不用说所有这些学会了自力更生和地方自治的人了，包括管理狗啊，枪啊，学校自由啊等等，但他们依然保持了自由选择。在某位密特朗式的人物想要少一点国家治理的时候，和着他社会党式的虚伪的叫嚷，我不经意地笑了出来。当我看到勒庞在"真相时刻"（L'Heure de vérité）电视节目上，以其出众且自恋的自由主义信念和 J.-L. 塞尔凡-施莱伯（J.-L. Servan-Schreiber）针锋相对的时候，我就想猛捶这个思想贩子的知识分子光环。

问　我认识许多左翼人士都把票投给了勒庞。您对此如何解释？

答　问题在于当地市民和左翼民粹主义的残余，他们尊重勒庞所说的某种共同利益，首先是我、我的家庭、我的部落、我的

---

[1]　伊夫·蒙当，法国著名意大利裔歌手、演员。小时候做过码头工人，1944 年被大歌星皮亚芙（Edithe Piaf）发掘，先在她歌厅里表演，后出演了她的影片。蒙当在 70 年代之后拍摄了一批具有左翼思想的政治性影片。——译注

行业利益，就像许多共产党人所经历的一样。他们完全不期待什么福利国家。我们不得不这样说，但并不能因此颂扬勒庞。更何况那些辩证法和教育学的话语一直都是左翼人士的财产，而不是依然没有意识到自己正在成为什么的右翼。

问 那不再有右派了吗？

答 左右派的政客合计着要维持政客阶级的特权。学校自由游行因其愚蠢而让人厌恶，但人们就在那里，这并不愚蠢，这符合真实的渴望。和他们谈论地方化、去中心化是不会有任何结果的。于是，他们重新占据了巴黎，他们反抗去域化（déterritorialisation），这一点令人印象十分深刻。因为蒙当根本就不算什么。他只是知识界的增生，而不是真的颠覆。但当大众回归的时候，人们就不会再忍气吞声。

问 自由，自由，三千年前起就是同样的政治善恶二元论。当先前的自由捍卫者也成了废除自由者，这些所谓的废除自由者，这些自由的游行示威者，胜利正在改换阵营……

答 毫无疑问，社会主义所十分推崇的自由在回归，伴随着对潜在极权国家的粗糙批判。但这也变得更加灵巧和暧昧了，这是某种自由主义的回归。

问 在美国呢？里根主义从那里汲取良多。

答 除了从我的美国朋友那里所闻，我不知道有谁是反里根的，我只知道他知晓社会唯意志论的饱和状态，这种社会唯意志论是社会主义所期待的，它无法改变自己的规范化框架。里根知道他应该走向正确的历史方向，从柏拉图到肯尼迪，再到麦克纳马拉（Robert Strange McNamara）[1]。他有他的粗糙常识。就像我们法国一直以来的做法一样，他同样尊重或懂得如何充分利用对强权的反抗。灾难是左派的历史权利，是道德化的黑格尔主义，它完全过时了。我们见证了政治之暧昧性的复仇。

问　总之，陈旧传统、价值、家庭都正在跌入过时的氛围之中。就像莫拉斯（Maurras）所说的那样：19 世纪，这个愚蠢的世纪。

答　的确。比如波兰，或者若望保禄二世。如果"后现代主义"这个词有意义的话，那它一定会悖论性地以好古癖为依靠，因为它揭穿了过时的现代主义。这是旧石器时代模棱两可的回流和激浪。

问　然而，现代性是波德莱尔的发明。

答　他是在超现代性的意义上思考现代性的：现代性就是潮流的激烈动荡。当瓦尔特·本雅明描述现代人不得不为了自己的感官而付出的代价时，这就是本雅明为此所写的东西：鲜活体验的崩溃，休克导致的崩溃。

问　波德莱尔和这一崩溃的默契对他而言代价巨大。如果我没记错的话，本雅明崇敬地补充说，波德莱尔诗歌的法则在第二帝国的空中闪耀着，如同"没有大气遮罩的星丛"。在第五共和国开展波拿巴主义式的全民表决的时候，我们难道不是正处在您

---

①　罗伯特·斯特兰奇·麦克纳马拉，美国政治家，1961—1968 年间担任肯尼迪和约翰逊总统的国防部部长，1968—1981 年间担任世界银行行长。——译注

所谓的循环往复（une situation récurrentielle）之中吗？

答　不，而是重复的处境（répétitive）。我没有在那里看到宿命和命运。因为我们没有发现来自个人协商之外的旨意的踪迹。至于波德莱尔，他让我们学会了改换时尚策略。他发明了时髦，这是非道德的现代性，亦即真正的现代性。在此，来自别处的旨意如今也以现代性之消失的方式到来，甚至连共产党的消失也不算是一桩事件。这就像人们扔进汽车坟场的报废汽车。这既不是秩序的到来，也不是贵族阶级消失后的动荡。

问　马克思曾在《共产党宣言》里说贵族阶级将会在笔头论战中存活数百年。某种迹象告诉我，贵族阶级正在重生。那么，谁是下一个消失的呢？资产阶级？工人阶级？

答　工人阶级已经消失在了沙滩上。他们也许只是一种工业社会的隐喻，一种残余。他们没有成功地奠定一种新的象征秩序。他们被生产的消失牵着鼻子走。

问　信息技术不是这一新秩序吗？

答　问题在于一种渐进性的技术，在于对疯狂但却回溯性的技术进行全面总结。它思考自己所积累的数据资料，但内在却没有产生精神的动荡。一切都缠绕在一起，一切都被储存，一切都被编程。

问　此外还有一种速度，那就是操作的准即时性（quasi-instantanéité），它虽然并没有因此扰乱知识界，但在我看来却是一种决定性的进展。因为一切进展首先都是一种加速。

答　为什么不是呢？信息技术的速度如此之快，以至于不再有运动：速度成为了一种技术的美学。但这是一种新的技术形式，它是闭塞性的，它指的是其余一切的消失。信息技术的使命就是进行部落化（tribaliser），哪怕是在麦克卢汉式的回路中，它宣布的也是部落的回归。信息技术只生产本地的、本国的，因此是现代的价值。超级古老和超级技术之间突然涌现出了许多悖论性的亲和性，前者满大街都是，后者则被希望尽可能久地维持垄断地位的国家打压。因而一切——街道和技术——都逐渐逃离了国家。

问　这就在旧与新之间预备了一种巨大的断裂。但它没有如人们所愿地发生。只有不可预见之物发生了。

答　是的，但这不是通过局部发生的，它导致了典型的法式迂腐。像法国文化这样的一种把赌注押在普遍价值上的文化，也许最终也会因它们而灭亡。法国发出了噼啪的断裂声，但可耻的是，这是在社会党式虚伪这样的最糟糕的情况下发生的。同时，反常的小事件也表明，无论左派还是右派都不复存在了！

灾难一般，但不严重^①（1984—1985）

问 我想从我们文化生活中的某个很重要的事物开始——社会新闻栏目。但这事实上不只是社会新闻栏目，还有迷你终端机（Minitel）^②的历史。你已经在电视上看到了关于斯特拉斯堡的迷你终端机的纪录片吗？

答 没有。

问 你知道，人们给了斯特拉斯堡人五千台迷你终端机；随后，有个人搞了盗版系统，许多人因此开始通过迷你终端机来交流，并进行约会、建立联系，互相发送污言秽语。人们用它制造了许多噪音。还有一天，《世界报》（*Le Monde*）上发表了一篇文章，它把迷你终端机称为一场革命，网络交流中的一场不可见的

---

① 《Catastrophique，mais pas grave. Une conversation avec Jean Baudrillard》，*UCLA French Studies*，1984—1985，vol. 2—3，pp. 1—22. 采访者是罗贝尔·M. 马尼基斯（Robert M. Maniquis）。

② Minitel 意为"电话信息数字化的交互式媒介"，指的是一种用于连接法国的 Videotex 服务的计算机终端，该服务于 1980 年至 2012 年在法国进行商业化运营。——译注

革命①。数以万计的人在互相发送污言秽语中虚度时日。这一切也许有点夸张，但人们由此看到的，乃是一种掌握言语、掌握交流工具的欲望，同时还有在媒体中出现的限制和偏离。

答 这台机器出现在了斯特拉斯堡？

问 是的。

答 它运转得很好？

问 似乎是。人们被它吸引了。

答 巴黎旁边的韦利济（Vélizy）也体验过电脑。最初，人们被它所吸引；随后，人们完全不再被吸引了。他们不知道能拿电脑做什么，他们不再使用电脑，除非他们浑身充满精力，在使用价值之后又完全发挥了其交流价值。它心灵上的、心理上的好处不大。就日常生活层面而言，人们并没有处于一个十分复杂的系统中，以至于电脑这样的事物并非必要。你想让他们处理什么？如何处理？他们的日常生活所面对的东西是相对简单的。

问 你想说：在信息层面上……？

答 是的，因为电脑是对整个信息技术的解形（la déformation），它把每个私人个体都当作一个迷你行政部门，一个迷你机构，它们需要的是一台迷你终端机。

问 满是要发送的东西。

答 对。准备好接收所有的信息，准备好发送信息，好像人们就是这样过活的。这种信息的独裁是不可能的。

---

① *Le Monde*, vendredi 4 janvier 1985, p. 23.

问 大部分信息实际上都很简单，诸如此类："晚上你也许想出门"或者"我希望你在那"。

答 人们可以承认，这里存在一种沟通功能，一种寒暄功能，比如"噢，你在这里""是的，我在这""你就在那里""我就在那里""噢，好吧，早上好""噢，好，我们电话联系"。这是一种交流，它只不过是让媒介得到了验证。

问 这有点儿像民用无线电台（Citizen Band Radio）。

答 对于那些在路上的人，那些卡车司机来说，我们还是十分理解这种语音传输功能的，在那里，说话代替了在收音机里播放音乐，但对于待在家里的人来说，这就是一种奇怪的干扰。最近这些年出现了这样一种反应：保护私人领域的安全。通过所有这些信息技术，人们会把您置于控制之下。我不太相信根据内容进行控制，你知道的，就是检查你的生活。但这种简单的对你进行引导的想法并不是天真的，而我也不确定人们在这一层面上是否有深刻的抵触。这会被用于什么地方呢：军事、科学、儿童——也许吧，因为儿童完全是在游戏的层面上使用它们的。此外，我并没有看到人们对电脑有什么欲望。注意，在法国，人们无论如何都从未看见过和电脑一样具有强烈诱惑力的东西。人们随便摆放几台电脑，给其他人配备电脑，随后有一天，强制其他人使用电脑，无论他们想要与否。这就像一场信息技术的圣礼。

问 在这台机器本身之中，在使用者配备了这台机器时所得到的解释中，也存在某种对诱惑的刺激。这给人一种印象：他们对系统，甚至对其他人是拥有某种力量的。在电视上播放的关于迷你终端机的纪录片里，人们看到了这一点：人们像音乐家、作曲家等向其他人表达创造力的人一样，在屏幕前度过了数小时。他们自己也许忘了，他们处于条条框框之中，他们也像所有语言和编码一样被"编写"了。

答 我呢，我的儿子有一台电脑。他玩电脑、编程，你懂的，编写软件。而我呢，我还是感到……噢，当然，总有人在信息的另一头，但并非总是如此。不过，这毕竟是一种自我交流，人们收到的是他们自己。非常清楚。至于他人，如果你没什么激动的要和他说，如果信息无法改变他的生活，那么你就得不到真正的回复。

问 你说过，对于大部分人而言，一台这样的机器没什么大用场，但在你的书里，你多次谈到掌握言语的必要性。在一个符号系统中，在一个编码里，除了掌握打破编码的言语以外就没什么要做的了。

答 是的。

问 这意味着一种对这类言语的力量，对言说之观念的力量的高度信仰。

答 是的，并且……

问 同时，在这种对迷你终端机的看法中，你也对如此言说的必要性持有某种保留态度。我不是说这是一种矛盾，而是说这两个看法也许应该被更加清楚地放在一起。在你的书里，我发现你对这个观念很感兴趣：系统中的某处存在着裂缝，即是说在其中或这或那的地方，人们可以做些什么。这不是说全部地方，不是总体，但人们可以做些什么。在你那里，这往往是你会说的想法。

答　是的，你可以这么说。这里还是有一种绝对的必要性，说到底也就是自我表达的必要性或意愿，哪怕你没什么要说的。我认为情况就是如此——当我们没什么要说的时候，我们还是可以自我表达。涂鸦中令我感兴趣的东西正是这种自我表达。你看看第一代的涂鸦，就是："我是某人，我生活在纽约，我存在。"好，这就是全部——这甚至都不算交流，这就是最小化的信息："我在这里。"

在我最近看过的涂鸦中，你也能看到，到处都是这样的东西，它们纯粹是图画性质的，是一种有棱角的、切分的书写，它什么也没有说，甚至不再说"我是某人，我存在"，而只是说他在涂鸦这一事实，不过这还是一种表达。这因此同时也在说："我说，我涂鸦，故我在，但我没有其他什么意思，我没有名字，我没有任何东西要说，我没有任何东西想说（在法语中有两种意思：**我什么都不想说；我没有什么意思**），但我还是在涂鸦。"这就是人们没什么要说的时候，在表达欲中唯一剩下的东西。

于是，我认为，实际上存在某种事物，它同时也拥有其强度；它之所以如此，是因为它没有意义。在某一刻，你真的能分离出这样一种不指向任何人的小玩意。这也许就是涂鸦和电话网、迷你终端机网之类的玩意儿之间的差异。我曾谈过通过符号进行反抗，我们应当把它同创造了表达的网络区分开。在符号反抗那里，没有什么优先的表达，而真正的优先性就是说出"无论您的网络如何，我都存在于某处"，哪怕它没有意义。

但是，一个网络并非一块区域。涂鸦出现在墙上，它就夺走了一块区域，哪怕它什么也没有说，而在网络中，人们并不在他们的区域中，而是在一个被标志出的空间中，你懂的。在涂鸦那里，是人们让涂鸦言说，而网络很明显是在让人言说。正是因为人们有了迷你终端机，他们才开始说话，但这是言语吗？我还是会作出区分。这里有一种人们所说的那种言语：欠缺、断裂、裂缝，还有一种对编码的纯粹的、简单的服从。

也就是说，我们可以在编码内部游戏，但关键是你已经嵌入其中，你将会嵌入在系统本身的规范里。这也许有点片面，因为我们不太清楚以后会发生什么；也许会发生其他事件。在当前情况下，这毋宁是一种对言语的诈取。人们感觉到自己没有参与政治，自己什么也没有做，也没有承担风险，但他们毕竟还是渴望言说。于是，你给他们安装了一台诈取装置，一台空洞言语的装置；但是，在涂鸦那里，空洞的言语是有力的，因为它是空洞的，而在其他情况中，空洞的话语是被强加的。无法位于别处的空洞话语维持着交流的幻觉。也许正是出于这个原因，孩子们把它使用得炉火纯青；他们不想要意义；重要的是，孩子们会乱涂乱画，会激动兴奋。因此，一台这样的玩意儿对于孩子们来说是非常棒的，他们没什么要说的。但至于其社会用途，这就另当别论了。

问　当你1983年在加利福尼亚大学洛杉矶分校发表讲话的时候，你在儿童和大众之间建立了关联。这是你能心血来潮想到的一个类比，但我认为，这个类比是很严肃的。你说，在大众中事实上存在着某种抛弃意义的孩子气的念头，还有一种对于常被知识分子们叫作蠢话的那种话语的防卫性的兴趣。大众真的沉浸在作保护之用的蠢话中吗？

答 是的。这一策略是合乎逻辑的；在我看来它很棒。如果人们面对着意义和理想的价值的话，那他们必然会揣度自己的平庸。最终，你还能希望他们做些别的什么呢？他们回到了自己的蠢话和平庸中。人们为何要扎根其中？没有理由去听命于知识特权者和掌权者的旨意，听从他们完全是受虐心理。你为何希望如今的人们要回应政治上的教唆，并表达出一种真正的观点呢？他们知道，这种真正的观点无论如何都毫无分量，无论它是否有价值。

因此，他们以这样或那样的方式，描画出了困难的样子。这甚至都不算拒绝，而是一种挑衅："不，你们无法掌控我们！"人民的心理学建立在极度简单，但并不因此而愚蠢的元素之上。人民的心理学说的是"我不会让自己受制于人""你们无法掌控我们""他并不拥有我"。人们说这行为似乎有点儿可怜，但事情并非如此。这并不可怜。人们可以非常清楚地知晓这一点。我们应该了解，如今是否还有同类型的表达行为存在。

最后，我谈到了大众的沉默。我一直认为，这实际上是一种非常重要的现象，但你如今也会在法国碰到一些惊人的事件，我们可以在政治领域看到它们。最近出现了一种政府对自由电台的审查，某些自由电台因此遭到暂时禁止。其中，有一个叫作"能量"（Énergie）的电台邀请了一些人为保卫他们的自由电台而游行。于是，惊人的一幕出现了，在街上有五万多人支持"能量"，而他们没有任何政治意图。他们只是满足于上街，满足于把自己看作人民的一类，居民的一类；而这类只是媒体受众（un public de médias），因此是抽象的——没人能看到自己。这种只是受众的群体在街上很快就成了人民，如你所见。媒介所做不过是把人民变成受众，而在街上，你会再次发现受众又成了人民。这是全然惊人的，是一种没有结果的事件，一种支持自由电台的公共性，但也是根据身份表达自我的方式："我们在那里，我们就是音乐。"之前，人们上街为的是造反，并说"这是我们劳工的力量，我们是历史"云云。这里则不一样，我们就是音乐，人们就是满足于置身于街上。"噢，看呐！我们人数众多，这太美妙了！"事件就纯粹限于这一样态。但这依然是一桩事件，这依然是某种事物，一种流动的涂鸦。是的，一种流动的涂鸦。这是人们第一次从这一维度出发，看到了媒介隐藏的一面（即接收者的这一面）显现出来。接收者并不存在，人们从未看到过他们。人们会从中抽取一些调查对象，等等。可他们就在街上，没有意图，没有僭越，没有暴力。这种对最小的可能身份的承认是十分惊人的，但至少——"好吧！呃！在生活中我是谁？我是'能量'的听众，我与它相关。啊，就是这玩意儿！"

问 我想向您提一个关于某种暧昧性的问题，这是我在您关于无意识之地位的文章中看到的。无意识有时看起来像是某种人们应当参照的力量，而其他时候，它则像——怎么说呢？像某种已经被掌握、利用和终结的东西。你明白我想说什么了吗？

答 是的，当然。

问 这向来不太清楚。

答 你知道，我从未澄清过无意识的历史。好吧，我从未直面精神分析。不过很长时间以来我都身处其中。当然，我也用了很多精神分析，从根本上来说我还是用了精神分析。我不能说我领悟了它的奥秘，此外我也不认为这样做是有用的。

所以说，无意识就和其他东西一样，和原始社会一样，是一种杠杆。可以说，无意识现在于我而言已经不那么有趣了；或者说，精神分析所提出的那种无意识，压抑的无意识，在其中依然存在着应当被说出的东西，应当可以被说出的东西，以及没有被说出的东西，这些都不那么有趣了。我不再想谈它了。最后，我也不再喜欢这种强加的压抑了，因为它总还是暗示了一种解放。如果人们把无意识变成了一种革命主体，这不是偶然的，无意识总是在相同的系统、异化等等中被把握的……最后，这假定了一种象征秩序，一种断裂，一种压抑，一种允诺，它毕竟是关于……

问 这也假定了一种指涉吗？

答 是的，这里有一种必然十分有力的指涉。在《象征交换与死亡》出版的时候，依然有一种象征性的乡愁，它具有强烈的指向性，且最终也动用了无意识。然而在《论诱惑》之后，我就的确同它决裂了。结束了！随着诱惑的出现，这里不再有象征秩序了。这里存在一种讽刺，不论是对何种象征秩序而言。语言会背叛，如你所知；但这并不妨碍我们总是试图使用话语的力量。

如今，话语被无意识的结构所渗透。如今，这是一种简易的解决方式。我们应该在别处寻找欲望，而不是在这种被束缚的欲望、这种欲望游戏中寻找它。最终，对我来说，欲望就是主体，而我所尝试的是走到客体那一边，因此也就是从具有诱惑力和挑衅性之物的那一边进行观察。我试着谈论另一种特性，它位于客体那一边，而非自我隐瞒的主体那一边。主体的特性在于无意识的整体，它最终总是欲望的诡计。

我想走出那一历史，我不知道个中原因。那一历史毕竟还是提供了很多美好的东西，甚至也许人们也是那样经历历史的，因为他们已经被无意识的理论所驯化了。可以说，人们经历了从无意识这个强有力的神话——它本身也许是一种幻象，但也是一种关于回归和颠覆的强有力的幻象——到无意识的文化这个过程，也就是说，如今，所有人都应该知道，他们自己的无意识是像语言一样结构起来的。正是这样！但这一切都进入了一种十分世俗的文化之中，它也没有任何真正的产出，所以说，在那一刻，我们更应该抛弃它。

问 但抛弃无意识的观念毕竟是残酷的。这里有某种对无意识的乡愁。事实上，它似乎是寻找基础和参照系的杠杆那样的必不可少的观念之一。

答 是的，当然。我认为，这是人们实际上发现的最优美的装置之一，接着，人们照常也不能说这既非真亦非假。在某种意义上，它曾经为真，无意识曾带来了超常的真理效果，一如马克思带来的生产力等类似观念。然而，在我看来，如今在某些地方，这不过是一种拟像。这是一种你在其中能依靠无意识解读一切、解释一切的模拟视域，它很快就再次成了一种陈词滥调：我们不得不借助某些符号。这里不存在怜悯之心。你无法依靠这样一种诀窍，这一点很快就成了一种真理，并产生出真理的效果，因此也产生了全面的模拟效果，这一点是很明显的。

换言之，这不是对作为建制的精神分析的判断。后者是存在的，它和其他建制一样都是受束缚的。无意识也许曾是某种比精神分析本身更强有力的东西。但我不知道人们如何能表达这一点：从没有如此强力的概念能够长时间统治思想。它巧妙却不可避免地转向了自身，它成了一种模拟性质的言语，它被名词化了。但即便在最坏的情况下，无意识也能很好地保持为形容词，而我正是这样使用它的，和其他词一样：淫秽的（l'obscène）、命定的（le fatal）……你因此可以说"无意识的"（inconscient）。相比于概念，它们更像是一些形容词。在这种随意的使用中，它们是行得通的，但你要是开始把它们变成大写的，并且形成关于无意识的极度复杂的理论的话……你应当去看看精神分析如今在法国变成了什么样子。它是一台钟表，一种极其复杂的机制，但没有用。

问 过于精细。

答 对，绝对是。当一个这样的技巧被发明出来的时候，它就有了一种可怕的力量，然而我不明白人们为何没有看出事物是如何变化的，事物是如何在他们的股掌间腐坏的，事物是如何成了一些答案，关于无意识的答案！这近乎回到了这样一个层面：在弗洛伊德释梦之前的关于梦的答案。当然，人们发现那很愚蠢。很有可能的是，这整个无意识机制本身也的确被瓦解和贬低为某些事物了，我们应当试着深究并淘汰掉它。

无论如何，这里也许依然存在着对政治经济学、无意识等类似事物的可能的使用，但它们却是以讽刺和悖论的方式得到使用的。我现在并没有看到其他的用法。实际上，人们也许因而身处一种有些后现代的文化之中，这一文化能够把上述事物作为次要之物使用——但当然是带有全然讽刺的效果的。我们不可能拥有一种永远可行的解释系统。我无法理解，知识分子或精神分析学家等人面对一台过于美好、过于有效、过于好用的机器时竟然没有产生动物般的本能反应……

问　你让我想起了使用"你懂我意思么？"（Est-ce que tu es branché）这句表达的法国人；人们在其中感觉到了讽刺……

答　是的，当然。

问　……因为他们觉得你应该"懂"，同时，他们又嘲笑你应该"懂"。

答　我们如今就身处有些类似的文化之中。电视台最近组织了一场宴会——现在，媒体也同样组织起了各种节目，一档关于外貌造型（look）的电视节目，而做这档节目的女孩也同时在纽约市的一家废弃的大旅馆里组织了一场外貌造型的盛宴，因此出现了三四百位"拗造型的人"（lookés）。在造型方面，你什么都可以做，你可以摆弄任何符号，关键就是拥有一种造型，一种独一无二的外表，它不是一种真正的款式（la mode），也不是某种交流模式（un mode de communication）。你应当有**自己的**标签，**自己的**造型，自己的形象，诸如此类。你精心打扮，但这不是故意的。这不是要改写身份，不是要产生一种真正的质的差异，这只是游戏。于是，在这场盛宴中，一切皆为游戏。这非常有趣，因为所有人都相遇，但几乎没有相见。造型甚至都不是为了吸引他人的目光。在造型中不存在诱惑。它既不寻求僭越，也不寻求诱惑。你现身，你摆出独特的形象，你不期待任何承认。这导致了一个奇怪的、半是冷漠的社会。

问　它甚至冷得让人哆嗦。

答　是的，很冷漠，但并不荒诞或绝望，并不。他们并不悲惨；但每个人都在自己的造型中，都在自己的小窝里，都在自己的无菌罩里。

问　你认为这是防御性的吗？或者说，你对此的观点和你对消费社会中幼稚大众的看法一样吗？

答　我想说的是，不再有真正的幻觉了，也许对于媒体受众来说也是如此。人们不是通过像拗造型那样的孤僻技巧来自我表达的。你可以佩戴万字饰品、链条、安全别针，但这并没有表现出任何东西。精神分析学家会总结说"看这个，这个，这个，这个"，但这不重要。他们不懂的是，这实际上透露了人们的处境，即他们不再相信符号是真实的差异，但他们却在差异地游戏。既然你有讽刺的成分，那这就不算不幸，毕竟你还是看到了距离的效果、游戏的效果。我们不会说这不够显眼。这里不存在热情。

这不是以某物为目标，以摆脱、承认另一事物为目标的情感。它什么也不承认，它甚至不在意身份，它以身份做游戏。

今天，在类似我们这样的系统中，人们不再拥有身份，就连想要在一项伟大的事业中超越自我都不再是值得的，因为我们所有的工作都是根据身份而存在。这种情况并不有趣，近乎无望，但每个人都在试图肯定其身份，无论是同性恋还是卡车司机……如今，大家都在寻找自己的身份。而造型则在这个方向上走得更远，也就是说，既然人们身处寻求身份的系统之中，此外别无希求、幻觉，那就让我们拿身份做游戏吧；但人们并不笃信这一点。

问 并且，不证自明的是，这里面不存在无意识。尽管这个系统如此冷漠，我还是发现了某种乐趣，即沉思这样一种不带无意识、不带我们的媒体大众心理学那绵延不绝的废话的游戏。

答 你无法从其中读出无意识。此外，你甚至无法准确地感知到如今提出的这样一个问题，你看到了性的历史。但性是否正在消失呢？性不再是和从前一样辉煌的领域了。性解放的历史，这一切，都过去了。的确，如果你设想了一个19—20世纪风格的十分性别化的价值系统，那么它就必然有无意识、俄狄浦斯情结等等。这一切构成了一个相对一致的系统，但如今，我们的确在和一个没有那么性别化，因此也没有那么无意识，但却更具讽刺性、更不稳定的系统打交道。我们在和没有那么好识别、更少被定义的个体打交道，这有点儿像媒体中的情况。麦克卢汉说电视不是一种激烈的图像，而是一种强度和定义更少的图像。如今，我们在和更少被定义的个体打交道，但这些个体不一定会受苦于缺乏定义。

如果你不在某种强硬的定义——也就是一种自我、超我、无意识——中的话，那么你就不会再有这些依然强有力的结构，在那些结构里，你会受到压抑，也会产生幻觉。你有某种更加轻盈的东西，一种"软"个体性。这时，我不再认为我们应当根据无意识来解读它。看看人们进行精神分析的方式吧；大部分时间，他们都是慢慢接受分析的，他们不太清楚原因，他们也不想要治愈。人们进行分析，是因为这也构成了造型的一部分。这里有一种精神分析的造型，一如这里有一种社会主义的造型、一种性的造型。在这一代人那里，可以肯定的是，精神分析把性当作造型和冲动。

回过头来看，你总是可以追问，性的这整段历史是不是一直都没有我们的大师们想将其理论化得那么严肃。无论如何，就算性曾果真如此，如今我也更倾向于把它看作悖论性的东西。性本身的确陷在了讽刺之中。这就是我在谈论福柯［《忘掉福柯》（*Oublier Foucault*），1977］及其《性史》时所说的东西。因为他当初还是给性赋予了许多严肃性，但性已不再具有政治力量了；因此，他突然把一个很久以前就已变形为更为宽松的定义的东西给实体化了。

问　面对这种情况，我感觉我自己是一种对于指涉物，对于某种人们既参照又抛弃的东西的思念与蔑视的有趣混合体。你所谈到的这种讽刺，并不是挽救了作为本体论形式或社会形式之残留的审美形式的那种讽刺或暧昧，不是平衡了解析性拟像中的矛盾之物的那种讽刺或暧昧。这也不是一种辩证的过程。这不就是在事物表层上的游戏吗？不就是对这一切，对整个"神经过敏"，对玩着象征、真实、意指游戏的某物的观念说再见的方式吗？

答 是的，在那里一切都转向了可逆性的观念。事物拥有自我逆转、自我回归的方法。世界拆解了我们的主观事业，甚至包括我们的讽刺。世界避开了，事物避开了，随着你认为自己掌握了一切，一切都回撤了、折叠了、扭过身去了。所有对世界实施的伟大的"概念性"工作都在不可捉摸的现实中失败了，这种现实已经在你抵达的时候逃开了。对于如今所谓的精确科学来说也是如此。对象是不可捉摸的，对象回撤了，扭过身去了，逃避了，脱身了。你可以说，在这种不可捉摸性中存在着讽刺、悖论，以及客观的讽刺。这正是令我感兴趣的东西。当然，还有它的反映。我不会以无意识的方式言说——当然，这是在弗洛伊德意义上的无意识，但人们可以感受到这样的东西。在主观愿望的黄金时代之后，宏大意识形态和大机器的时代结束了，我认为，人们现在可以共同察觉到这种讽刺。这让我们不至于绝望，因为不这样的话，人们就会陷入全面的绝望。人们同时也感到忧郁，这是对所有主观愿望，对权力、知识以及另类感知的哀悼。

讽刺性的世界也涉及诱惑。也就是说，世界日益受到诱惑，这里存在一种诱惑，一种总是超前的挪用。我们无法直面事物，也无法分析它们，我们不再能够如此——这都结束了。于是，从此刻开始，我们应该考虑到世界和事物的讽刺性身份。所以说，如果你是这样游戏的，那么你就能避免绝望。这不是为了寻求解决方法——我受够了它——这不过是说它是另一回事情。立场不再是绝望主体的立场，而是不定的、讽刺的、悖论的立场——它不是被动性，而是同世界联系的另类方式。我不相信人们正尝试发明的同世界的关系，像总是正在进行并保持连接的互动、分界和加速交流一样。我更相信主客间和事物间的讽刺性平衡。

问　如果可逆性是符号的讽刺性游戏中的关键的话，那么你是否认为，会玩游戏的、完全知晓内情的人们会对战后的主导性幻想——核能嗤之以鼻？人们并没有赋予这一战略游戏过多的现实性。事实上，其整个现实，整个政治和社会力量都只在于其想象结构之中。

答　"嗤之以鼻"，说的是他们已经受够了它？

问　是的。大家作为好公民都知道，我们不应该对此嗤之以鼻；同时，常识也告诉我们应该如此。但如果人们过于严肃地对待它的话，人们又就会感到绝望。你谈了可能感到绝望的主体，如果人们没有严肃对待核能，如果人们联想到讽刺的话，那么人们就不会有意无意地进行防卫，但是会进入主导性语言的游戏之中。人们感觉自己在和核能交流。你懂我想说什么吗？

答　我们很难通过符号的系统和传统意指之表达的系统来解释这一切，但核能是一个完全适合于我们大部分社会和知识界话语的符号系统。你也可以在另一种意义上看待它，并说我们当代的话语完全适合于对核能的想象。因此，不同话语中的符号都是可逆的。如你所说，军人和"拗造型者"的话语和行话也是如此。

对对对，就是这样。如果人们身处我们这样的符号系统，我就会发自内心地认为，我们应该解释符号为何每个都是可逆的。同现实相反，符号是可逆的，符号的这种可逆性归根结底是我们的机遇。你严肃且积极地对待核能，而人们却告诉你："核武器最终会爆炸的，因为它们存在！"这并不假，但相比于力量的释放（此外，我也不知道是何种力量），我更相信符号的可逆性。甚至在核能的情况中也是如此。生态学家、反核力量、反核能斗争……解放力量、自治力量，我一概不信。它们毫无力量。自在的核能要比这更有力。我们最终也应当认为并希望：幸运的是，在符号内部隐藏着一种可逆性；但当你这样说的时候，可逆性并不会起作用。人们需要相信，他们要么不得不开始斗争，要么走入灾难——这是不可避免的，因此是一种命运，当然是一种不幸的命运，要么进行反抗，因为据说人类是善良的，人类应当重建事物的美好，而这也绝对是不可设想的天真。人们从未瞥见：这里存在着符号的命运，一种幸运的命运，因为其可逆性从未是不可避免的——这让人很难理解。

问　你说的是人们不会接受，但在某种意义上他们又会接受，因为他们在自己对符号的操纵中回击了核能。

答　他们预感到了这一点。

问　或者我们可以说：人们玩得很好，战略家们也是如此。

答　观念上，他们从来都不会接受这一点，但观念正是如此！人们很清楚，这已经是一个完全封闭的区域了，但在他们的行为中，人们的确发明了一些与这一预感相一致的东西，它就是这样一种观念：从根本上说，人们也许能够和它游戏。这就是为什么像意大利这样的国家会让我如此喜欢，因为人们最终都在一种绝对灾难性的混乱处境之中：这里是恐怖主义、黑手党，而不是国家、机构；存在着一种人们喜闻乐见的可靠性，一种对事物的逆向使用，一种有实际作用的讽刺，一种嘲笑和讽刺的文化。可以说，这一文化是轻浮的，但它在我看来乃是未来的解决方法之一，它会在全面的支离破碎中被发明出来；当然，这里不存在观念，不存在作为背后推手的意识，但毕竟……

问 它也许也能变成一种致命的讽刺。

答 啊是的！它也会制造出恐怖主义和大量其他的东西——我不寻求善意的或和平的解决方式。我寻求的不是这种东西，而是另一种东西。当然，这一讽刺是十分致命的。无论如何，它都会走出这种徘徊在乐观主义和悲观主义之间的荒谬困境。我受够了人们总是把我归到悲观主义的阵营里。我既不是乐观主义者，也不是悲观主义者。我们知道，从意义、观念、目的性的角度来说，情况是灾难性的，我们不必隐瞒这一点；但同时，情况并不令人悲观。还有一句这样的格言："情况是灾难般的，但并不严重。"

问 这一情况邀人同他人（如政治符号）的死亡、物质的死亡一起游戏，以便制造一种图像。我在一列意大利火车上时想到，恐怖分子几周前（1984 年 12 月 24 日）在亚平宁山脉的隧道中制造了爆炸，有 24 人身亡。在爆炸之后，不知道有多少组织致电媒体说对此负责。这里存在着一种竞争，看的是谁能将尸体占据为它们政治力量的图像。

答 对对对，这样做是不可能的！这是妄想。

问 严格来说，让人相信他们能够大开杀戒，比真的大开杀戒重要多了。恐怖分子其实很懂核武器恐怖主义的系统。也就是说，无需什么实质性事件就能开启这一关于力量符号的游戏。

答 对，的确是不需要很多事件……对，归根结底，那些在列车上扔炸弹的家伙的确不太重要；谁都能做那个扔炸弹的人。这不过是透露出这样一桩事实：一个社会需要这样的幻觉，在某一刻，它不再有政治先例，也不再有任何政治目的；它不过是说，一些纯粹偶然且荒诞的事情，一些毫无意义的事情终究会时不时地发生，就像涂鸦那样。

恐怖主义也是一种涂鸦，无论它是左是右。不管怎样，合适的策略是什么呢？废除意大利的妓院？已经有这样做的了。这没有意义。搞乱意大利社会？社会发现了解决之道，它是不稳定的，它不具有稳定性，因此这类政治野心无一能够成功。正是出于这个原因，红色旅（Brigate Rosse）[①] 一蹶不振。他们一路走

[①] 意大利的极左恐怖组织，成立于 1970 年，主要创建者为特伦托大学的一名社会学学生雷纳托·库乔（Renato Curcio）。该组织声称它的宗旨是对抗资产阶级，它的标志为一挺机关枪和一颗五角星。该组织最著名的行动之一是在 1978 年绑架并杀害了意大利时任总理阿尔多·莫罗。——译注

来，但还是结束了，终结了，可这不会妨碍其他恐怖主义事件的发生。否则，自然灾害就会成为同类型的恐怖主义事件。

问 连红色旅可能都无法掌握事件了，因为他们是唯一……

答 是的，他们说自己不对此负责。他们分裂了！

问 对，他们消失在了人群之中……

答 实际上，大家都宣称对此负责：是我！是我！这只是为了找到一种身份。这是一种奇怪的情况。说它奇怪是因为，在媒体的层面上，不存在一丁点澄清这些事情的尝试。每次都是同样的话。这是骇人听闻的。你会想："但这不可能。"也许你应该坚守自己的立场，心想"好吧，这里没有进展"，或者认为这从根本上来说也许依然是一种乡愁，也就是无论如何都要赋予一种意义："这不是您所想的那样。我会告诉您这件事情的含义。"

问 但我相信，在这些事件中，令媒体不快的正是这一点：死亡失去了成为献祭的全部可能性。

答 当然。

问 恐怖主义行径使得政治暗杀类似于意外死亡，但这毕竟还是不像随便选出一只替罪羊那般。恐怖分子让我们领略到了献祭的阐释，但同时也向我们隐瞒了这一点。至少，正是受害者发出了对献祭观念或社会的挑战，这使得社会、媒体以及一切官方机构都以献祭观念来作出回应。"所有这些人都被献祭了！"，人们喊道。这因此有了一种内在的意义；是献祭给出了意义。

但显然，这里完全不存在意义。你懂我想说什么吗？恐怖分子对我们的冒犯，正是他们把这种无意义的死亡扔回了我们的脸上。我相信，有某种事物符合核能的观念，在那里也同样不存在意义。也正是在那里，官方组织会告诉我们，人们有一种无意义的系统，但每当人们以无意义来回应的时候，官方的声音就会回答："不，这不可能没有意义；这里必须有意义。"或者说，他们是否在告诉我们，在无意义中有某种意义？这足以让我们陷入疯狂，或者迫使我们把自己算作"拗造型的人"。

答　那里存在着一种极端复杂的游戏。我认为，人们有同无意义相处的伟大能力。意大利社会已经有了在那样的无意义中自我组织起来的可能性，而意大利这个国家却想要赋予意大利社会以意义——它不会成功的。意大利共产党作为国家（这是唯一的组织化力量）想要赋予其意义，但实际上，如果它这样做了的话，它只会打破原有结构。也就是说，那里的人们在政治无意义中，在无意义中，在危机中，在货币贬值中很好地组织起了自己的生活和日常。没有任何帮助，人们自己解决。他们甚至在那里发现了一种能量——它不是愉悦，也不是悲哀，但当有人对他们说"好吧，你们的能量应当开始被理性化！"的时候，就产生了灾难。比如，意大利那边就是这样的情况。在外省存在着一种传统，它们会进行很大程度的自治。自治在文化层面运转得很好，但当国家想要对一个实际上从未被国家化的小城镇进行区域化，并对其进行人为区域分割的时候，它们就毁掉了曾经是传统的、原生的结构。国家想使其变得理性。于是，在社会和国家之间就有了一种有趣的斗争。实际上，意大利证明了国家不是必需的。这太疯狂了。这是一桩神圣的丑闻。因此，国家将同社会进行斗争，以便表明人们还是需要一个国家。即使国家不存在，它也还是应该证明国家是必需的。意大利就是这场扣人心弦的斗争。我因此而喜爱意大利，但那里还存在着一种对国家的绝对承认。人们深受其苦，因为实际上国家并不存在。我们的政客阶级是什么？它什么也不是。不过，对国家之必要性的公认，对机构及其理性的公认还是存在着，可人们立刻就变得十分沮丧了，因为人们对政治领域的这种无关紧要感到绝望。而一个坚持以稍显野蛮的方式自发存在的社会却令人困惑，但它有自己的游戏规则，它过得很好，它有自己的运气，它能够在类似的把戏中发现新能量。只要社会一直受困于国家和机构的窠臼，那就有变得疯狂的必要，我们的社会主义中的冲突尤其必要，因为它是对真理的最后检验。您会看到，人们将会发现一种真正的政治，它会调和国家和市民社会。

问 不，因为正是国家的观念践踏了社会主义的观念。

答 这一点是绝对确定的。更糟的是以社会主义为借口，某种程度上来说是这样。但当你说"您是右派！"的时候，这一直是同一回事情。这真糟糕，还可能更糟……

问 这让我想起了法国大革命的时候，人们免除了给孩子起圣徒之名的义务。于是，某些地区的人就开始随便起名字——"婆罗门参""甜菜""葡萄""向日葵"。这一现象持续了一段时间，当局随后宣称"这不可以"，并决定回到以圣徒之名来给孩子起名的制度。

答 噢，他们是这样起名字的吗？

问 是的。某些人钻了官方语言的空子，带着自由且古怪的念头随心所欲地起名字。他们也许表现出了和你谈到的涂鸦狂热一样的欲望。他们还让我想起了使用盗版迷你终端机的斯特拉斯堡人，他们把自己叫作"疯狂的母老虎"或"黎明的微笑"。这不足以推翻旧制度；要推翻它，我们还应该突破语言的栅栏，这种语言被一位名叫鲍德里亚的无套裤汉 ① 叫作主导编码。国家通过革命历重新命名了日和月，并新的圣人为建造了先贤祠，但是，在人们对自己的重命名中，统治他们的乃是混乱。把自己叫作"甜菜"太过头了！这不行！这是无意义的。于是，政府回到了以圣徒之名来命名的旧制度中，为的是重建名字的秩序。名字并不自由，就像你所说的意大利外省那样。

---

① 无套裤汉，字面意思是"没有裙裤"，指 18 世纪晚期的法国底层老百姓，但这些旧制度下生活品质极差的群众后来成为了响应法国大革命的激进而好战的参与者。——译注

作为虚构的美国 [①]（1986）

问 您是如今法国知识界中难以理解的一位人物。一方面，您表现出了对同当下紧密相连，但被其他思想家所忽略的新事物的兴趣；另一方面，您又是少数维持知识分子旧有职责的人之一：一种批判的职责。但同时，您维持这一职责的方式又与萨特式的介入完全不同，后者的做法是随时分辨善恶……那么，在您看来，哲学家在当下的角色是怎样的呢？

答 我并不认为自己真的是哲学家。于我而言，批判来自一种激进的运动，相比于哲学性的起源，这一运动具有更加诗意的起源。这不是进行疏远（distanciation）的职责，也不是我不知道的哪种对现象进行辩证批判的职责；这毋宁说是在客体中寻找消失之路的尝试，这既是客体的消失，也是主体本身的消失。在某种程度上，美国就是地狱，我唾弃它；但它对我的诱惑中也有某种地狱般的东西。因此，我并不是要批判，而是一边拼命吸

[①] «L'Amérique comme fiction», *Artpress*, 1986, n° 103, mai, pp. 29—40. 采访者是雅克·昂里克（Jacques Henric）和居伊·斯卡佩塔（Guy Scarpetta）。

收，一边进行排斥。在这种情况中，我几乎再没看到留给批判性主体的位置，批判性主体是老生常谈了。那么要采取何种不同的战略立场呢？一种动态的整合？这对我来说是远远不够的！回到哲学，追寻观念的基础……这也不再使我感兴趣。我不再设想任何妥协的立场。唯一使我愉快的游戏，就是刨根问底。我期待我们的解体能为我们提供足够的特质，让我们有朝一日可以对之进行处理。美国，在这条路上已经遥遥领先了……

问 您在书里的某个地方说，在加利福尼亚，欧洲消失了。您还说，同时，我们应该继续思考，我们如何能够成为欧洲人……您是怎么看待这个说法的？

答 加利福尼亚于我而言是一个奇怪的地方。在那里，我感觉自己脱离了文化。欧洲作为文化，在那里蒸发了。这本书最初的场景就是荒漠，但这片荒漠并不真的是逃亡或毒品之地；不，它是一片恒星之地（lieu sidéral）。在这样一个地方，人们放任自流，但终究还是记住了一片模拟的景象。在那里，自然和文化的问题不再被人提出，人们超越了现实；但在这里，人们对现实有着一种痛苦的意识。一切似乎都脱离了现实原则。

问 美国是否不再留有那种仍然属于欧洲的真实部分了？比如，在艺术领域中难道没有肉眼可见的移植嫁接关系吗？

答 在纽约也许有。但问题真的在于嫁接吗？一切在我看来都是如此怪诞。我感觉不到自己是在艺术学院，比如这里的艺术学院。当然，有许多博物馆，但当美国人改造事物的时候，他们的所作所为就好像是一种虚构。当然，这里也存在文化，但这文

化不是高尚的；它应当作为一种残酷来理解。我尤其不认为这个
世界是天堂。正是它粗犷的一面，也就是它的原料特质吸引了
我，尽管问题不在于原始社会——别做梦了，即使在我的书里，
我是以悖论的、隐喻的方式说这句话的。总之，我更喜欢把这种
现实理解为非文化（inculture），而不是寻求一种关于它的总体
文化视角。我们应该成功越过冷漠、非文化、寂静、荒漠的这条
界线……

问　在您所提到的这个世界中，传统意义上的艺术还有作
用吗？

答　艺术的作用？对我来说没有。但它以前就有吗？

问　它以前有过功能，而今天……

答　是的，以前有过。今天，艺术也许完全是在流动和网络
中运作的……可它不幸地拥有了一种促销的作用。然而，写作这
谜一般的操作依然存在：我毕竟还是写了这本书……"艺术"这
个词本身就有些束缚了我。

我明确一下，**美国**不应该以现实主义的方式被解读。这个对
象本身就是一种虚构，我强调的正是这一点，但并不因此是在科
幻的意义上说的。这样一种运作在欧洲是不可能的。我不会隐瞒
我进行虚构的方式中所具有的藐视和矫揉造作。

问　一些能指反复出现在您的书里：灾难、历史的终结、衰
落……您是一位虚无主义者吗？

答　好的，我明白。人们告诉我：您是悲观主义者，您终结
了一切。我再重复一遍，我不属于实在论阵营。我谈的不是事物

的真正灭绝，也不是活物在物理和生物层面上的消失。我的书表现的是一些剧本。我导演了结局，并提出了对结局的完整戏仿。在灾难性符号本身中存在着讽刺。请您看看最近的航天飞机事故①。这是非凡的：美国人承担得起这一损失，这是他们的象征性胜利！这些盛大的空中葬礼！它们让我们感受到了太空的气息。这是被诅咒的部分②，他们为此付出了奢侈的代价。这是一种把自己送上天空的方式！一个简单的结局并不有趣，因为这是扁平且线性的东西；令人激动的是找到这些现象能够上演的轨道空间。我们应该发明其他游戏规则。我总是想到我们应该跨过的这条界线……

看到另一面，需要的是一种有些形而上学和超验性的好奇心。我听人谈过很多关于结局的事情，以至于我想去看看在结局的彼岸所发生的事情，那是在一种过度发展和超限度之中发生的事情。如果事情并没有真的结束，好吧，那就让我们假装如此。这是一场游戏，一种挑衅。它的目的不在于画上句号，恰恰相反，它为的是一切最终得以开始。您看，我离成为悲观主义者有多远。

问　相较而言，在您先前的文章里还有一个人们很少碰到的词，但它经常出现在这本书里。它就是"现代性"。就美国而言，

---

① 1986 年 1 月 26 日，载有七名宇航员的"挑战者号"航天飞机在升空 73 秒后解体。——译注

② 借用了乔治·巴塔耶关于普遍经济学的著作《被诅咒的部分》（*La part maudite*）的标题，这部著作的核心观念是"耗费"（la dépense）。——译注

您想通过这个词表达什么？

答 这是个飘忽不定、模棱两可的词。我没有赋予它特殊含义。我也没有把它置于与所谓的后现代性相对的位置上。如果说有一种欧洲的现代性的话，那它更多的是以权利来定义的。这是我们从法国大革命那里得来的概念，它有一种政治的、意识形态的意义。把它移植到美国在我看来是突变性的，而非辩证性的。在欧洲，我们会把现代性同传统对照起来；我们会让一种保守／革命的辩证法发挥着作用。在美国，现代性这个词在空无中爆炸了；它代表了一个零点，一种不定的空间从此生发出来。也就是说，"现代性"这个词的确有点老掉牙了。还存在另一种现代性吗？无论如何，为了解释这一跨政治、跨历史的现实，我满足于重拾这一惯用术语。也许，"超现代性"（hypermodernité）这个词要更加准确，它表达了一种无限的潜力。它更好地解释了这种术语之间的相互抬价，在美国，事物正是在这种相互抬价中得到把握的。

问 在您的书里，您强调了一个我所认为的重点：美国人的清教根基。这一点很有趣，因为这样一种新教，毋宁说总是和类似的东西有着难以扯清的关系（它和反宗教改革的关系，和巴洛克、圣礼的关系……）。但您表明，美国社会是一个把拟像的意义推得更远的社会……

答 问题不在于仪式、礼仪。美国社会不是一个关于外表的社会；那里不存在人们在此所熟悉的那种诱惑游戏。拟像是另一种游戏：符号不指向意义，它们前后相继，而无需通过意义。归根结底，符号来不及成为外表。在这个世界中，美学效果日益稀少。不得不说，这样一个世界的清教核心对我而言依然是难懂的。存在于这一遍及各处的清教力量和该社会的奇异不朽之间的新陈代谢是怎样的？清教可能在天主教的仪式符号和巴洛克式尊荣中形成了一场大清理。要么是我们再次面对一种纯粹的力量关系，要么是符号根据我们依然难以理解的不同逻辑而得到重新调整。

问　您说在美国，电影是真实的……

答　这是一个欧洲人的感觉，但美国人也是这样体认的。他们把这一真实体验为一种旅行；这就是他们在某些媒介上，尤其是在电视方面如此成功的原因。而我们则待在意大利的剧院里，对我们来说，让自己心不在焉是很难的。而电影却能这样。电影，就是一块屏幕，而不是一个场景；它不会唤起相同类型的**表演**。人们沉浸在一种混合之中，沉浸在对一切进行的持续剪辑之中。

问　您对自己旅居加利福尼亚的时光还留有什么印象？

答　首先是找回想象力，找回对我在这里很难体验到的断裂之能量的感受，我有这样一种沉浸在文化氛围中的感觉……加利福尼亚那表面上扁平、广阔、内在的世界实在令我着迷，即使戏剧意义上的诱惑并不存在。问题不在于完全自失于这样一个宇宙之中。我们应该学会在这个断了线的、无人知晓其终点的世界中放任自流。加利福尼亚，就像大众一样，它缄口不语，没有意义，也不押韵，但它释放了一种颠倒的、虚构的高强度能量。

问 您说美国不存在身份认同问题。但我们能感觉到，在如今的美国，人们一直在谈论美国身份……

答 那里和其他地方一样，有一种显明的话语和一种另类的话语。的确，人们察觉到了对身份的狂热追寻，但"现实"，如果我能用这个打了引号的词语的话，毋宁说是一种混杂、混合，是交流的诸多可能性，亦即一场去身份化的宏大游戏。对此存在着一些抵抗，这很正常，但我认为那是第二位的、关系性的，这种身份话语从根本上来看乃是迟钝性神经官能症的一种形式。真的有一种美国民族的情感吗？这里有关于这一情感的各种符号，但在我看来，它们似乎都属于一种广告效应。

美国是一块商标品牌，人们坚称它是超一流的。人们所面对的是身份认同的广告式激情：美国国旗，"我们是最棒的"等等。这一身份不再建立在遗传、故土的基础上……这在我看来毋宁说是合理的：整个空间都成了广告空间，甚至是电影空间。沙文主义、美国民族主义，的确如此，但它们不像我们那样夸大地域问题。就连种族问题也像是在一场种族的游戏中得到了转生，尽管这个问题没有得到解决，也可能从未得到解决。这是活生生的，而不是僵死的，就像美国的种族主义和反种族主义那样。棋盘是不定的，每个人都能在上面玩自己的游戏。这个狂野但不肤浅的层面令我非常感兴趣。在美国，我在自己先前的书里所触及的一切主题都猛地具体展现在了我的面前。最终，我以某种方式摆脱了理论，同时，我也重新发现了问题，那是一些我通过某些概念所提出来的谜。美国的一切于我而言都有所意味，但这也是消失了的意味。

实际上，可以说整个美国就是一个下流的客体，但这样说毫无助益：这个客体每时每刻都在变化。那里的一切都很好，只要我们清除了"好"（bien）① 这个词的道德含义。

---

① bien 在法语中也有表示善的道德含义。——译注

大众的冷漠^①（1987）

问 囊括了1980—1985年间一系列笔记的《冷记忆》（*Cool Memories*）是一本令人惊讶的书。第一个惊讶之处就是这个英语标题，还有这句忧郁的题词："你余生的第一日"（The first day of the rest of your life），这句话也出现在了您之前的《美国》一书里。

答 《冷记忆》是日记，它始于1980年，止于今年年初^②。《美国》是该日记的一个片段，它拥有比其他部分都更多的限制，因此从中分离了出来。20世纪70年代末，我的问题在于超越理论，去发现一个更明白易懂一些、更神奇一些的对象。美国在我看来就是这样一团光芒，是纯粹的现代性，它非梦非真，而是一种原始的超级现实，一个实现了的乌托邦。《冷记忆》不过是《美国》的另一面向，一个已去魅的、以日记方式呈现出来的面向，但这不是传统意义上的日记。我没写那种多愁善感的、或

---

① «L'apathie des masses», *Lire*, 1987, juin, pp. 24—31. 采访者是皮埃尔·邦塞纳（Pierre Boncenne）和阿兰·若贝尔（Alain Jaubert）。

② 指1987年。——译注

者说心理学式的笔记：相反，我试图理解世界，也就是一个直接的、内在的、粗糙的对象。"冷记忆"这个略显趣味和疏远的标题就是出自此的，哪怕"cool"这个词指的并不是"冷"（froid）。我们能够以不通过一种意识形态的热情或传统的激情而同世界联系起来的方式来理解世界吗？事物能够通过故事或碎片而被讲述吗？这是略显忧郁的本书所要提出的问题。但我相信，忧郁几乎是所有日记的语调。它甚至也是关于事态的诗意语调。

问　人们很快就感觉到，在您的生活里产生了一种难以察觉的变化，而您以淡淡的幻灭之感将其记录了下来。从《冷记忆》的开头起您就写道，您不可能在世界上看到比加州的荒漠更美丽的地方，随后您又以相同的笔调补充说："认为我遇到了一位其美丽让我最为震惊，而失去她又让我最为受伤的女人也是完全合理的……认为我写下了我所写的最好的一两本书也是可能的。"

答　这是一种说一个周期已经完成的方式。同样的，我的写作也发生了变化。从20世纪70年代到80年代起，我出版了《论诱惑》，并开始编写日后将会成为《冷记忆》和《美国》的那些笔记，那时我就以更不理论化、更加碎片的方式写作了。这无助于我在学界和批评界的事业，但这无所谓！我成功地留在了系统的边缘：没有被抛弃，也没有真的被融入，而是写着一些很少受作品观念困扰、很少被理论欲望所推动的书，这些书最终要尝试的是超越。

问　您也说："符号的非物质性于我而言是陌生的，这对农民之流来说也是如此。我和他们在现实面前享有同样固执的道德、迟钝、愚蠢且古老的信仰；实际上，我和他们站在同一边。"
您果真是这样的吗？

答 的确如此。我的父母是农民出身。他们来自阿登
（Ardennes），定居于兰斯（Reims），并在那里找到了工作：这是
从农民向小公务员过渡的那一代人。我保留了这种农民本性中十
分强烈的反文化冲动。我经历了无政府主义和啪嗒学，它们对我
来说代表了一种反文化。不管表面看来如何，我从未成功地在对
符号系统的把弄中觉得拿捏自如。我总是有一种侵略性的、野蛮
的偏见。

问 您的学术生涯是十分矛盾的。您在国内外都很出名，同
时，您又没有得到要职，而是在楠泰尔做了 20 年的讲师（maître
assistant）。

答 我承认自己没有走上一条十分传统的道路。这也许和我
的脾气有关。我一开始想准备的是高等师范学校，但我在三个月
后放弃了文科预科一年级的学业。后来，我又没能取得教师资
格。最初，我是做德国研究的，是外省中学的德语老师。随后，
亨利·列斐伏尔让我去了楠泰尔学院，但我既不是哲学家也不是
社会学家。进入楠泰尔之后，实际上我由于懒惰而在那待了 20
年。在社会学系，我经历了整个阶段：五月风暴前、五月风暴和
科恩-邦迪、1968 年之后的忧郁和彻底消沉。我想待到最后，看
看在这样一段乌托邦历史中，哀悼工作是怎样的。我一直待在那
里，直到它变得彻底无望为止，我就这样毅然决然、头也不回地
离开了楠泰尔。最后，我感觉自己像是在完全的真空中，像是在

不再受理论触动的学生面前讲话一样，感到十分陌生。我不会评判他们，但事实就是如此。我是否也能说，姑娘们在我看来也没那么漂亮，且不再有任何吸引力了呢？

问　您是出于对权力的拒绝而自愿选择留在讲师职位上的吗？

答　是，也不是。事实上，我并不真的有资格获得其他职位。但是，从某一刻起，我就不再努力了，我接受了现状：不直接参与大学的行政管理，以及由此给职业生涯带来的后果。但此外，只要保证课时，就有了写作、旅行、做其他事情的彻底自由。我完全不是在抱怨，但我身处边缘地带是一桩事实。我想进入高等研究应用学院（l'École pratique des hautes études），只是为了换换听众。但可以看到的是，我没有任何被接纳的机会。我没再坚持。我不善于在权力和影响力的战略中周旋。

问　您想过法兰西学院吗？

答　您是想笑吗？我不仅仅因为我的背景而无法向往它，布尔迪厄的存在也完全排除了这种假设。正统社会学把我当作不够严肃的可疑分子。我承认自己没做过什么让正统社会学放心的大事。但我还是要再一次坚持：我是唯一有错的人。毫不后悔。

问　悖论的是，您仍然是一位时髦的理论家，即使如今您在国外要比在国内更加出名。

答　我觉得我在 20 世纪 70 年代是时髦的。后来我就被很多知识分子边缘化了。我早期的书依然可以被视为对政治经济学、精神分析或符号学的内在批判。我的受众不仅仅是大学内的人，还有广告人、建筑师和经济学家。《象征交换与死亡》曾是对这一潮流的综合。随后，从《论诱惑》起，我就同这种人们可以据此对事物进行内在批判的虚构决裂了。我去到了另一边。那里有同图像的断裂，与之相伴的是同公众的断裂。这一现象一直到《致命策略》都十分突出，我不认为《美国》作出了很大的改变。因此，我于国内所能拥有的地位，和此外在柏林或美国所发生的事情之间的关系是失调的。这一切也许应该部分归咎于这样一桩事实：我很晚才进入社会学，我总是被教条社会学家的世界拒之门外，但也没有因此就被哲学家接纳。在这些年里，我写了一些更加具有诗意的文章，我受到的是兰波、阿尔托、波德莱尔、瓦尔特·本雅明、巴特、巴塔耶，也许还有博尔赫斯的影响。你们会执着地注意到许多作家名字的首字母都是"B"！但是，在德国那里，的确还有荷尔德林和尼采对我产生了影响。

问　在《冷记忆》中，您曾回忆了凶险的知识界："那里有着深不可测的敌意，一千条毒蛇缠绕在人际交往中。"

答　这只是些无疾而终的情绪上的小波动。坦诚地说，我曾深受知识权力之苦，不过这不是从心理学意义上来说的，而是根据听众来说的。可我的确从中汲取了另一种能量。

问　您当然也提到了福柯事件。1977年，您以一个十分挑衅的标题《忘掉福柯》，出版了一本针对这位最受瞩目的哲学家的十分批判性的小书。十年后，您还会心有余悸吗？

答　是的，因为福柯的权力太大了，太灵验了，他通过各种渠道在大学中传播，就像在随时准备就绪的媒体中传播一样。这桩事件非常具有症候性。总之，当福柯出版了《求知意志》（*La Volonté de savoir*，《性史》的第一卷）的时候，《批判》（*Critique*）杂志的主编让·皮埃尔（Jean Piel）就问我要了一篇文章。我把文章给了皮埃尔，他又让很多不同的人读了那篇文章。福柯所作的权力分析非常聪明，但在我看来，他似乎走到了尽头。而我呢，则想看到权力散布之外的事情。我的批判中没有任何算账的意思。我一直都很崇敬福柯。但恰恰是这样的：他的思想在我看来几乎过于优美了，过于可敬了，以至于不像是真的。他对权力的完美分析有某种令人不安的东西，或者至少是值得被挖掘为完美形象之反面的东西。这就是我所尝试的，因为我深信（但我是天真地相信）这类冲突是值得玩味的。从一开始起，唯一要作出反应的人就是福柯自己。他读了我的文章。我们谈论了那篇文章三个小时。他向我宣布他想对此作出回应。我因此撤回了我的文章，等待着他的回应，以便最终可以一起发表我们的两篇文章。但一个月之后福柯告诉我："我不想回应了，你想怎么做就怎么做吧。"我因此以小册子的方式发表了那篇文章。一切因而发生了转变。福柯直到那时都还在公平竞争，但突然就变得愤怒了起来。那个标题显然是挑衅性的，但不仅仅是标题本身；它被解读为对福柯伟大的知识权力的攻击。我因此陷入孤立，并依然在为此付出代价。

问 福柯的去世启发了您在《冷记忆》中的很多内容，但它也可能被误解，因为您是这样写的："福柯越是变得专横、专制、武断，他在知识界的权威也就越是膨胀。"

答　如果这些内容得到正确解读的话，那它们就会呈现为对福柯的歌颂。我相信他失去了对自己独有天赋的信心，认为他暗地里忍受着偶像崇拜之苦，尽管他自己就扮演着那个偶像。我尤其攻击了他的信徒和阿谀奉承者。一般来说，这就是知识界的苦难，它像制造摇滚明星那样制造了一些偶像。这里也就有了音乐会和音乐。但当我们看到在沉默寡言的老拉康面前站着的那些心怀崇敬的知识分子的时候，事情就变得荒谬了。

问　您的第一本书《物体系》几乎成了一部经典。您在其中希望表明，各种物自我组织成了一个一致的"符号"体系，人们由此得以理解消费。但现在您又说，"符号"这个词构成了语言之林的一部分，就像"无产阶级""辩证法"或"无意识"这些词一样。这难道不是所有理论的命运吗？

答　实际上我感受到了这一点，只不过这变得越来越快了。随着这种将事物改造为、转变为符号的方式的泛滥，人们由此获得的力量很快就被耗尽了。于我而言，社会学就是反复的、重复的，它进入了大踏步的循环往复之中。在学科的兴起中，总是存在着一段蜜月期。我们应该利用的正是这一段时间。它一般不会持续很久，因为它后来就会成为一些陈词滥调。作为模拟和拟像的分析现在就是这样四处泛滥，尤其是在美国，理论分析如今也出现在了那里，但它是以一种绝对约定俗成的形式呈现出来的。我不得不让自己的一亩三分地停滞不前，并且可以说还保持十五年的时差。人们不断要求我介入时代潮流，介入公共领域。当然，世界一直因为"符号"而愈发变得可阐释，但它也处在一个变得过分传统的组织之中。比如，我再也看不到对这个已提上日程的新通信世界重新开始"物体系"式分析的可能性了。相反，在我看来，从电视的角度来看待一切，并不断谈论"大众"才是非常有趣的，这一做法是对绝对可逆性的要求，在这一可逆性中一切皆改变，一切皆消亡。

问 电视，您从一开始就在不断谈论它。

答 它是我们的物神！

问 "您的"物神。

答 还不只是我的……我们在一种电视的、电视精灵的喜歌剧中见证了这种平庸化和堕落。我们同电视所保持的批判性距离，让我们得以维持相关分析话语的批判性距离渐渐消失了。电视–物（l'objet télé）变得愈发不可定位了。它编排了我们所有的关系。政治场景从今往后完全消失了，人们身处的乃是电视场景。这一替代是普遍存在的。电视，就是连续不断的光，是我们害怕黑夜和事物暗面的象征。在美国，我的确看到过空房间里开着电视的情形。人们谈着像是来自其他星球的信息，这些信息可以在末日灾难之后继续以沉着冷静的方式得到播报。吸引我的是关于这样一个世界的观念：在其中，电视不断工作着，而人类却消失了。电视先于其观众，就好像电视能离开目光而存在那样。

问 这同 1968 年后发展起来的观念有些冲突。根据那种观念，电视是一种进行控制和维稳的工具：电视看着您。这是一种和监狱一样的全景敞视观念。

答 电视看着我们吗？我不太确定。相反，确定的是，没人真的在看电视。问题在于另一个空间，另一个维度，一种全面替换的效果。交流被设想为一边是屏幕，另一边则是电视观众，但这依然是一种相对传统的维度。这已经消亡了。电视，正如麦克卢汉所理解的那样，完全不是这种东西。这里只有一种播送，一种毫不停歇的播送力量，说它毫不停歇是因为这是不可逆的；恰恰相反，播送是不断增长的。最终，播送的力量会高于一切观看和接收的力量。我不太清楚这会造出怎样的世界，但它肯定不会造出一个权力的或全景控制的世界。

问 您那里有一个持续不变的主题：一切都成了控制屏、网络、信息网格。您真的感受到了这些吗？人们都说您深受其苦。

答 当然。人们也许还在其中看到了我的道德主义趣味！这种复杂的组合是不断扩展的。但我同时也被其诱惑。我的分析绝对不是指责。我的分析超越了道德评判。

问 您在其他地方写道："电子技术取代了恩典。"

答 实际上，我们必须面对电子技术，一如我们必须面对恩典的临近。如果所有伟大的观念、所有乌托邦都被取消，那它们就会任由这个世界如其所是。如其所是，意味着这可能不是一个观念的世界。人们可以反抗它、拒绝它，但无法否定它。因此，坐飞机，也就是这段被悬在一万米高空、在跨大陆的时区间穿梭的时间，把我留在了一种永恒状态之中。这是一种真正的心灵奥德赛。与之相反的是**电脑**，它以否定的方式让我不安。因此，波堡就是一台总机器，一台惊人的转换器，同时，如果我去那里，如果我面对着这些在展览前驻足的队伍，那这对我来说就是卑鄙下流的。这里没有解决方案……

问　这句话同样存在于您的某些表述之中。一方面，您说人们经历了"交流的狂喜"，但另一方面，您又说这狂喜是"淫秽的"。

答　这些词的意义很重，没办法。当我用"淫秽的"这个词的时候，这并不是出于道德要求。这个词语激发了想象力。"淫秽"不是恶的隐喻；它只是想说不再有场景了，人们扒掉了我们的表面魅力。这是**淫秽的**，也就是说那里不再有什么要说的了，不再有什么要阐释的了，就像拍立得那样，人们在这种相机里同时看到了物和它的图像。不再有被隐藏的东西了，不再有被压抑的、晦暗的东西了，一切都是可见的，太过可见的。一切都成了图像，声音、信息和交流表达，它们说出了一切。最终，只剩下了在其纯粹流通中的媒介。

问　我们能在您那里清楚地感受到一种永恒的双重运动。一方面，您在《冷记忆》中建立了一些这样的评判："对存在所作的宗教的、形而上学的或哲学的定义，让位给了由遗传编码（DNA）和脑组织（信息编码和数十亿神经元）而来的操作性定义。我们身处一个不存在心灵和身体隐喻的系统之中——无意识的寓言本身也在很大程度上失去了自己的共鸣。"然后，在另一方面，您在注意到人们新近发现的焦虑分子（la molécule de l'angoisse）[1] 之后似乎感到厌恶："暂停这些科学笑话。"[《他者自

---

[1]　指促成焦虑感的分子。——译注

道》（*L'Autre par lui-même*）]

答 这是一种生死攸关的反应，我不会放弃的。同时，我也意识到了这一反抗中的天真。但既然它存在着，我就不明白为何要抛弃它。

问 像让-皮埃尔·尚热（Jean-Pierre Changeux）① 的《神经元的人》（*L'Homme neuronal*）那样的著作会让您不安吗？

答 不会，它完全没有让我感到不安。甚至是相反：相较于其计划的激进性，这类解释在我看来恰恰是不足的。《神经元的人》中的尚热在我看来依然过于道德了，归根结底，就其本身而言，他没有走得太远。无论如何，他都试图找到一种控制论的或神经元的人道主义。也正是那一点让我不再感兴趣。如果我们必须变成非人类，那就让我们尽可能真正成为非人类！是的，让我们真的走到另一边，看看会发生什么吧。

问 您在《美国》一书中提请我们注意，以迈克尔·杰克逊（Michael Jackson）这样的摇滚明星为典型，对性愉悦的要求让位给了以性别的冷漠与含混为主题的游戏。

答 此外，我们也看到了近乎挑衅的性别中性化，它由于艾滋病现象而加速了。美国产生的性分离太疯狂了，它是一种集体疏离，就像20世纪七八十年代的大动荡一样。以至于所谓的性

---

① 让-皮埃尔·尚热，1936年生，法国分子生物学家，也是法国当代哲学家凯特琳娜·马拉布（Catherine Malabou）的重要引用对象。尚热在《神经元的人》中指出了可塑的神经元在脑的后天发育中的重要性，并因而将自然选择从种群延伸到了神经层面。——译注

解放，如今也像是一种题外话。所有美国人都身陷另一类挑战和包围之中。

问 哪些？

答 生意、卓越、晋升、职能。人们日夜奔波，知识分子也是这样。但美国人应付得很好，这成了他们的传统。这不是一种令人沮丧的变动，毋宁说是以迂回和合法的唯利是图的形式表现出来的复兴。

问 在美国的时候，您似乎被慢跑者的形象吸引了，还对这一形象作了惊人的描述。

答 我并没有对此着迷，不过，好吧，这吸引了我，就像一个系统的所有剩余或特殊效果那样吸引了我。慢跑者在我看来就像一种非常症候性的反常。在加州，沿着圣芭芭拉海滩放眼望去，我看到人们在慢跑，带着他们的随身听，嘴角流着白沫，最大限度地消耗着自己的能量，就好像要去自杀一样。您拦下一位慢跑者，但他是透明的，不会看到您。一些医生解释说，这可能是一种新型的荷尔蒙中毒。慢跑因此成了第二代毒品。我并不是要对此作出什么道德谴责。我只是感到惊愕。美国其他类型的反常也让我惊讶，比如，过度肥胖者一边遭受着体格变形，一边却没有任何症状，因为这种变形恰恰说明了一种过度适应。这些人太奇怪了。您难道不觉得，我们应该试着将此与其他现象联系起来，思考一个产生出这类可怕谜团的文化的成因吗？在《致命策略》中，我就这样串起了过度肥胖者、人质和淫秽。我一直感兴趣的并非观念史，而是从当下浮现的略显边缘的、惊人的状况。

问 日常生活中的事物也一直让您感兴趣，比如美国汽车，它们的自动驾驶、方向辅助，以及在高速公路上的"集体行驶"，让人感觉像是"行进在气垫上一样"。您在《美国》一书中总结说："美国社会的智慧完全在于自动驾驶风俗的人类学——这比政治观念更具有教育意义。行驶一万英里横穿美国后，您会比所有社会学和政治科学机构加在一起还要了解这个国家。"

答 我一直都很热爱汽车，尽管这对我来说已经是过去了，但我在美国又重新发现了这种对汽车的喜爱。在我们这里，无论是在第六区还是乡间道路，汽车都没有同世界保持一致。这里没有充足的空间来提速，让人感觉像是在一个行驶在轨道上的肥皂泡中一样。美国的汽车则相反，它是一个极度安静、舒适、装有空调、超电子化，且近乎完全自动的世界：我们按下一个按钮，速度就会稳定在120公里/小时，您会被不断告知行驶状态。这其中有某种东西引起了我的极大愉悦，也许是一种自闭的愉悦。这是对速度、空间、移动的完美崇拜。说回法国，当我再开回自己的车时——尽管这是辆阿尔法①，我发现它就是一只带柄的平底锅！

问 请您改变一下：开开法国车吧！

答 噢不！我一直都开意大利汽车，尤其是阿尔法·罗密欧。但这可能也不过是一种神话！我的立场中有一种沙文主义：我总是觉得其他地方的要比法国的好，相较于标致，我一直更喜

---

① 指阿尔法·罗密欧，意大利汽车品牌。——译注

欢阿尔法，哪怕人们向我证明法国车比其他地方的更好！人们的视野必然是片面的，我们不应该被此欺骗。此外，我没有定居美国，尽管我本可以这样。这也许不是没有原因的。我在那里有一小群听众，同时，我也不知怎么就成了纽约绘画界的新领袖，我的书都得到了译介（但恰恰除了《美国》，人们觉得它太欧洲、太模棱两可了）。同样，我在洛杉矶开了一次关于模拟和拟像的研讨会，我相信它在这个模拟的天堂里会产生某种反响。好吧！研讨会结束的时候只剩下法国的、意大利的、西班牙的听众，而所有的美国人都走了！他们完全不懂模拟，因为他们自己就完全身处其中，他们是模范，而非话语。我更喜欢把自己放在障碍的另一边，然后将美国视为想象性的，视为奇怪且惊人的对象。加利福尼亚于我而言依然是一种原初场景：空间和荒漠的场景，带有一种非审美、非文化的粗糙，它在我看来要比欧洲的文化解体更有趣。

问 无论如何，我们都觉得，相比于波堡，您总是更喜欢美国的巨无霸汉堡的巨幅广告。

答 我是有偏向的，这一点我承认，因为至少在那里，事物的庸俗性——如果我们不得不使用这个表述的话——拥有一种客观的力量。我想要模仿一种超现代性，但是是在这样一个世界中模仿它：其中，超现代性能有效运作；事物散发出其自身的现代性光芒，并为此感到骄傲。这里可能会有一些大惊喜，但是一般来说，相同的事物不会具有相同的意义。也许存在一种领土效果：现代性诞生于美国，它只能在美国才能原封不动地发挥作用。在欧洲，现代性总是一种舶来品。

问 说到现代性，您怎么看当前在巴黎展开的关于文化价值之混乱的争论的？在《冷记忆》中，您指出了"在危机中被宠坏的孩子们的全新的软意识形态"，这些"浪漫的、世俗的、蛮横的、多愁善感的年轻人重新找到了心中的诗意散文，同时还有生财之道"。

答 无论是挽救危机之类的运动，还是贝尔纳-亨利·列维（Bernard-Henri Lévy，简称 BHL）和阿兰·芬基尔克罗（Alain Finkielkraut）①的近作，我都在对文化的哀叹中感受到了一种天真，这是令人难以置信的虚假的天真，是意识形态的敲诈勒索。如此得到理解的文化完全不值得我们捍卫。更不用说，为了文化而反抗现代性威胁的斗争至少一个世纪前就有了。这在尼采或法兰克福学派的理论家那里也许会有某种意义。所以，我们应该说出某些事情。可说出又能如何？如今，这就像一篇虚伪的、悲伤的、催泪的、多愁善感的悼词。此外，宣称自己是知识分子，充分利用知识分子的地位，指责知识分子的消失，这是多么自恋的想法啊！我并不否认，在日常生活中，我们有时会对广告、电视、摇滚等等现代性采取拒绝的反应。但自从我们看到某处存在着一些急需我们寻回的高贵价值这一既成事实起，我们就进一步地失去了它们，这毋宁说是一种可鄙的虚伪。向我们提出的对现代性的分析也证明了这样一种阐释的贫乏，以至于人们的确可以

---

① 两人皆为法国的犹太裔知识分子，致力于反对反犹主义，同时也拒绝犹太复国主义。——译注

质疑其作者缺乏理论抱负。我在想他们是如何不再骄傲到勇于走出这类现代性产物的。那么，就像我对您所说的那样，重新激活那些不再具有历史意义、且完全过时的批判有什么用呢？至于政治，我们也可以这样说。

问　对，您现在似乎同政治保持着距离，可您曾是高度介入其中的人之一。

答　是的，无论是阿尔及利亚战争还是五月风暴，我都曾参与其中。之后我就放弃了。自从我所身处其中的乌托邦运动消失起，以个人或微观社会的名义来保留其虚构的想法在我看来就太做作了。

问　您在《冷记忆》中提及政治场景的时候，要么是根据普遍灾难来谈，要么是通过痛斥其愚蠢来嘲笑它。

答　对我来说，这是下意识的恐惧。坦白来说，您没有看到政治界成了一个小丑界吗？它几乎是啪嗒学的、愚布王 ① 式的世界。说到底，我会略带挑衅地说，当博卡萨（Jean-Bédel Bokassa）或伊迪·阿明（Idi Amin）② 要更好。

问　在发表一系列关于"神圣左翼"的著名文章的时候，您就已经对社会党人很严苛了。您在《冷记忆》中也是这样的，您

---

①　愚布王是法国著名戏剧家阿尔弗雷德·雅里（Alfred Jarry）同名戏剧中的主角。他残忍、可笑，现引申为荒诞、可笑的事物。——译注
②　博卡萨，又称博卡萨一世、萨拉赫丁·阿迈德·博卡萨，是中非共和国的著名独裁者。伊迪·阿明，乌干达前总统，1968 年集国家军权于一身。——译注

注意到社会党人垄断了道德喜剧，要不就是讲述了在洛朗·法比尤斯（Laurent Fabius）[①]的家里同知识分子共进午餐的情景，席间，首相带着"令人困惑的天真"惊讶于人民群众缺乏热情。

答　法比尤斯的政治轨迹很快就把他带到了法国总理的位置。这一轨迹和他整个政治生涯一样，都充满着野心。我惊讶地注意到，法比尤斯真诚且天真地思考着人民的冷漠、大众的迟钝、集体神话的缺席、社会的空洞。但最终情况还是如此：不正是部分由于这种集体的冷漠，社会党人才能掌权吗？我完全不是要控诉左派的意图（右派的命运更不是我要问的）。我只是说，这里近乎有一种共谋的、有罪的无知，即不愿意看到法国的政治场景是荒芜或饱和的（二者是一回事情）。至于景观，我们将在其他地方寻找它：在媒体或恐怖主义中。

问　人们恰恰指责您受到了恐怖主义的诱惑。

答　这构成了我形象的一部分。同样的，女性主义者们也认为我是魔鬼，因为我谈论了诱惑，因为我对化妆感兴趣，或者是因为我分析了色情电影。这无关紧要。所以说，是的，我依然受到恐怖主义的诱惑，我没有像大家一样随大流，然后轻易地把它扔进垃圾桶。对恐怖主义的正式分析难道不是更加必要的吗？恐怖主义难道不是现实性的反常且畸形的，当然也是相当重要的形式之一吗？只举一例就够：既然帕斯卡尔的无限空间成了广告性的，那我们如何能不追问现代恐怖主义所采取的形式和我们被广

[①]　洛朗·法比尤斯，法国政治家，曾任法国社会党第一书记和法国总理。——译注

告机制所支配的社会之间近乎有机的联系呢？

问 您有时以十分智慧和令人信服的方式回应了这类问题。但您似乎并不关心，好像心不在焉一般，并且把某种醒悟变成了先知般的愤世嫉俗。政治、社会，真的都终结了吗？

答 我在这方面已经不再有什么冲动了。我所剩下的只有对勒庞或马尔谢（Marchais）风格的厌恶，只有对愚蠢的愤慨。至于其他的，的确，我已经从激进左翼的政治反抗运动过渡到了一种怀疑的、毋宁说是形而上学反抗的立场。如果我谈到了"政治的终结"的话，那是因为这里存在着太多的终结，终结已经饱和了，显然已无关紧要。我们能很清楚地看到：大众，这个在其中一切变得可逆的黑洞，讽刺性地取消了政治游戏及其可笑的话语。在这意义上，政治于我而言消失了。但我依然留有一种强烈的好奇心：我想要试着想象在政治的消失之外所发生的事情，我想试着知道的不是在政治之后存活下来的东西，而是将被新陈代谢掉的东西。法国传统的政治场景中已完全空无一物，唯独除了恐怖主义，或者说在另一个层面上，唯独除了癌症和艾滋。这是我们仅有的事件：它们构成了新闻的"头条"（Une），但也是我们想象力的"头条"。哪怕涉及神话或媒体效应，我们也应该毫不犹豫地成为大众，以便试着理解它们为何如此诱人。

可惜了！巴塔哥尼亚 [①]（1990）

问 您会不会总是责怪自己没有灵晕？

答 我不是教皇！这是我祖传的农民习性。文化对我来说一直都是一个奇怪的东西，我从未信任它，因此我总是怀有一种无礼和庸俗的感觉。农民的特征就是懒散，是一种对自身的放纵，一种对事物的疑心。这是对工作的鄙夷，哪怕农民自己非常卖力。农民没有灵晕，也没有命运。他就是这样一个物。我对一切以智慧、文化、从容等明目张胆的、社会的或真实的形式呈现出来的东西都感到愤怒。我从来都无法忍受这一点。我甚至都无法完成文科预科一年级的学习。三个月后，我就退学了。只要有三个知识分子聚在一起，情况就会令人难以忍受。

问 我们听说了关于您的三件事情。第一件是所有人都在使用鲍德里亚（fait du Baudrillard），就像宣布了政治权力之消失的

[①] «Tant pis pour la Patagonie», *Les Inrockuptibles*, 1990, 26, novembre-décembre, pp. 60—64. 采访者是米歇尔·茹尔德（Michel Jourde）和阿德里昂·拉罗什（Hadrien Laroche）。

巴塔哥尼亚（Patagonia）指南美安第斯山脉以东、科罗拉多河以南的高原地区，原意为"巨足高原"。——译注

八点档新闻。

答　我没听说过这件事。或者也可以说，这意味着我所说的东西是符合现实的。但这很做作，极度平庸，且稍显阿谀奉承。或者说，问题在于电视的自动产物，在于这一机制的运作方式，即冗余。在我听来，它就像对我所说之物的戏仿。但我们无法避免戏仿。在粗糙、肤浅的话语和另一种分析、理论的话语之间存在何种关系？二者之间是有关系的，但并不是直接的、自动的关系。当我们说"人们使用鲍德里亚"的时候，我完全是不信的。此外，我也没有相信这一点的渴望（笑）……因为就算事实如此，立马停下也是更可取的做法。

问　我们也听到有人说：鲍德里亚过时了，几乎是 80 年代的东西了，是向道德价值和行动能力的回归。

答　对此我要说的是，不用说被超越，这已经是一种超-超越（surdépassement）。这种回溯性的赋值（rétrovalorisation），即价值的恢复，乃是在空洞文明中的向前一步。饱和依然要更好。人们也曾说我是"一位 20 世纪 80 年代的思想家"，但从各方面来说，我都有着一个后现代的灵魂。不过，人们给您套上了这样一件外套，您就无法脱身了。在《象征交换与死亡》之前，我所做的事情的确属于另一个时代。写作并非一成不变，它会从当时的氛围、当时的学科（符号学或精神分析）中汲取营养。于我而言，写作在那些时期就已经发生了变化。

问　最后，在《恶的透明性》(*La Transparence du mal*，1990)出版时，人们听说鲍德里亚可怕地回到了 19 世纪的反动思想。

约瑟夫·德·迈斯特（Joseph de Maistre）①，反启蒙，否定恶的存在……

答　这是防卫性的过度阐释。我并没有倒行逆施的打算。我只想早一点打破自己的天花板，打破我在写作中强加给自己的限制。显然，人们一旦跳了出来，就会稍感不适，就像他们不会谈论这一工作，而只会作规划那样。比如，人们判定了一种思想是消极的，是因为这一思想让人变得消极。这是自动的。每一次跳跃的情况如下：第一次是《论诱惑》（1979），我在那里就已近乎疏远了大家；第二次是在《美国》（1986）和《冷记忆：1980—1985》之后，写作的变化进一步打乱了计划。我愈发少地陷入流行的意识形态之中，唯一要做的就是回到先前的时代。我还要补充说，人们现在把我当成了虚无的搬运工、末世的殡葬师，这是最糟糕的，但所有人都赞同这一版本的廉价的末世论。就是这样，一旦堵塞，就不再会有人以其他的方式看待事物了（克制地笑）……读书吧。但让我们别再哀叹不幸了。这是场游戏。它以某种方式验证了我对旨在进行中性化操作的模拟过程的分析。但在那里，人们指责了我太多。

问　在《冷记忆：1980—1985》中，您批判了这种福柯所赞同的弄虚作假，并引起了一波摇滚热……

答　我用了那个词吗？

问　您写道："知识界和摇滚乐的大众环境没太多不同。"

---

①　约瑟夫·德·迈斯特（1753—1821），法国保守主义的重要思想家。——译注

答 这对摇滚来说有些沉重（笑）。

问 然而，您出现在了《脸庞》（*The Face*）杂志的封面。

答 我不想再通过有技巧地否认来让一切变得更复杂。这不是歪曲我的形象，但那里有一种腐败的过程，一种借由迫使某一思想打破一切来重建一个思想片段而实现的解形。它由一些可消费的片段组成。这一形象，如同纽约的模拟主义者（les simulationnistes）①艺术圈所反映出的那种形象……我对此无能为力。这里有一种完全不可控的扩张。也许我们应该接受邪恶的部分，但这里的问题不在于被诅咒的部分，而是糟糕的部分（苦中作乐）……

问 在《美国》之后，您觉得自己更像是现代性的良师益友，还是美方的导游？

答 《美国》是一次测试。这本书的英译本在美国遭到了恶评。这让我有些沮丧，因为我很爱《美国》。这是本颇有闪光点的书……我不希望它被读到，但毕竟……好吧，所有的隐喻，所有的荒漠、原始场景，都是字面意思上的。一致的批判只谈及了我这个法国人的无知，他对真正的美国一无所知，此外，他还嘲笑美国，并拖着欧洲人对美国的各种偏见。他们总结说这书不够严肃，我因此深受打击。那本书引起了许多回应，但它们都持有彻底否定的态度。然而这就是广告，我们一直都患有广告综合征，无论是积极的还是消极的。

问 您说，人们并不对自己的读者负责，也不对自己给人的

---

① 模拟主义是20世纪80年代中期在美国兴起的一场艺术运动，主张制作"复制品的复制品"，即使用现成制品来雕塑或作画。——译注

印象负责。作为一名登上《脸庞》杂志封面的大学教授，您在职业生涯中就没有感受到什么转折点、过渡时刻和断裂吗？

答 我总是有这样一种感觉：人生旅程是螺旋进行的，这是同一个螺旋，但其中的措词变了，假设也变了。其中也许还有两处断裂：20世纪70年代末（《象征交换与死亡》，1976）和五年前（《美国》）。但我并不觉得自己能以另一种方式重新看待事物。这里既没有妥协，也没有悔恨。日子还在继续。我没有去编排这一旅程，也从未用上笔记、便签以及任何类似的东西。参照在地平线上愈发模糊、遥远。归根结底，我不再有比较的着眼点了（镇静）……在第一个时期中，我依然在一个十分明确的文化领域中行动。但这样的情况越来越少了。这不是因为我想改变，而是因为我的工作已经进入一些我意想不到的复杂路线中去了。比如艺术。美学不是我的主题。突然间，造型艺术家们以一种奇怪的方式兴奋了起来。

问 您提到了参照的消逝。这难道不是对大学学术界的背叛吗？

答 我从一开始就背叛了学术界。我从未真正成为大学的一分子。我曾从事教学，因为这是唯一现实的可能。我从未觉得自己是名教师，哪怕这个身份并不总是让我不悦。我也不是研究员，我这里总是存在着同研究机构的分裂。我像是玩着逃兵游戏那样，教育界让我玩着这种游戏：我没什么职业生涯。此外，这一切都结束了，我已经退出了。我有许多美好的时刻，也就是我在1968年进入其中的时刻。简单来说，那时我进了大学系统。更广意义上的知识界也是如此。我遇到了许多我喜欢的人，萨特，后来是罗兰·巴特，后来就没什么人了。客观上我是这个圈子的一部分，即便我没有参照也没有榜样，我周围也没有同事、学派或关系网。在学校机构里我从未有过这些。这不是背叛，而是一种无拘无束和自由的策略，这一策略从一开始就存在。

问 但是，您现在不是比受一些大学体制保护的时候得到了更多的曝光吗？当您出版《消费社会》的时候，书的封底就写着"让·鲍德里亚，社会学教授"。这起到了一点保护作用。您能想象自己得到完全的曝光吗？

答 我并非一开始就这样。在 20 岁的时候，我写了几篇不同的文章，阿尔托、兰波、荷尔德林都曾是我的拿手好戏［《现代》(*Les Temps modernes*) 杂志的文学专栏］；此外还有尼采，严格来说还有巴塔耶。无论如何，这些都算不上研究。后来就是政治和意识形态的时期，也就是萨特和阿尔及利亚战争的时期。我把其他事情放在了一边，一头扎进了论说和实践之中。我在 40 岁时投身理论研究。我一直和语言保持着更加诗意，也可以说是更少操作性的关系。从某种程度上来说，我只是重新找到了那种关系。在宏大意识形态时期，我和其他人所做的一样。但我从未认为写一本像《消费社会》这样我唯一一本精心设计的、最具野心的书就是盖棺定论。我同语言的关系曾经要更为紧密和深厚。这些依然是话语性、解释性、阐释性的书，于我而言都不算是游戏；它们太严肃了，从来都不是激烈的游戏。发表了《消费社会》这样的论著，我就会受到保护，我属于某个圈子。还有，当人们像我这样成为了一位社会学家，他们就会发现所有的社会学都在反对自己。保护区域毕竟还没有那么大。

问　然而，您在传达信息的方式中还是存在着清晰的断裂：有使用统计数据的书，也有其他的书。

答　我曾使用的那一点点统计数据并不是错误的，但它们已经完全被人说过了。我从来都没做过这类工作，我做不来。《消费社会》是一本需要这类借口的书。我没有特殊的信息传达方式。我用的是未加工的信息，大家可以拿去自己使用。我是情境主义者，因为我所感兴趣的正是情境：政治的、私人的情境，任何一个能够散发出事物瞬间模式的情境。由此，我才走向了少许的虚构。我总是从现实性出发的。我游览了观念的历史，但我不是从这种观念谱系出发的，而是从瞬间和物出发的。我依然忠于物，就这个词最宽泛的意义来说。我忠于物，忠于它带来的惊喜：情境的混杂、事件……致命的事件（喃喃自语），但这是因为它们包含了惊人的、不可预见的东西。这才是要害所在……从某种程度上来说。之后，我就不讲求方法了。

问　您在《美国》中写道："这不是做社会学，而是为了比所有学科加起来还要更为了解社会而驱车行驶。"

答　把这说成是旅行要更好……归根结底是在空无中旅行，总之。但那里总会发生某些事情，它们要比在有所准备的、被预先决定的地方所发生的事情更加有趣。在后一种地方，人们最终只是重复了摹本中已经存在的东西。要试着发现其他的相交点，就必须要启程出发。汽车是一个隐喻，但只是有点像一个隐喻。

问　这里难道不会有二手资料带来的危险吗？《美国》中就

有一个细节：吉米·亨德里克斯的名字就出现了拼写错误①。

答 是的，人们也告诉了我这个细节。我利用了一切发生的事情。不可预见性也产生了拼贴和修补。这也许在《美国》这样的书里更加明显。在《冷记忆》中，这近乎成了一个原则：利用一切发生之事，只要它有一种引人注目的效果（la sensibilisation），只要它能使人豁然开朗，只要它产生了反响。不存在材料的好坏，不存在对事物的预先评判，不存在对潜在一致性的寻求，但也不存在对前后不一之物的操纵。这里也许有一种一致性，但它不是一个领域或一种材料的一致性。在这意义上，我的书会让人失望。我接连碰到了许多经济学家、精神分析学家的有理有据的观点，他们每个人都完全反对我的看法。但是，只是倚仗这些反对，并想要对此作出回应，就会成为每门学科的人员。让我们暂且打住。思想并非稳定的、温顺的，它不归属于一个思想的领域。指责我的融会贯通算不上什么。这是我的荣幸。至少我已经学会不再勉强自己。这是生活的法则。

问 再举一些特定场合的例子：在美国，您去过史蒂夫·旺德（Stevie Wonder）②的音乐会，或在市中心看色情电影吗？

答 去过。我毕竟还是离不开这些东西，但现在要好一点。

---

① 鲍德里亚误把 Jimi Hendrix 拼写成了 Jimmie Hendriks。吉米·亨德里克斯（1942—1970），美国西雅图的迷幻摇滚乐手，被公认为摇滚音乐史上最伟大的电吉他演奏者，1970 年因服药过量窒息而死，享年 27 岁。——译注

② 史蒂夫·旺德，美国盲人歌手，20 世纪七八十年代欧美乐坛的著名流行音乐家。——译注

那是 15 年前了。

问 您是怎么旅行的？

答 一直都是汽车。我只知道汽车，还有飞机。这是穿越这个空间的唯一方式。这样描述汽车也许过于抽象，但正是这一抽象使我得以随时随地抛弃一切。

问 车上会放威士忌吗？

答 会，这是真的。这些东西是常备品。

问 您如何选择目的地？是认定那个地方会有某种意义，还是只是想去看看？

答 不，我不想只是去看看。这里有一种亲和性。对于美国来说，这种亲和性是清晰的，甚至在我去那里之前就存在着。美国之行并不是计划好的，它是一个自发的过程，一种相遇。我熟悉日本、巴西，这些国家在今天也许会更让我感兴趣，但我无法像美国之行那样再旅行一次了。那是一场心灵之旅，但也是一场理论之旅，它不可能被重复了。我有一些其他的想法，比如启程去往巴塔哥尼亚，但这已经是某种附加的东西了。巴塔哥尼亚就这样随风而去了。可惜了！巴塔哥尼亚。显然，我都是用 travelling 来说旅行（voyage）的①。我只去那些有某种奇特事物吸引着我的地方。我尽可能地避免重复。

十五年来，美国是唯一一个每时每刻我都能重新找到某种新

---

① 鲍德里亚此处谈及旅行的地方时，都一律用了英文词语 travelling，而非法文词语 voyage。另外，travelling 作为外来词，在法文中是电影术语，指推拉镜头。——译注

鲜感、诱惑感和启发感的国家……现在也依然如此。

问 您会带着旅行日记回来吗？

答 第一本日记就是写美国的，它始于1980年。我曾想根据事件线索来写，但当时正值热浪袭来，汽车空调出了故障，这根本无法设想，于是只能付诸日记本。写日记的想法就来自那个时期。之后，我继续写着一些小册子，它们都是随处乱放的。但写作非常不规律，我并不是每天都写。中间有些中断，那些时刻就好像感性停滞了一样……没有什么是值得关注的了，我便停止了写作。《冷记忆：1980—1985》就是这样停笔的。应当说，这些回忆一开始并不是为了发表而写的。在两年间，我曾停笔，我和手稿之间产生了一种出人意料的疏远感和距离。随后，写作再次开始。但《冷记忆：1987—1990》是最后一本了。

问 在关于旅行的想法中，您提到了兰波的名字。如果旅行对他来说意味着写作的中止，那么对您来说，旅行是否意味着思想的中止，而您认为自己将要走向这一中止？

答 兰波的秘诀，就是向一切告别。这甚至已不是旅行，而是一种决裂，一种在空间和生命中的决裂。于我而言，旅行，就是让人得以思考的运动性。没有这一位移，我就会时不时地沉入某种智性上的神经衰弱。我并不拥有连续性。非连续性应当时时被发明出来。认识那些现实意义上的民族和国家并不是旅行本身的目的（une fin en soi）；我更倾向于把旅行用作去域化（déterritorialisation）和加速的策略，每一次，我都能从中获得能量。然而，我在旅行前就已经开始汲取能量了！这里应该有两种旅行，因为旅行还是一种消失的方式，但这不是兰波意义上的消失，不是明确的、且最终显得悲怆的消失。它可能会变得这样，但我不清楚。这里总是存在着一种兰波式的原初的晦暗场景……无论如何，它也许已然太晚了。

问　您常常把过往和今天对照起来。这些断裂是来自季节更替的模式，还是一种历史节奏甚或神话节奏，就像《致命策略》（1983）中所说的诸神的节奏、众人的节奏？

答　这些分离，相比于现实图式，更加归属于一种心灵图式。原始社会在我看来是像神话参照一样运转的。它们还保留着一种神话式的观念论。但在那之后，事情就没那么清楚了。此外，恰恰就像神话中的那样，在原罪之后就有了裂痕。问题总是在于原罪，无论它发生与否，它就在那里，作为灾难或终结的前提。在那之后，就不再有神话式的乡愁了。当我立即切换到这个被我叫作消失的参照点的另一边的时候，我就失去了这一参照。其中的关键在于和原始社会把罪恶当成原有的东西一样，我把灾难当作既有之物，并看到随后建立了何种新的游戏规则。我们的工作就是对神话进行解释，但神话不是一个阐释的系统，而是一种口传的、亵渎的话语。我能否在对不再拥有阐释的语言实验中重新发现神话？只有以片段的形式，这才是可能的。

问　只要您用"思考……是令人愉悦的"作为一个自然段的开头，您不就引起了某种模棱两可吗？当您说"今天的人达不到自己独有的男性气质"，您是如何理解"今天"的？

答　性别特质？事情是否真的发生了变化？我们对此一无所

知。在男性气质／女性气质之间，存在着诱惑之可逆性的平面，这是一个不可摧毁的形式；那里还存在着一个是惊涛骇浪的平面，其中产生了前后关系的效果。但是在这里，女性气质和男性气质的含义不再相同，它们不再是一些形式，而是诸种文化和道德的解剖学综合体。它们是另一回事情了。我们不得不考虑到这两个领域，它们并不总是合拍的。

问 您也颇多谈及您同事拉康、福柯、巴特的消失，您说他们死于自己关于消失的哲学。而德里达还在顽强抵抗！

答 对，对，的确如此（笑）……其实我也是。由于大量的消失，我的抵抗力并不差。德里达、利奥塔、我，也许都属于靠哲学过得不错的一代人，这些人很少被这一消失的过程攫住。这里有一种对哲思的重建。这种哲学是保守的，因为它完好无损地幸存了下来。这一点很清楚。我想，这是区分两种思想的方式。那些没能幸存下来的思想耗尽了自身便消失了。不仅哲学领域如此，安迪·沃霍尔（Andy Warhol）[1] 也是这样的情况。他死于自己不得不死去的时刻。这里上演了一出关于思想的这一新维度——消失的真实戏剧，它进入了相当一部分人的命运之中。说到底，我觉得这很美。无论如何，它也比这些靠其连续性，靠其自身话语的积累而过得不错的思想更加宏伟，尽管后者也在谈论其不连续性和差异。我不知道我属于哪一边；发自内心地说，我更像是前者。

---

① 安迪·沃霍尔（1928—1987），美国著名波普艺术家。——译注

问 您说过，一回到洛杉矶，人们就降落在了 19 世纪。然而，在您的客厅里，一切不都又是围绕着 1989 年的资产阶级之梦旋转的吗？

答 我三年前就在那落了脚。但我可以认真地说，这不是我搞的装修。我就像住在一个异国他乡的旅馆套间里一样。我之前的住处要更好一些，在巴士底那边，在一个毫无特质可言的空间里。我从未找到过一种居住或定居的形式，以契合一个能让我在其中生活的地点的形象。我缺乏这一形象。物是一种心灵的迷恋，但在现实生活中，它们对我而言几无所谓。我没有在这里过日子的计划。我不觉得自己对环境负有责任。

问 您是否区别了谈论您所见之物和谈论您自己之间的不同？比如，在最近的文本里出现的病毒隐喻是否谈及了您的身体，是否谈及了如今和这一身体相关的恐惧？

答 没有。写作并不来自同我紧密相关的现实。写作不是私密的或心理的日记。简言之，写作能够拥有一种对某物的预感。确定的是，随着写作的推进，这种预感之后会成为现实存在的东西。写作扮演着一种……让我们别用那些很大的词……命运的角色。在某一刻，模拟、诱惑、活力还有生命，都由此生发出来。写作扮演了一个角色吗？我不认为人们可以有所定夺。这是理不清的。我一向不知道我在何种程度上存在于此，但我不是心理上的存在，甚至也不是笔记本里的存在。这个"我"（je）不是心理学意义上的，我不会在这些有所流露的片段中讲述我自己。我甚至相信，我们应该彻底避免当前大部分文学的弱点。用经历体验

165

来辩护，这太弱了（停住）……

问 只要读一读您的东西，我们就会想到"融雪一般的历史学家"（l'historien des neiges）的自我消失，您说自己就是这种历史学家。

答 是的，但这是一场演出。可如果它发生了，那您对此是一无所知的，我也是如此。去年夏天，我差点在一场平常的事故中消失。一道沟卡住了我的胳膊。我差点就以一种有些平淡无奇的方式交待在了那里。

问 您能想象自己是隐形的吗？

答 能（笑）……完全可以。但您认为隐形是怎样的？我相信，写作已经是一种遮住自己声音、回到隐秘之中的方式了。某些人制造可见性，另一些人则制造秘密。我呢，我毋宁说是在再造秘密的意义上写作的。的确，这就像一只给自己打洞的动物：最终，它自己就在洞里，它就待在那里了。从逻辑上说，如果欲望达成了，那它就会成为那种达成。在从思想中获得概念，从语言中获得词语之后，结论也会从游戏中获得；也就是说，让这个"我"不是去摧毁游戏，而是像个隐形的演员一样从中抽身，以便几乎同游戏规则混在一起。

问 游戏规则？

答 幻觉的运作。世界的规则就是幻觉，彻底的幻觉。世界根据一些表面上隐秘、且完全不属于现实领域的规则而运转。这是一场游戏，但这里存在着规则。我对拟像的全部分析都建立在这一事实的基础上：人们试图逃避作为幻觉的世界。这早就是清洁派教徒（Cathares）① 和许多人的想法，也是除了我们以外的全部思想的想法，他们认为，人们可以拥有对幻觉的象征性控制，而不是对现实的技术性控制。这不是什么全新的思想……出于各种各样的理由，这种幻觉让我们害怕，它是不可忍受的；为了逃避它，我们的把戏就是将世界现实化，也就是通过技术终结世界的幻觉。模拟的领域对我来说就是这样的。这是反幻觉的模拟。如果今天有一种取代模拟的办法的话（尽管我们很难设想这样一种替代品），那这必然不是现实，因为现实和模拟是一回事情。取代模拟的是幻觉。

---

① 清洁派又作纯洁派或纯净派，常泛指受摩尼教影响而相信善恶二元论和坚持禁欲的各教派。——译注

写作总是令我愉悦 [①]（1991）

问　您因自己对所谓"大众"社会中的物的分析而为人所知。从1965年起，您就在您的《物体系》一书中强调了物所扮演的假面角色。

答　谈论物的面具太荣幸了。从一开始，物就在我心头挥之不去。这一纠缠最终令我发现了物：物是何者？它在哪里？此外，这纠缠也让人得以通过主体对物的解释而被看清，无论这解释是心理学层面的、经济学层面的，还是功能层面的。透过镜子，看看作为符号的物是什么，这在我看来才是关键，当然，这一关键会在物的复仇、物的决心方面呈现出更加戏剧性的姿态。这里存在着一种物的颠覆，一种引诱的颠覆。这里有符号学、马克思主义、精神分析，我就是靠它们来工作的，可以说就像大家一样，尽管我在某种程度上是反着来的。我通过不同的阐释技术重构了物，同时，这也是这些阐释的一个过程，是将以物为核心运作的逻辑推至其运作的极限，并解决它们。

---

① «L'écriture m'a toujours donné du plaisir», *Le Journal des psychologues*, 1991, n° 89, juillet-août, pp. 45—49.

问 您已经提出了一种批判性思想，它针对的是被"进步"的连续推进所诱惑的技术专家的社会……

答 一开始，这似乎是一种社会的、政治的、马克思主义的、延伸性的批判。但对所有这些元素的模拟是一种比异化更为先进的形式，至少在我早期的书里是这样。这的确是一种批判的立场，如果不说是道德主义的立场的话。问题在于对符号的分析，但这一分析在激进批判、符号颠覆以及符号本身来看，乃是异化的高级形式之一。在我看来，这是一个关键阶段。它根据符号的差异性和结构性逻辑，如此讲述了消费的愚蠢、天真或显著性。这有点儿像这样一场革命，它和马克思从生产角度来思考、而不是谈论自然哲学、财富、交换时所引起的革命一样（但这依然只是一场理论革命）。今天，问题是在传播通信领域搞这样一场革命，因为我们如今还停留在 20 世纪 60 年代的消费的古老阶段，就和 19 世纪 50 年代的生产的古老阶段一样。

问 您甚至提到了物的"癌症"作为人类关系的替代物和序列的支撑，它剥除了主体的差异和经历过的时间，为的只是详尽但僵死的区分。

答 这区分不再有效。我并没有完全否认它，但这里也许存在着对物进行分析的不同层面。现在，对我来说，任何形式的异化问题都不再令我感兴趣了。我认为系统现在已经超出了异化的范围。

问 这一工作是否预示了您对关于相同者和透明性的研究的批判？

答 主体成了一个被整合起来的环路，一种脑回路系统。主体成了自我指涉的，这在某种程度上乃是主体的完成。这项在"生成世界主体"（devenir sujet du monde）中完成主体的计划曾经存在过。

人们正在通过信息技术，通过在一种被叫作主体的自我指涉的罩子里的全面集中来实现这一计划。这不再是精神分析的主体，因为它不再是内在分裂的，而是在自身中翻倍的。于是，人们不幸地走出了异化。问题意识因此发生了很大的改变。书写某物的想法当然是一种厄运。

这不是一种政治揭露，但这里存在着将一种内在的命运置入这一逻辑的做法。我们每个人都对物化、异化作了激烈的批判，并在某种程度上都致力于这一狂热的自我主体化（autosubjectivation），而它现在为我们所支配。这是克隆的问题意识。

问 我们此时是否处在一种混合、混杂的逻辑之中？

答 这也是一种排斥的逻辑。恶的透明性就是：对不再身处其中的他者的排斥和驱魔。

所以，深层的逻辑到底是不是在于对他者的驱魔？

问 这是一个主体于其中皆符合规范的世界吗？

答 是的，其中还是存在着他异性的各种入侵。但我区分了差异（différence）和他异性（altérité）。差异完全不是同一的反题。恰恰相反，它是多样化，是形态的幽灵，它无处不在，在时尚圈也是如此。但正是在差异化的幽灵中存在着相同者的迭代，但这不是他异性。因此，这是绝对的区分。

问　您能在人机差异这一情境下说得更详细一些吗？

答　他异性的观念几乎是文化性的，也是几不可摧的。它的确有些被淡忘了，但我不想对它怀有什么乡愁或忧郁之情。因此，从一开始，人们就在和一些事件打交道，那些事件将会带来他异性，但它们自身也来自他处，它们不再是我们在自己的系统中所打交道的那些受到伪控制的事件。对于主体或主体性来说，这是同一回事情，这些带来他异性的事件在差异，在可能的区分中实现了自己。差异的极致逻辑在某种程度上是令人绝望的。在我看来，差异是一个毫无希望的系统，它只能在某种差异的抽搐和歇斯底里中挣扎。我们看到这一集中化发生了爆炸，我们看到它自我扭曲了，意义不再精确地产生，因为在这一逻辑中，意义就是差异。这些差异的内容被如今的系统所清除了，这些系统超过了差异，因为它们得到了简化，成了纯粹二进制的、数码的东西。

问　您说人们进入了一个无差异的世界，并且您也举了迷你终端机的例子，因为您提到了数码方面的东西。当人们能够轻而易举地交流的时候，为何还要彼此交谈？

答　这里只有容器在交流！是这些机器在交流，是媒介在交流。让机器运转是很容易的，这是一些宏大的替换系统。联结起来的回路不再需要主体的介入。相反，最有用的是主体被拒之门外，被排除出去。从根本上来说，交流就是一些网络，每一个网络中都不再有主体的可辨认的位置。

问　您区分了两种凝视，一种是两个人对视的时候，另一种是某个人看着屏幕的时候。

答 是的，对我来说，屏幕从本质上看就是典型的交流表面（surface），甚至是唯一的交流表面。屏幕不是反射性的（réfléchissant），人们无法凝视着它，阅读屏幕在某种程度上是被吸收的（absorbant）。屏幕，从原则上说，在交流中扮演着界面（interface）的角色，但界面不是双重的表面（surface）。

另一方面，这里不存在他者，渗透是在这层薄膜上发生的。这里也不存在声音的深度，因此也没有意义或矛盾的深度。人们无法跨越这个屏幕，这和镜子的情况相反。因此，不存在屏幕的对面。镜子的对面有着重影，而屏幕的对面有的只是相同的东西，是表面的翻倍，它意味着这里不再有那种深度，那种景深（如果我们用"场景"来指使判断、愉悦、欲望得以可能的整个距离的话）。伴随着屏幕的出现，那种文化，那种象征的、隐喻的空间似乎被消灭了。

这里没有反射（réflexion），只有折射（réfraction），毋宁说只有一种从一个屏幕到另一个屏幕的折射。

问 这里是否有一种断裂的观念，一种因信息而破裂的主体的概念？

答 有，但这不是僭越和闹剧意义上的断裂、破裂，不是那种让我们回到传统主体性的那种断裂。这是主体的减速，是随机的增生，如分形线（la ligne fractale）一般。这是线性的终结，是目的性的终结，是终极视角的终结。这也是起源的终结，是径直回溯至起源之可能性的终结。因此，这是起源和目的性的丧失，是一块随机的场域，在那里，现代科学的诸种形象充分地发挥着作用。

我认为，在出现某种科学的、微观科学的概念的阶段，和如是运转着的世界之间不存在鸿沟。

问 这难道不是对这种混乱，或许还有这种增生的防备吗？

答 可逆性的整个问题就在这里，也就是说，问题就在于知道所有这些系统逻辑中的过程是否能够产生可逆的效果。比如病毒就可以给系统带来毁灭性的效果：系统易受到其自身逻辑的影响。令我感兴趣的正是这一点：不再是我们主体在面对系统的时候引领着对抗系统的革命，而是存在着一条灾难性的原则，这不是启示录意义上的，而是逻辑意义上的，即作为形式的灾难。这一可逆的形式使系统分泌出了其独有的自我毁灭，使系统成为自指的、自毁的。我们可以看到，艾滋病也像是这样的一种加速过程，像是一种通过更加迅速的、且因此以某种方式招致抗体的灾难，来抵抗某些系统那潜在且全面的逻辑的方式。更详细地说，艾滋病本身就是抗体的丧失、防卫机制的丧失，但无人会否认艾滋病是社会机体的抗体。从道德层面来说，这是一种不可接受的悖论，它和其他所有悖论一样招致了最糟糕的误解。在这意义上，任何形式的病毒都令我感兴趣，艾滋病如是，电脑病毒亦如是。这一说法是具有讽刺意味的。在我看来，在事物的可逆性中，似乎存在着一种讽刺的形式，但它不是 19 世纪的浪漫且诗歌式的讽刺。这不是一种希望，不是一种替代选择，而是意味着一场有趣的游戏正在进行，但我们不知道其规则。在这种情况中，无差异并非一块无事发生的中立场地，它如今乃是一块策略的场地，事物于其中得到颠覆。这一颠覆是令人激动的。

问　您对一个功能性的、被消毒的（aseptisé）世界作出了激烈的批判，在那个世界里，人类最终丧失了自己的防卫机制，因为这个世界没有任何危险。我们应该为了避免灾难而言说恶，并思考否定性吗？

答　应该。这在我看来是唯一的办法，至少从免疫的层面上来说是这样。人们可以给它一种功能性的意义，而我则宁愿给它一种形而上的意义。我们最终都应当重新注入恶，至少是注入偶然、故障、病毒，以及另一类话语，也许只是为了重新激活一点免疫功能。否则，我们就会冒着完全浸没的危险。在某些领域，这已经发生了。比如，政治世界就已经被去戏剧化、无差别化、共识化、去极端化，以至于它被挪作他用，而恶则自动回归。在这种意义上，我没有对政治价值作任何判断，但勒庞是一记非常客观的警钟，需要我们以严肃的方式、而不是以意识形态的模式去看待。大家都拒绝这样做，但又在传统的政治世界中不断窒息和被压抑。

问　人们正如您所表明的那样游戏，像恐怖分子一样。

答　他们是在安逸地游戏，因为社会分泌出了整个接纳他们的结构。他们不需要努力。有一些满足于声明对空难负责的恐怖分子群体，甚至都没什么要做的。

问　您说："对现实原则的攻击比侵略本身更重要。"这会让心理学家们开始反思。

答 对，这里有某种事物的复仇，我不知道这对于一个将现实原则当作其掌控世界的核心的文化来说是不是象征性的或者幻觉。恶，乃是幻觉、幻觉力量或作为彻底幻觉之世界的另一个说法。在我看来，几乎所有的文化，除了我们的文化，都是依照这种原则运作的。从这个视角来看，我几乎是个摩尼教徒。当然，我们拒绝这一看法，相反，我们试图将这个世界现实化，试图通过将其物质化来逃离这一彻底的幻觉，因为它的确是不可忍受的。这都是我们自己的系统，为的是逃避世界的幻觉。我们是否朝这方向走得太远了？我们难道不是会保持平衡吗？艺术就是一种在世界的幻觉和另一不同的幻觉之间的平衡，这是一项关于幻觉的工作，为的是控制或抵抗真实的幻觉。这项工作落入了无差异之中。

问 您是否从一种尼采式的思想——《善恶的彼岸》——过渡到了一种关于不可分离的善恶之必然性的思想？

答 我曾说过，善恶的这种不可分离性就是恶。善将善恶的可分性作为原则。如果我们无法区分这两极，那么就不再会有价值，也不再会有价值判断。恶［这也是断联（la déliaison），是弗洛伊德的死亡冲动原则］，就是善恶的不可分性，是区分它们的不可能性。这令人头晕目眩。我在三十年前就读了很多尼采的著作，但自那以后我就没再重读过。尼采之后发生了很多变化，尤其是超越了善恶的系统整体的运转。这因此不再是形而上乌托邦或尼采式的价值转换的对象。尽管我们所处的境况不再是悲剧性的，但它要更令人绝望，因为人们已经在和转换过的价值、和价值逻辑的终结打交道了。

问 弗洛伊德说："对象诞生于仇恨之中。"这也是心理发育的理论，它在克莱因（Melanie Klein）那里再次得到了论述。在这一理论看来，母亲是外在的，因为她是不在场的，她在被视为外在的时候才被人怨恨……

答 我并没有这样说，因为我如今已不使用心理学的术语了。我曾希望摆脱这种术语，它们在我看来过于宗派主义了，且随着它的复杂化而愈发封闭。为了重新理解您所说的东西，我们可以寻找一条关于世界之生产的原则。世界首先是被诱惑的，诱惑一开始就在那里。这里有一种幻觉的旋进（précession）①、诱惑的旋进：这个概念在许多哲学中都有。从这一原则出发，事情就清楚了，剩下的就是竭力去修正事物，以便重新找到一种关于连续性、参照、理性的辩证法。

但这一努力上升到了一个完全不可逆的领域。人们总是被也可被叫作仇恨的彻底的非理性中产生的东西打个措手不及。这里有两种可能的立场。人们可以采取同善、联系、爱的价值相反的立场，并说：不，这里一开始就存在的乃是恶。这是一种近乎摩尼教的立场，它有些太简单了。我的立场以可逆性为导向，它在我看来似乎是真正的象征形式。这种可逆性毋宁说是诸原则彻底的不稳定性或无规定性，这就是恶，因为它与重建世界的所有可能性背道而驰。

问 在主体层面上，承认某一部分的自在的否定性……

---

① 自转物体之自转轴又绕着另一轴旋转的现象。在天文学上，又称为"岁差现象"。——译注

答 精神分析是这样一个领域，其中，那种东西 ① 会通过转移和哀悼工作产生后果……就其细节而言，在某一刻，人们再一次走向了一种心理建构主义，也正是在那里，精神分析又一次失效了。

问 研究群体的精神分析学家常常论述这样一个观念：良善群体的幻觉是消灭了恶的幻觉，而恶总是在他处。

答 只要我们想看到这段被压抑物回归的历史，它们就会不断得到检验。

压抑和被压抑物之复现的原则是我们文化的特征，我们的文化以某种可耻的方式（在否认中，这一可耻取其不幸的含义）经历了这种可逆性、这种返祖遗传（réversion），包括在精神分析的理论大厦中也是如此。这栋理论大厦是这种否认和压抑的一部分。它对之进行了构想和理论化，但也通过理论化，它为其赋予了有效性和连贯性。我们应该能够设想，事物并不会采用压抑的做法，也不会自己隐藏起来（而是牵涉到心理学的全部工作）。就其复杂性而言，这一切难道不都会成为一种屏幕吗？但我不想踏入神秘主义。

问 回到您作品的标题，您提到了透明性。恶应当是透明的吗？

答 一如往常，我的书名通常都起得还行。但是，对于这个问题，我并不那样认为，我也一直都不那样认为。准确来说，这个标题实际上指的是恶的蒸发（transpiration），而不是恶的透明

———————————

① 指提问者提到的自在的否定性。——译注

（transparence）。

问 这是对卢梭思想的颠倒。据他的思想来看，透明是良善之人的透明；而对于您来说，这将是恶人的透明。

答 实际上，这里有一种意义的颠倒。恶，是人们想要驱逐的东西；它的显现模式乃是蒸发。但这里也许有一种关于显现和消失的模式：这个游戏令我感兴趣之处并不在于它以被压抑物之模式为基础，而是以表面的、非透明的秩序的模式为基础。我依然没有论述这些概念。我希望能详述一下……

问 您曾说人们应该删除毫无用处的 20 世纪 90 年代，那时的人们曾打算重写那个世纪。

答 这是一种挑衅性的方式。这十年并不是一部关于整个世纪的延时电影，而是一种抹消。恢复和追溯这段历史是一个有趣的做法，它不仅仅在于汇集、储存和记忆——人们这样做了，这一点无可置疑，还在于人们为一切不曾是善的东西进行了平反。

问 您说："这里满是记忆，但却没有想法。"

答 在我看来，很不幸，这是真的，包括在一些事件发展的过程中也是如此，这些事件非常可疑，以至于我们不再能看清这里是否真的存在一段历史，无论是关于东方事件还是卡庞特拉事件 ①（这些事件的真实性仍然存疑）。我不想说这里什么也没

---

① 1990 年 5 月 9 日法国南部城市卡庞特拉的一座犹太人墓地遭到法西斯主义者的破坏和亵渎。14 日，巴黎 20 万群众举行游行，人们愤怒地谴责一小撮人犯下的反犹太人的罪行。执政的弗朗索瓦·密特朗总统、米歇尔·罗卡尔总理以及议会、党派负责人都参加了游行。——译注

发生；相反，越来越多的事情发生了，但它们不再具有意义或反意义（contre-sens）。我觉得，我们正在忍受并处理一种饱受威胁的情况——长达三十年的威慑造成了事物的这种无差异状态——我们正处在一个永无止境的过程之中。这里曾有一种目的性，哪怕这一切都像人们体认的那样，曾是一个神话或一种意识形态，历史仍然拥有这一可能的超越性的维度。现在，我们处在无尽的重复之中。何事能够真正发生？何者能够造成事件？我们所赖以生存的正是这种纯粹的虚幻，这很有趣。在无差异之中存在着一种境况，它不是随便哪种境况，而是原初的境况。

问 读了《冷记忆》之后，人们感觉您提出了一种关于直接哲学（la philosophie immédiate）的编年史。

答 这是一种关于碎片化的尝试。碎片意味着问题不再是重新找到一个中心、一个阐释点。在这本书里，我更接近于这一简单的要求：事物显现了，而我们应该在它们显现的时候把握它们，并且几乎不给它们产生意义的时间，而是直接将它们领向其消失。

问 您提到了决裂（coupure）的概念，没有决裂就不会有知识和思想的工作。

答 人们总是把我归为"忧郁且绝望的阐释者、虚无的搬运工、入殓师"，我受够了，这是何等的误解和蓄意攻击。相反，我自己则是带着愉悦而写作的，这是生机勃勃的，远非绝望的。在我看来，这里似乎曾有一种办法：不要放弃语言，而是将其引向依然言说、但却不进行意指的前线，也就是不放弃其关键，即幻觉的游戏。在某种意义上，我在这本书的伴随下漫步于幻觉之中，而不是指涉和意识形态之中。

这瓶啤酒不是一瓶啤酒 [①]（1991）

> 我曾是哈姆雷特。我站在
> 岸边，我同拍岸骇浪聊着什么，
> 背向欧洲废墟。
> 我不是哈姆雷特。我不再扮演
> 这个角色。我的台词不再有话对我要说。
> 我的思想吮吸着意象的鲜血。
> 我的戏剧不再上演。
> ——海纳·缪勒 [②]《哈姆雷特–机器》

问 您现在能说说布莱希特对您思想产生的影响吗？

[①] «Cette bière n'est pas une bière», *Théâtre/Publique*（revue du Théâtre de Gennevilliers），1991，n° 100，juillet-août，pp. 56—61. 采访者是安·洛朗（Anne Laurent）。

[②] 海纳·缪勒（Heiner Müller, 1929—1995）是 1960 年以来最重要的德国剧作家，擅长用后现代的手法让作品具有丰富的诗意和意义，充满了解读的可能。他被誉为"贝克特之后最伟大的剧场诗人"。——译注

答 对我来说曾存在着一段戏剧的黄金时代：20世纪50年代末，当时我会和罗兰·巴特一起去看戏。那里上演着布莱希特、中国京剧、皮科洛剧团（le Piccolo）的东西……布莱希特还是一位理论家。但他和尼采一样，构成了我会那样付诸实践的事物的一部分……我不会再重读那些东西，反之，它们已经被新陈代谢掉了。但它们的效力却暗中留存了下来。不久前，我有机会重读了我曾翻译过的《流亡者的对话》（*Dialogue d'exilés*）。我在其中重新发现了两三种我在讨论最近那场战争的书里所使用过的东西①。问题在于布莱希特不是马克思主义意义上的辩证法学家，而是悖论意义上的。比如，当齐非尔（Ziffel）②说"这瓶啤酒不是一瓶啤酒，但这同如下事实抵消了：这支雪茄也不再是一支雪茄"的时候，如果啤酒不曾是啤酒，而雪茄则曾真的是雪茄，那么这里会产生问题。这类似于我所讲述的战争故事，那场战争不曾是一场战争，但这同以下事实抵消了：信息也不再是信息。如果一方曾是战争，而另一方却不曾是信息，那么就会产生一种不平衡……当卡勒（Kalle）说"一切都不在其位，这就是混乱；在规定的位置上什么也没有，这就是秩序"的时候，情况也是如此。对于战争来说，事情恰恰如此……

问 从个人层面来说，您是如何经历这场战争的？

---

① Jean Baudrillard, *La guerre du Golfe n'a pas eu lieu*, Paris, Galilée, 1991. 即鲍德里亚的《海湾战争不曾发生》（1991）一书。——译注
② 齐非尔和本段下文中的卡勒都是布莱希特《流亡者的对话》中的人物。——译注

答 这里存在着某种生命力。面对一个如这场战争一样的事件，我把它当作一种非事件（non-événement），当作通货紧缩的产物。要么是人们参与了这一萧条，即战争暴力带来的萧条，要么就是人们通过书写改造了这场非战争（non-guerre）——对我而言，在这六周里发生的正是这样一回事情。如果战争没有走向极端，而书写就可以，以这样或那样的方式。这是书写的角色。这是一份对处在无差异化、中性化、内爆、熵增等情况中的社会的描述。但这显然是来自书写的变形。这就是它的"致命策略"：走向极端。这是幸运的、生机勃勃的。我的生命力也在那里，这就是我总是打算摆脱它的原因。我感到忧郁，是的，但又完全不沮丧。人们从未看到过我所写之物的形式本身，而是在内容中，即在一种意识形态化了的内容中寻找它。于是，这实际上就成了一种消极的总结，它足以让大家感到沮丧……

问 人们可以把《资本论》第一卷的第一章或莫斯的《礼物》当成《查拉图斯特拉如是说》或诗歌来读，也就是不加评论或讨论地读。但这是一种边缘化的阅读，也许甚至是异端的阅读。总之，人们想成为"科学家"，而非试图打开形而上世界的大门。至于您呢，您则继续以一位社会学家、或不如说哲学家的身份被认识、被采访。社会学家太严肃了，而哲学家又知道一切……人们应当怎样理解您？

答 我不喜欢"诗"这个字，我不读诗歌。但焚毁一切、达致极点的确是诗歌活动的特性……

我发在《解放报》上的关于海湾战争的文章，也是想说这场

战争在政治层面上并没有发生。这也证明了一种在战争双方彻底
的政治疲软面前的无力，只剩下这种作为威慑的政治，即一种相
互恐吓的两厢情愿的系统还存在着。在这方面，我还是有很多感
触！但最重要的是，在伊拉克的土地上真实发生的事情是如此
地微不足道……正是在那里，人们变得消沉或是愤怒：人们处在
一种既无法描述又无法传达的激情之中。关于这堆积起来的怯懦
和愚蠢，人们又能写些什么呢？过去，只要情况是以战争／非战
争的抽象术语呈现的，那么就会是一个令人兴奋的问题。但在那
里，人们身处真实之中。如果我坠入真实，我就会和其他人一样
感到愤怒。尽管所有的优美灵魂[①]都需要时间来作出反应。

问　在您所钟爱的这种非真实中，人们还是会说您固守于写
作／乌托邦／监狱之中……

答　这里现在也许有一种稳固的、近乎个性的、强迫性的结
构，这是可能的。这里也有一个在理智上进行自我防卫系统。它
也应该是十分稳固的，因为人们大部分时间都无法进入其中。他
们处在被诱惑的状态之中，他们不知道要怎么应付它，这令他们
十分沮丧。于是他们盘算着：这是一种消沉的思想。事实上，写
作是我所能进行的唯一的政治行动。巴特在这方面说得不错。我
不是文学家，我无法在作为神圣行为的写作和文字上走得太远。
我依然是一个不完全的情境主义者。我是活在当下的人、与时俱
进的人（un homme d'actualité，d'actualisation）。

———————

①　指黑格尔意义上的拒绝异化，固守自身之空洞抽象性的精神形
　　态。——译注

问　您曾决定不写不朽的作品，决定从容不迫地从事写作。您把这叫作"当一个没有结果的知识分子"。您抵抗知识分子之物化的方法总是啪嗒学的吗？

答　是的。从近乎生物学的层面来说，这是获得免疫的唯一方式。这是一种象征防御。沉浸在意识形态的多愁善感中，我会精疲力竭；在请愿派知识分子的世界里，我会无法呼吸。然而，他们中的一些人我还是喜欢的。《解放报》或支持或反对海湾战争的两面派做法在我看来是法国思想的墓碑。这是一种意识形态困境。这曾是"感动"世界的方法，这种感动甚至都没有提出关于其现实性或非现实性的问题。谁还在继续寻找一颗"道德的良心"（conscience morale）……从这个观点来看，我完全是"无意识的 / 无良心的"（inconscient）①……此外，知识分子的问题是一块奶油派 ②。显然，就生活模式来说我也是他们中的一员。但我不觉得自己是知识分子，因为只要有三个知识分子在场，我就会逃走。此外，我也不再是知识分子了，因为我不再企图占据那些有权知道和写作之人的优越地位。我这么做是为了自己。的确，在这种情况中是会有一种罕见的、例外的骄傲，因此它也包含了一种特权。但就像资本主义的资本那样，这里不再需要控制什么象征性的知识资本，也不再有什么知识储蓄。激进性不再存在于我们的头脑中，而是流经事物，而正是在事物中，人们才能尝试

---

①　法语中的 conscience 有意识和良心两种意思，此处是鲍德里亚玩的一个文字游戏。——译注

②　俚语，意为老生常谈。——译注

破译它、解读它、让它显现，而不是根据知识主体或写作主体来这样做。我不再站在知识分子的立场上了。我的工作，就是尝试让事物显现或消失。

问 就像魔术师那样？

答 有一点像。这里有一种褒义的魔术形式。这也许就是决裂。所有这些人，这些"知识分子"——我这么说并不是表示蔑视——都没有意识到事物之幻觉的力量。他们每个人都是道德的现实主义者／社会主义者——这两个术语从来都没有分离，就好像这一切还依然存在。他们每个人都在抢救、救援、急救。这就是我觉得他们全都很消沉的地方。很少有人能真正拥有"世界观"，那不仅仅是拯救残余之物的防御性解释。

问 您所抨击的这些知识分子，在"玩政治"。他们想象自己能够掌权，能够通过词语和宣言来影响事物。他们恰恰就像布莱希特所嘲笑的那些人一样。

答 在这意义上，这里存在着一种独特的退化——哪怕这个词令人生厌——至少从十年前起就是这样了。因为这已不是20世纪六七十年代的氛围了。

问 您说民主就像是"社会的绝经期"，法西斯主义就像"正午的恶魔"一样。如果我们承认20世纪的顶峰总是具有男性气概的内涵，比如战争和革命，如果我们注意到人们从根本上只能在酒神式，而非日神式的社会中发现高潮，那么20世纪六七十年代的"伟大光芒"具有何种地位呢？

答 那时，根据敌对性——不是根据承认或威望，而是根据理论上的敌对性——事情开始渐渐发作。它们不再被关在回荡着马克思主义余波的箱子里，那个箱子里曾有一种历史和政治的共谋。人们不再身处辩证法之中，因为辩证法还是会转向对话。人们身处其中的形式，是辩证法装置的项在其中发生爆炸的形式，它们中的每一个项都趋向极端，并转变成相互短路的对立极。综合性的辩证操作成了不可能的事情。这导致了一种更大的自由。每个极点都恢复了一种自由，并朝着随机的方向挖掘。不再有争辩和讨论，也不再有理智的辩证法，但有着由于无序本身引发的潜在的上升。后来，这在 20 世纪 80 年代崩溃了。

问 也就是说，您会把资本主义的遗传性灾难追溯到那一年代？您认为，20 世纪六七十年代的资本主义中产生了对自己的致命打击，因此，这些年代对文明来说有着比历史纪事更多的重要性？

答 情况似乎是，这种辩证法中的革命，还有某种乌托邦中的连续性，为每个元素都赋予了走自己的路的可能性。它也许是通往空无，但能走得更远。这实际上曾是一个灾难性的过渡阶段。从今往后，人们身处其中的是一种去极化、去磁化的境况。人们不再能够重新磁化了。不幸的是，人们甚至做了相反的工作，也就是为旧价值进行平反和恢复。这是参与辩证法式的、马克思主义的政治阶段的机会，哪怕我在其中总是略显边缘。我参与了这一历史：阿尔及利亚战争、五月风暴。我曾身处真实之中，对之感同身受，即使我站在了比其他人都更具讽刺性的立场上。出于其他原因，我只在后来才开始了思考，也就是当事物不再能为人所忍受的时候，当真实及其逻辑组织不再安全可靠的时候。

那么，我们是否能重新置身于另一系统之中呢？我长久以来都被可逆性的问题所困扰。人们从未在我写的东西里读到这一点。人们读到的是杞人忧天的态度，且总是取其片面的含义，并最终导向了末世论。这很荒谬。社会的终结、历史的终结，如果只是说"这里不再有了"，那就很荒谬。相反，可逆性的观念恰恰不同于辩证法（可逆性说的是两个项是可换的，它们不再产生第三项，因此也不再产生任何超越性，等等），从我们线性且连续的意义上说，它是自在的（en soi），在事物彻底的内在性中，它是一场智识的灾难。我所有关于象征交换和诱惑的观念都隶属于这种可逆性的观念。从两个项不再听命于一种独一无二的超越性的时候起，很明显，它们就可以被拖入其他序列之中。辩证法也许曾是一种特殊的形式，而可逆性则是另一种。如您所说，这里实际上存在着一种基因突变……这场游戏远比其他游戏更令人感兴趣。人们尚未发现它的新规则，那些规则是象征性的、无意识的。人们尚不能将其理性化，也尚不能像系统一样生产它们。

问 您在书中说老角色已过时，就像无声电影向有声电影的转变一样。在《冷记忆》中，您想象了一些"新的激情"，并认定它们会出现：客观的偶然（hasard objectif）、省略、讽喻、幽默……但您从未转向这些事物的世界，您其至拒绝制造这些所谓的实际世界的萌芽。

答 我很希望摆脱拟像和模拟的枷锁，此外我也从未将它们当作历史的最终裁决，我真的受够了它们——我太了解音乐了！我想从事某种关于幻觉的事物，它同模拟是对立的，它是反模拟的。

问 以戏剧反对歇斯底里？

答 这是您的说法。换言之，我希望重新回到"恶的原则"，就像《恶的透明性》中提到的那样。我想走向一种摩尼教。如果人们从世界是一场彻底的幻觉这个想法出发，那么生命和思想就会变得完全难以忍受。人们会因此烦心于这样一件事情：将这个世界物质化并使其"实现"（réaliser），以便走出这场彻底的幻觉。通过科技而达成的世界的"现实化"（la réalisation）就是模拟（la simulation），即通过世界之"现实化"这种最为诡辩的方法来驱逐对幻觉的恐惧。因此这是幻觉与拟像之间的对抗，后者乃是人们找到的唯一能够避免这场幻觉的防御系统。世界是一场彻底的幻觉，我不知道它准确来说可被放置于何处。我不会"插手"它，但我希望摆脱拟像的这段历史。如果存在命运，那就是幻觉，但这不是非现实的、非时间性意义上的幻觉。这里的幻觉是一场冒险（mise en jeu），一场宏大的游戏（jeu），一场几乎所有文化都在玩的游戏，而只有我们的文化是例外，自从我们的文化开启了这种"现实化的"（réalisante）解决方法起就是如此。世界的"现实化"，也就是乌托邦的进一步丧失。

问 商品社会及作为其顶点的资本主义的物化逻辑，会引发形而上学的恐惧，并在困境中引起更大的灾害吗？

答 由于资本主义不再是矛盾的、辩证的，因而能够产生革命的资本主义，所以它的悖论就在于，它消耗真实的速度要远快于它制造真实的速度。资本主义把我们带进了全然随机的过程之中。抗体比物体本身运作得更快……我不知道人们是否还能把这个系统叫作资本主义。也就是说，这是一种巨大的技术-现实机制，它拥有一切对幻觉实施非象征性控制的手段。这种手段就是消除。我们应当坦言：人们身处灭绝之中，物理意义上的灭绝只是它的某些阶段。我就是这么处理海湾战争的，也就是把它当作战争之消亡的过程，当作对事实的实战演出（mise en scène opérationnelle）过程，后者曾多是一种二重的象征关系（une relation symbolique duelle）。海湾战争曾由诡辩的技术手段所"实现"，而它不再发生，因为这里没有事件了。

问 这样一种假设是否意味着一种关于全体人类及其机能的总体化的哲学思想？

答 是有这种宏伟的事业。实际上，它如今掌握着在全球范围内进行自我实现的所有手段，且同时，这里还遍布着一些剧烈的抵抗。比如伊斯兰教，它当中依然存在着一些强有力的象征过程，不过它们付出的代价极大。它们的价值是不可化约的。它们占据着何种位置呢？这是再实现（réactualisation）——即构成了同样的系统——还是说这的确是一些反抗？我还真无法作出预判。

此外，这一切难道没有被游戏吗？可逆性会掌控某些系统吗？在某一刻，由于某些活生生的元素、某些幻觉文化、某些象征系统，这整项事业是否将会被去稳定化？

人们也能想象，这项事业是一项有关消失的事业。通过"世界之现实化"这一绝望的冲动，人类以最先进的经过自然选择的形式表现了自己，并为自身消失创造了条件。这种思想并不必然属于否定性的灾变：物种接受召唤而出现并（有权）消失。这是宿命，我依然相信这一点，不过这不是宗教意义上的宿命。人类这个物种想要以资本主义的极端形式、并以他者为代价来保障自己的最终幸存，说不定正在上演自己的消失大戏。这不是科幻，而是哲学假设。

至于伊朗问题，在我看来福柯似乎是公正的。他承担着风险，且饱受批评。问题不在于站在这些运动的立场上。我们本身并没有置身漩涡之中。但那里存在着一种挑衅，在某种摩尼教意义上真实的、不可解决的、固定不动的敌对关系。挑衅和可逆性是一些非辩证的形式，我倾向于相信它们的有效性。

问 您也以另一种方式提到了循环的概念，且还是螺旋形循环的概念。您是不是从时间和历史中得出了这个形式？

答 从积累和强化的层面来看，螺旋是一种潜在的、但非线性的上升形式。这实际上是一种变调（modulation），但并不带有超越性。螺旋总是处在同一个空间中。它走向了我所不知的自身的极限，它也许会颠倒，或者返回……我们处在一种我无法很好理解的拓扑学之中，一个关于运动的非欧几里得空间之中。在这样一个空间里，对我们来说最为矛盾的形式都有可能同时发生。这里存在着一种令我感兴趣的东西，即不可分割性的问题，但这现在来看还只是一种隐喻。事实上，在系统的诸多元素之间存在着分隔，但在微粒之间总是有某种赋予它们一种共同命运的秘密亲和性。这种非-可分离性（non-séparabilité）乃是可逆性的一种形式。每个微粒都总是能和反微粒相互交换。这有点儿像是一种梦境。我喜欢东方思想，但我总是对把它当作参照有所顾虑。加入一块有其自己规则系统的大陆有着巨大的危险。这里可能会有一些联结和类比，但没有更多了……

问 对巨大的原始海洋的乡愁、病毒的欲望，在某处戛然而止了……不管表面看来如何，您都不是一位伟大的冒险家……回到《美国》中所说的乌托邦，您将美国视为由地理迁徙和18世纪观念之保存所实现的乌托邦之地。您是否认为这块地方会自我生产，人类也依然能够梦想一个别处、一种他法，并随后对此坚信不疑？我们是否可以想象对这一本质的革命？毕竟在您看来，哲学和科幻相距并不远……

答 我们不再清楚这会是何种乌托邦了。人们是否依然拥有现实可行的想象性计划？地理迁徙到另一个星球的想法总是存在着，但何处才是乌托邦呢？乌托邦的一个漫画形象就是南亚利桑那的生物圈 ①，我正好赶在它开启之前参观了那里。从建筑的层面上说，它很美。它就像亚利桑那大漠中的卢浮宫玻璃金字塔，这太崇高了。那里凝聚了一种对星球、气候以及一切的综合。那里面有八个人。这是一种乌托邦的形式，他们将所有太空的、地外的生存元素都汇集了起来，并以一种十分乐观的方式呈现了出

① 指从1984年起，在美国亚利桑那州沙漠地区，运用科技手段再造一个地球的实验计划。——译注

来，像是一种实验科学。但实际上，它还象征着一场潜在的灾难。这完全是人工的，在里面没有任何真实。那里面是四男四女，待两年。我问："要是他们繁衍了后代呢?"在合同里没有繁衍权。人们不想知道从性的角度来看会发生什么。只有客观条件得到了实现，并被视为有趣的。主观条件则是后勤部门。至于能否幸存，我们都会看到的。根据经验，这里肯定会出现意外。而我呢，我在那里都没待满两天。这是毁灭天使，一场实验性的拘禁！这的确是在寻求心理学层面的灾难……噢！那些人得到了很好的磨合，他们准备好去承受纯洁的、中性化的考验了。他们穿着红色宇航服，他们是些 20—60 岁的科学家。一切都被删改了。他们的沙漠里不存在蝎子和病菌。那种东西没有意义，甚至在科学层面也是毫无意义。这更是一场意识形态的试验。但我们能够清楚地看到，他们这样做时所使用的方式是一种乌托邦的方式。但是这里完全不再有关于太空的想象了。人们摆脱了那种想象的时候就会看到，在美国的城市里，一切已经是在按照相同的原则运转：再循环、预防法、预防措施、中性化。有趣的是，它们依然复制了惯常的人类学图式。比如，只要其中一种人类学图式成了主要的并奴役了其他的图式……只要它略显失控，人们就会中断试验。如果戏剧性的、富有激情的真实干涉进来，那它就会消除装饰，同时又符合一种精确而纯净的心理学组织。这毫无夸大，这只是对这一物种的保守总结。整个美国就是这样。打从我写《美国》以来，它就变了。它如今仅仅以保护主义的模式运转着，**幸存**（survival）……

问 那么，新乌托邦的潜在胚芽在哪呢?

答 美国已不再能鼓舞我了，它变得平庸了。在这之前，美国模式有着奇怪且谜一般的方面。而之后，在我看来，它似乎就缺乏启示性了，它不再是凭借其单一的动力而运作了。我不觉得这是一种上升中、转变中的模式。它被日本模式这样的非现实模式所超越了。那是一种全然独特的、避免了普遍性的模式，这正是其力量和潜能之所在。西方模式曾希望且能够成为普遍的，而日本人却没有这么说。日本模式不仅仅是在经济竞争的层面上展开的。在日本和理性化的、技术性的西方之间存在着一种不可磨灭的对立关系，这一关系的本质不同于伊斯兰：它不是一种替代。面对久未受过质疑的西方模式的霸权，人们如今观察到了一些不合规范的模式，它们找回了咄咄逼人的独特性和专属的暴力。

问 您是否认为巫术思想的旧有元素会重新出现，会避开蒙昧主义的退步困境，并在严格意义上的文学领域之外找到一些新的创生力? 而对非-言语（催眠问题的重现[①]）或对非理性的类宗教（parareligieux）的价值重估而言，这些算是退化还是可能性?

答 比如在巴西，存在着一些完全没有走上西方意义上的

---

① Voir, notamment, Léon Chertok et Isabelle Stengers, *Le Cœur et la Raison*, Paris, Payot, 1989; Léon Chertok, Isabelle Stengers et Didier Gille, *Mémoires d'un hérétique*, Paris, La Découverte, 1990; François Roustang, *Influence*, Paris, Minuit, 1990.

"发展道路"的潜力。巫术思想在一种惊人的混淆中吸收了理性主义的思想。这其中产生的并不必然是我们所分析的那种巫术思想，也许是完全另一回事。这和在理性主义的外科手术实施之前的巫术不是同一种东西。

在法国，人们发现了这一诱惑的迹象。至于催眠，接触它的方式在我看来更像是一般的回溯性运动，并且该运动也是政治性的（恢复、重寻、重现这些被理性进步等事物所遗忘和消除的东西）。我们在此没有看到任何爆发的可能性。如果催眠就是这样得到表现的话，那我觉得弗洛伊德是有道理的，搁置是更可取的做法。从失物的层面来看，相比于催眠，我更爱诱惑。催眠在我看来似乎回到了它本身，它只是像反抗精神分析的自我防御机制那样运作着，一如它今天的运转那样——这强有力地限制了精神分析的意图。我曾渴望写一些关于 20 世纪末的东西，并把它视作对一切流产之物、一切不具有自身命运之物的修整和回溯过程。

问 相比于老巫师，您更接近年轻的科学家，是吗？

答 是的，我所写的东西同科学没有任何直接相关性，但它至少踏入了一些未被探索过的区域。人们显然可以唤醒一切，重新占据一切，一切也都值得如此。但我非常不信任这场运动。

问 您最近一本关于战争的书，您笑着把它叫作"小说"，是吗？您想说的是什么？

答 我不会写一本小说。我讲述的一直都是故事，但总是以省略形式出现的故事。由于我不够耐心，它发展得很快，结束得也很快。不，我说"小说"是因为，我为自己从根本上发明了一场战争。我要做的只有这样一件事情。人们毕竟不会向往现实主义！在第一篇发表于《解放报》的文章之后，城市出版社（les Presses de la Cité）就建议我动身去海湾报道战争。他们提供给我一切：钱、档案、飞机等等。而我呢，我则身处虚拟之中。如果您把我送进真实，那我就会不知所措。那么，我是否看到了其他什么呢？那些去海湾的人什么都没有看到，或仅仅是看到了一些残余。

问　您所做的就像在《美国》中做的一样。您会带着戈达尔式的一刀切的阅读框架离开，会在其中加入足量的图片，甚至会在拿到回程票之前就已经回到自己的脑海。您像鲁塞尔（Roussel）在他的船舱中所做的那样："看到非洲的海岸了吗？好，我们要回去了！"就像伊夫林·沃（Evelyn Waugh）的《独家新闻》（Scoop）中的那样，您篡改了自己的文章，而它们曾是十分公正的。

答　这恰恰就是我待在原地，并写了关于战争的书时所做的。城市出版社的想法很有趣。我曾想象自己和维希里奥（Paul Virilio）两个人去往海湾，就像杜邦和杜庞①……维希里奥会做得更好。他更像一位实际的战术家，但他不会从中得到新的想法，也绝对没有去那里的需求。不，我是做不到像他那样。此

①　漫画《丁丁历险记》里的两名角色，笨手笨脚的侦探搭档。虽然长得一模一样，名字也差不多，却没有一点亲戚关系，仅仅是巧合。——译注

外，我也无法忍受自己变成一个外国佬。我从未像游客一样旅行，而只是在偶然的机会中受命前往——这个机会实际上是非常人为的。

问 根本上说，从大约十五年前起，对您的书所作的任何严格意义上的社会学-政治学解释就都是误解吗？

答 这里一直存在着误解。比如，《美国》就是我在得到灵感的情况下写就的。这个国家我非常喜欢。人们常常谈论这本书，但给出的只是一些消极的反应。一方面，我被当作最后的欧洲人，充满偏见和得意，对美国的现实一无所知。说我没有评判美国之现实的意图，并以此修正那种看法是不可能的！他们已被阅读所欺骗。另一方面，这里存在着一种相反的阅读。在阿兰·芬基尔克罗出版自己的杂志《欧洲信使》（*Le Messager européen*）以及其中关于美国的一期的时候，他读了《美国》，很喜欢那本书，并让我写一篇文章。在和他经过稍许讨论之后，我发现，他也彻底误解了我的书。对于他来说，我揭露了一个不人道的美国！他对其他东西视而不见。这完全没有令我惊讶，我们同文化的关系是如此不同！但我对这种感伤主义、这种夸张做作实在没什么能做的。

事实上，《象征交换与死亡》是人们对我表示信任的最后一本书……整本书都被视为智慧的、有见解的，但不是严肃的。这里一直都存在着真正的讨论。而我呢，我并不追求严肃，但这里毕竟还是存在着某些在哲学上十分严肃的东西！在造型艺术家的圈子里，存在着对我的某种接受，但那离我是如此之远！我不得不对此加以拒绝，并指明其中的误解。所以，那种接受不知不觉地就被抛弃在了沙漠之中。我喜欢沙漠，这不会阻止我继续走自己的路。此外，我并不那么需要知识分子式的讨论。因此，这个奇怪的接受问题并没有困扰着我。相反，我却为20世纪60年代的某种轻浮感到后悔，那时的人们更喜欢集体介入和群体活动，哪怕那些活动是匿名且秘密进行的。

尘世的无调性的风景 [1]（1991）

　　如今，狂欢已经结束。美国也和大家一样，面对着一种软弱无力的秩序，软弱无力的全球处境。这是力量的无力。

　　我发现人们可以享受整个文化的瓦解，并因为对冷漠的加冕而感到激动，我因而谈论了美国的沙漠和城市，后者并非……并非绿洲和纪念碑，而是关于高速公路矿物的无限旅行。

　　［……］不是欲望（désir），而是沙漠（désert）。

——让·鲍德里亚《美国》

　　问：冷漠（l'indifférence）[2]，是一种状态，一种策略，一种侵略吗？一种不可见、不可触、不可言说的侵略。冷漠并没有现行犯罪。在这种情况下，宽恕还能如何进行？

---

① 《Paysage sublunaire et atonal》，*Le Pardon*，1991，n° 4，avril，pp. 34—41. 采访者是妮科尔·切霍夫斯基（Nicole Czechowski）。
② 法语中的 indifférence 可以同时作"冷漠"和"无差异"两种理解，故下文会说对自己冷漠也就是失去自己独有的差异。——译注

答 冷漠，首先是无质量世界的冷漠，是我们周围愈发冷漠的世界的冷漠，在这样的世界里，有什么被体验了、被讲述了都无关紧要；对某人讲述什么，就是把他变成什么。这种冷漠，乃是否定意义上的荒漠的冷漠。而我所谈到的东西，是欲望的深层的冷漠，是灵魂的荒漠，质量的缺失给了它一种罕见的质量。让某人对自身冷漠，让他失去自己独有的差异（différence），剥夺他的主演角色，使其在负责任主体的位置上失去稳定性……这是一种策略。

问 您谈到了策略，这会预设这里存在着一种求冷漠的意志。

答 是的，这是一种包含了某些预防措施的策略……人们对自身变得冷漠，是为了更好地使他人沉浸在一种麻木之中；他们因而变得脆弱。从根本上说，这是诱惑的一种中性且精致的形式。但这不是道德主体、负责任主体的策略，而是客体的策略。人们变得像客体一样怠惰且不作回应，这正是其谜一般的力量所在。回应的缺失并非无关紧要。

问 如果您接受了"受害者"这个词的话，那么人们就能谈论刽子手，或至少是侵略者。

答 受害者是您曾使用的词语。至于我，我从未在任何地方写下这个词，因为这里没有受害者，这里只有赌注。一切都是可逆的。这就是卡内蒂（Elias Canetti）[①]所说的：有了万物的秩序，

---

① 埃利亚斯·卡内蒂（1905—1994），英籍犹太人作家、社会学家和剧作家。——译注

要复仇何用？事实是，一切本就是共谋的、可逆的，包括受害者和刽子手的关系。重新补充某种（糟糕的）道德而浮夸的意志是无用的。

问　人们因此面对着一种没有受害者、侵略者和侵略的处境。

答　可以说，人们处在一个冷漠的世界之中。因为正是这个世界（也包括我们的社会环境）在客观上成为了冷漠的世界。在一个冷漠的世界之中，一种无质量的、或愈发冷漠的行为的爆发创造了一桩事件。这迫使事物以另一种方式得到分配，并有时迫使它们产生一些夸张的回应。

冷漠是一场沉重且严肃的游戏，在其中，每个人都占据着一席之地。我倾向于认为，冷漠是一种高于差异的策略，它更少地依赖于意识和决断，是一种客体对主体的复仇。在权力的世界中，正是这些肯定了自身之差异的人成了主人，而其他人则划归为不值一提的部分。这就是此种否定性宿命的复仇。

问　一开始，我的问题涉及面对冷漠在我看来所构成的侵略时所抱有的宽恕。在您描绘的图景中，这个关于宽恕与无法宽恕的问题再也没有提出来过。

答　您所谈及的宽恕和价值可以在一个价值得到良好分配的系统中提出来，但并不能在一个冷漠的系统中提出来。冷漠的游戏，是关于无规定性的游戏。我们在科学中也能看到这种客体的反常、微-客体（micro-objet）的反常。

问　但在人们谈论反常的地方，问题已经不再关于冷漠了。

答 冷漠可以成为一场游戏，人们在其中将他人捕捉进差异的陷阱，就像在反常中，人们将他人捕捉进法则的陷阱一样。

问 某人中了陷阱，但人们却无法把他叫作受害者？

答 对，这是矛盾的，但事情就是这样。因为冷漠之陷阱如同幻觉之陷阱，它对大家一视同仁：就其根本来说，它是无差异的。科学的对象就这样进行了复仇，因为它如今变得不可把握了。它不过是在计算机屏幕上出现的形象，于是，主体的特权也成了它所无法把握的东西。然而，科学在进步，但它是在一个冷漠的空间之中，在一种不可逆的运动中朝着主客未分进发。

问 冷漠，贯穿了科学和法学：在法律当中，见死不救会被依法惩处。在这种情况中，依法来看是有受害者的。

答 当然，这是在法律的框架里。法学定下了一种最小的团结，但这只是附带现象，因为99%的冷漠行为，哪怕是犯罪行为，也都是不可见的。宽恕的概念和恩典的概念一样，都预设了一种二重的形式，一种超越式的相互性，而它们如今已离我们而去。我们的社会只知道计算责任，而它往往转向对心理学概率的计算。为何要唤醒这种遭到漠视的形式？这个词本身已经成了完完全全的客套话。

问 在个体层面，有人提出了宽恕问题吗？

答 没有，它只在双重意义上被提了出来。就个体来说，这属于心理学，这里不再有宽恕，只有无限的冲动和动力。正是心理学本身终结了价值……

今天，我不再拥有思考人们的行为是好是坏的标准，因此最终也没有宽恕他们的标准。我不再会根据有罪与否来看待事物。我们应当拥有宽恕的合法性。我们应当拥有法律法规，否则宽恕就只能是悲惨主义的立场，一如怜悯、同情、团结。这些价值不存在，它们是虚伪做作的。我们以何种名义，才能自以为是在团结某人、宽恕某人、帮助某人？这是严苛的，归根结底是非人的，但在我看来，顺应事态似乎要更好。人们不再有来世、超越性、集体，那我将从哪里取得合法性呢？我因此不再能宽恕别人，对此也不再有道德动机了。

问 那么，这个宽恕问题就只能在试图强行重新引入道德价值的时候提出吗？

答 这就是人们到处尝试修复道德价值，并温和地为其平反时所做的事情。但这些抬高的道德价值不过是二手剧本罢了。在绘画那里，抽象艺术曾面对戏剧性的挑战，即形象之毁灭。这是在人们看到具象回归，也就是新具象（néofiguration）之后。但这再也不是形象毁灭之前的具象了。我们不应当混淆二者。如果人们今天重新创造了这样的差异，那么这就表明了它们已然遗失的事实。我则正是试图认出这桩决定性的事件，即诸价值的丧失。相比于弥补这一损失，我更倾向于以冷漠为赌注。我自己的生活就是这样：持守空无，以便看到另一类事件的浮现。相比于人们试图复活死者时的不耐烦，我更喜欢这种等待。但如果价值都消失不见了，那形式就不同了，这得另当别论。形式在统治，并且在了无价值的空间里，人们更容易看到运作中的形式：诱惑、挑衅（冷漠是挑衅的一种无调性形式）。

问 与冷漠同属一族的还有蔑视。您注意到了从冷漠向蔑视的滑移吗？可能存在着一种对某个社会阶级甚至对某块大陆的蔑视，比如西方同非洲大陆的关系就是由冷漠和蔑视组成的。

答 但人们所不理解的是：其实是非洲人在蔑视我们！他们对我们生存与死亡的方式的蔑视远大于我们对他们的蔑视！就其被剥夺的根本而言，他们每个人都知道自己拥有着我们所失去的价值；我们的西方世界完全贬值了、不可存活了，它的目标是通过将他人缩减到不值一文的程度，从而按自己的形象对其进行殖民。

问 因此，在您看来，价值如今是由人们叫作第三世界的、依然传统的社会所体现的？

答 不是的，他们什么也没体现，他们不过是西方之非肉身化（désincarnation）的一面讽刺且敌对的镜子。这就是为何伊朗曾成为这样一桩诉讼的被告。在这里，我们曾同因彻底的挑衅而被推至极限的价值打交道。我们在价值强度上正在消失，就像西班牙人在阿兹特克人严肃的献祭仪式面前在信仰和宗教上消失了那样。他们无法宽恕这一点。他们也未曾作出宽恕。我们也没有宽恕伊朗。除非西方战胜了所有以生动与暴力而把西方人那平庸与冷漠的形象还给他们自己的所有形式，否则西方就不会停下。

问 您在此表达的是什么，一种兴趣还是一种遗憾？

答 我是个西方人。但我更奢侈的欲望是看到西方丢脸。事实上，我有三种欲望：看到政客阶级受辱，看到一般意义上的西方受辱，看到尤其是像萨达姆·侯赛因这样的西方附庸受辱。我认为，通过零度价值①而实施的统治一无所是，我只能否定它。

我想起了日本的例子：在那里存在着这样一种强度、仪态和象征力量，以至于面对它们时只会觉得自己作为西方人是可耻的。这些事物远比我们用以反对它们的物珍贵。

问 但是，对于日本人来说，宽恕的概念、复仇的概念等等全然是活生生的。

答 这是当然，因为他们的文化没有被破坏。但他们为此付出的代价是我们无法再度承受的。

问 您还说自己希望看到的正是这种价值体系战胜西方的零度？

答 对，一种非心理学、非道德、非意识形态的秩序。如果我不得不赋予某物以价值，那就是这种价值。相反，我所谈到的各民族都不是受害者，因为它们都有一种闻所未闻的机运：一些我们不再拥有的生存与死亡的理由。这是如今唯一存在的伟大挑战，而我们渺小的区域性价值的复兴则不是……

问 您会原谅西方人走到这一步吗？

答 不！我不会原谅。当我在电视上看到我们政客阶层的低能儿的时候，我是不会原谅他变得如此低能、如此卑劣的。我尤其不会原谅他把我们当傻子，不会原谅他乱讲，因此也不会原谅他把我们当成无名之辈，但对自己满是信心。唯一不可宽恕的事情，如福楼拜所认为的那样，就是愚蠢。愚蠢是不可接受的。

---

① 指西方把他者的价值削减到零度的做法。——译注

问　您从不可宽恕过渡到了不可接受……

答　是的，我对它的态度是一种近乎生理性的排斥。

问　但人们可以从生物学的角度来思考宽恕。为了活下来，或为了一个社会能够维持下去，人们不得不通过原谅而进入另一个阶段。

答　是的，但宽恕就成了一种十分功能性的新陈代谢，就像具有再生功能的遗忘一样。它不再具有象征价值。如今，宽恕成了容忍，成了一种卓越的民主品德，一种关于所有差异的保护性生态学，一种心理层面的煽动。我们能容忍一切，即使是最不可接受之物。

问　您自己也愈发身陷这一价值。

答　也许，当人们不再相信这一价值的时候，对它采取的唯一策略就是以这些试图再现价值的人对它所隐秘怀有的冷漠，来反抗这些人本身。价值存在着，但我不相信它，就像安迪·沃霍尔对艺术或诺斯替对上帝那样。在其中补充进信仰是无用的。我自己并没有参与这场关于这种虚假差异、这些虚假价值的游戏，但至于参与其中却并不信赖它的您，如果我可以促成您的消失，那我会这么做。我的恐怖主义形式就是冷漠。在另一个社会语境中，我会是恐怖分子，但在这里只剩下话语。

问　冷漠是一种相当被动的恐怖主义，它没有带来威胁。

答　的确，因为我打的赌，就是让自己失去稳定性、制造空无，以引发链式反应，从而反抗我希望其崩塌的东西。这不是一种革命式的积极行动。人们所能做的一切，就是创造这个策略性的冷漠空间，但这不是没有风险的，因为人们在此冒着生命危险。这是一种非武力、非景观的献祭，是我们所想象的那种行动的反面。这相较而言要更难体会。我们不应该在这里看到一种被动或消沉的立场，除非这里不再有意志的镜像。我们处在彻底的透明之中。这一冷漠的危险乃是在一种堕落的沉思中对这一点沾沾自喜：对自己生命的冷漠带来了反常的好处。

但我说太多了，我现在想要知道您怎么看。

问　我觉得，冷漠在我看来似乎是一种冒犯，一种不可见、不可触但活跃、恶劣且人们无法抵御的侵略，这与更为活跃的鄙视相反。冷漠是一种状态，一种在沉默中杀戮的状态。在您的话里我没有听到的东西，是苦难，是被人施加、因而遭受的痛苦。我想知道谁是冷漠的（某个如此痛苦，以至于奋起防卫，直至变得对此冷漠的人？），而这种冷漠所针对的不稳定的、沮丧的对象，那位无法回应的否定性的受害者的地位又是如何。打从人们谈论个体或群体的伤痕起，幸存的问题就出现了，而宽恕的问题也出现了。

答　宽恕是为了活下去……而我自己则更倾向于改变世界或环境。

封面故事^①（1993）

问 你拍了些照片，且更重要的是，你还展出了它们^②。您是如何来到镜像的另一边的？

答 首先，这不是质的飞跃。摄影以偷偷摸摸的方式溜了进来，谈不上一种启示。在 20 世纪 80 年代以前，我对摄影都没多大想法。我对它还有一丝丝蔑视，但这是当时氛围使然。说真的，这毋宁说是以传染的方式发生的……有人给了我一台日本造的小玩意，在坐飞机回国的途中，我从高空俯拍了西伯利亚，从此开始了摄影生涯。

问 您在开始摄影生涯时没有作出什么妥协？

答 尤其没有依附于美学。于我而言，这就像一种拼贴。我曾被事物显现的某种方式所吸引。我不追求对世界的主观且审美的视野，也不追求任何的阐释和风格……我摄影的目标不在于构

---

① 《Cover Story》，*Galeries magazine*，1993，n° 53，février-mars，pp. 79—86 et p. 125. 采访者是塞尔日·布拉姆利（Serge Bramly）。

② 在法国商业信贷（CCF）的资助下，鲍德里亚的摄影作品在 1992 年 12 月 15 日到 1993 年 1 月 30 日之间，于杰哈赫·皮尔策画廊（la galerie Gérard Piltzer）展出。

成另一个世界。不，我拍摄了那些接二连三对我显现的事物。某一刻，你凝神观望（cristallises）一个物体，或者说这样一个物体让自己被人看见。摄影主体依然接近零度。

问 你曾写道，正是这个物体一直在要求被拍摄，人们只是摄制过程中的龙套角色（《恶的透明性》）。不过，尽管摄影家的部分、主体的部分徒劳地趋近于零，但在这之外还留下了某种东西。

答 我们无法排除掉审美参照的总体性。通过测光和取景，一种视觉文化透显（transparaître）了出来。我没有否认这一点：我和大家一样具有一种审美潜意识。但我依然对审美的超越性持有不信任和无动于衷的态度。在我的写作和摄影中，我正努力消除对大写艺术（l'Art）的任何参照。

问 为什么要抛弃它？说艺术已死似乎有点简单了。

答 我不想对当下形成的事物作价值判断，但我们可以说，对我而言，这没有太多意义。人们生活在一般化的审美之中。无论何种平庸之辈如今都在追求审美，这正如沃霍尔所表明的那样。艺术依然自称艺术，但它不过是一种关于平庸的元语言罢了……所以说，在此之外，还有一种原始对象的显现与消失保有一种明晰性：它是其所是，我们应当试着如此把握它，试着绕过主体的介入。消失是为了事物的显现。

问 这已经是一种理论化了。

答 说真的，摄影实践首先为我带来了一些直接的愉悦（笑）……

问　哪种愉悦？

答　沉入一个表层的、明晰的世界。明晰性不仅仅在艺术层面上是美的，它还是诱人的。我被显现的、意欲显现的物体所诱惑。这里的"物体"（l'objet）指的是一种物质、一道光线、一个情境、一片风景、也许还有一个轮廓，但没有脸庞，没有相似性，没有意义和心理学……我不得不在其显现的时刻，也就是在它具有意义之前捕捉它。镜头（l'objectif）因而构成了一种神奇的工具，因为它同世界割裂了，并直接过渡到物体……说回愉悦，摄影对我来说也和旅行有关，和在城市与沙漠中的游荡有关，尽管我的某些照片是在一个直接的、亲密的环境中拍摄的……但最终，旅行才是它们的源头。

问　你边走边玩着媒介……

答　有一点像。这是为了让某种来自别处、且暗含真实的事物涌现。这比需要控制的写作的境况更加强烈。摄影，不是成为事物的主人，而是相反。

问　还有超越美学的想法……

答　超越是更值得的。停留在美学这一边、回到美学之前的地位令人厌烦。但在另一方面，人们又立马回到了恋物。罗杰·卡约瓦（Roger Caillois）① 在一篇关于毕加索的文章中十分公

---

① 罗杰·卡约瓦（1913—1978），法国著名作家、人类学家，法兰西科学院院士，曾参与乔治·巴塔耶组织的以涂尔干和莫斯为主要灵感的社会学学院（le collège de sociologie），以研究神圣问题。——译注

正地写道，明天的艺术家将不再是艺术家。他们不再制作作品，而是制造带有近乎人类学特质的物品，就像先驱安迪·沃霍尔将图像制造成接近仪式偶像那样，而尽可能远离美学。这种恋物对象［l'object fétiche，其词源是"artefact"（人造物）］属于彻底的幻觉，属于幻觉和仪式的力量。它因此能够涉足一切，因为它不是一种资质，而是一种力量。

问 人们因此回到了一种原始主义。

答 并没有……现在，美学维度自我废除了，艺术很难再自我改变了，它不再能作为幻觉而呈现了，我说的幻觉是指强烈的幻觉。从整体来看，这是一种十分微弱和平庸的修补。而恋物的对象则是一种高强度修补的物品。根据弗洛伊德，恋物癖附着在性接触前最后瞥见的物体上。然而，它们却拥有即将消失之物的全部强度。没有什么东西会使它们注定扮演这个角色，只有它们与性的显／隐的临近性能赋予其转瞬即逝的力量。这是一种高强度的、转瞬即逝的仪式。这恰恰不是主体的仪式：在恋物癖中，不再有主客体。

问 是这一点使其变得有趣的吗？

答 是的，主体在此消失了，而客体则成了必要，这颠倒了事物的一般进程。结果就是，某物既非主体亦非客体，它因而位于美学结构的彼岸，而在美学中则存在着主客的关联性、二者间的相互牵制，等等。这是另一种编剧艺术了。

问 在谈论政治、经济学或文化的其他方面时，你也说了和谈论艺术时的同样的话。

答 我们见证了一种普遍的跨界。事物在其自己独有的目的之外运作，它们不再具有意义，然而它们仍旧运作着，甚至比之前的状态更好，但它们如同极端现象一般。极端现象或否定或肯定，但无论如何，它总是导致了反常的效果。比如在政治方面，它导致了所有意识形态的融合，并因此带来了彻底的冷漠。

问 这会退化成什么样子呢？

答 可能会呈现出先前骚乱的样子，例如法西斯主义那样，但战前的法西斯主义是意识形态的、弥赛亚式的，它并不冷漠，反倒是充满激情。当下的冷漠制造了一些内爆现象，我们完全不知道它的过程。就算存在一种治疗某些集体狂热的理性疗法，也不会有治疗冷漠的疗法。政治系统的低血压是无法治愈的……

问 在你最近的一本书《终结的幻觉或诸事件的罢工》（*L'Illusion de la fin ou la grève des événements*）里，你谈到你自己创造了一个注定受虚假消息诅咒的、匿名且秘密的行动者，它被不加区别地命名为"超致命快线"（*Transfatal Express*）、"国际传染病"（*International Epidemic*）等等。讽刺、嘲笑是思想最后的武器吗？

答 我们再也不能理性地把握事物。所以，除了病毒式地给世界注入一种激烈的可逆性以外，我们还能做什么？啪嗒学是一种酸性物质。雅里就是这样，把现实揭露为一种愚布王式的东西，一种充气结构，把生存揭露为一种夸张的自负。对生存的迷信是完全荒谬的。我们应当放掉这些充气结构的气，由此制造出致命的讽刺效果。

问　补救措施太过精英化了。

答　对生存的渴求是否庸俗，对此我并不确定。当然，大家都总是追求生存。如果你对此表示怀疑，人们就会说你疯了。然而，在另外一个层面上，存在着一种彻底的怀疑，包括对怀疑本身的怀疑。通过唤醒这一怀疑，人们激发出了一些超凡的事物……

问　这样一来，否定生存就会成为使人不顾一切也要继续生存下去的超级幻觉（superillusion）……

答　是的，这里有一种幻觉的策略。要重新找回的不是人们很少相信的生存，而是充满生机的幻觉，那是一场伟大的游戏……在对导致极端冷漠之物的疯狂现实化中，人们却对幻觉的策略失明了。致命和讽刺，这就是不再进入生存和理性之游戏的两类品质。不再有命运和幻觉了。这是要命的处境。但只要你质疑它，人们就会把你当作坏消息的信使而驱逐出去，以保护自己的生存。他们混淆了消息和信使。如果你说海湾战争不曾发生，就像我在海湾战争期间所说的那样，这就会是一条比战争本身更加糟糕的消息。

问　在关于波斯尼亚①的电视报道中，我听到一个女人说她不断想到了《恶的透明性》，想到了你的书，还说你应该去实地考察一下在她国家发生的事情。

———————

①　指波斯尼亚和黑塞哥维那，简称"波黑"，是巴尔干半岛的一个国家，于1992年独立。该国位于原南斯拉夫中部，首都为萨拉热窝。——译注

答 我不知道她借此想说什么。问题不在于去检验一本书的观念……至于观察到不幸和困境，无论是谁都能做到。她的想法应该是"说出"这一被人们忽视了原因的困境和恶。人们承受着苦难，且看不到其目的性何在：人们身处一种彻底的混淆之中，在其中，没人能再找到头绪。受害者、刽子手，这是恶的循环，是它的透明性，而这甚至是透过善的表象而显现的，这里不再有理解意义的方式……你可以为了一项事业而死，但我不知道是谁说过：这里不再有值得人们为之而死的事业了。这句话当然表明了我们时代的彻底无能。

问 这并没有阻止人们继续在各处互相残杀……

答 令人感到轻松的是，这不过是一种效果，一种反常的效果。大屠杀、种族清洗，是的，但它没有历史性的目的。这是在处理垃圾。真正的困境就在这里。如今，善恶之间不再具有差别，连人道主义都无法找到自己的意义，它像一种备用的意识形态那样被施行着……因为人们没有走到善恶的彼岸。人们不在人性的彼岸，人们是在人性和非人性的此岸，在诸事件的大杂烩中。事物之间如此连接着，以至于总是有越来越多的事件，却有着越来越少的结果。媒体只是加速了冷漠、信息过载、过度抑郁、窒息。我们的道德意识本身营养过度了。但人们无法奇迹般地通过充满生机的退化而从中摆脱出来。不，我们应当进入这一系统，应当让自身成为病毒，去承担病毒性。

从个人层面来说，我只有写作。写作本身就能成为分形的

（fractale）①，就能不顾一切地抛弃任何人工合成物，就能消除参照，消除原因和效果，消除起源和目的。这略微赋予了写作断连的特点，此外也具有扰乱、干扰的作用，这不仅仅是因为它的内容似乎是悲观的（这一说法实际上是错误的），还因为它具有一种讽刺的形式，一种剥夺和挑衅的形式。这种病毒式的写作迫使人们分泌出抗体。因为写作不需要分析一切，它得以终结这种没有任何东西被终结的事态。通过写作，你可以终结某物、使其消失，这一消失拥有直接的病毒效应……写作也会直接走向事物的显隐模式。它从来都不是建构性或再建构性的。它开启了一种致命的可逆性。

问　对于一位哲学家来说，寄希望于写作难道不矛盾吗？

答　首先，我并没有要求享有哲学家的头衔。我对观念史不感兴趣，它也没有束缚住我。我本可以写一些通常的分析……但这会成为另一回事。事态激化了，因此写作本身也应该激化。它有自己的逻辑，并且还通过一种略微疯狂的自主化，在某一刻独自运作了起来，超出了我们所想。这是个好机会。理论刺入了物体。不再有真实的物，词与物遵循了同一形式，而正是在这一共谋中建立起了一种共鸣，一种词与物的共鸣。幸运的是，不这样的话就会陷入纯粹的疯狂……

---

①　分形具有以非整数维形式填充空间的形态特征，通常被定义为一个粗糙或零碎的几何形状，可以分成数个部分，且每一部分都（至少近似地）是整体缩小后的形状，即具有自相似的性质。——译注

问　艺术家会遵循这一图式和技术吗？

答　我不知道。就个人来说，我既不是在作政治分析，也不是在做哲学和社会学……而艺术家呢，我依然将他们视为被艺术所诱惑的人。他们没有摆脱艺术操练，他们依然在历史之中，具有创造和交流的意志。也许有一些艺术家熬了过来。这至少是通过他们的独一性而做到的。他们做的事情准确来说不再属于艺术，而属于行动（actes），属于**表演**（acting out），后者使人得以避免对艺术的恒久不变的参照。我想到了培根（Francis Bacon）①。这也许是因为他身上有着超人的一面，这一面势在必行，但它同时也失去了自己的后继者，它参与的是另一个世界。这也是霍普（Edward Hopper）②在做的。

问　在《恶的透明性》中，你说艺术市场遵循着审美通货膨胀的定律，艺术品价格不再有天花板，因为人们再也无法评判作品的价值了。既然这一过程已经崩溃，你是否会以不同的方式书写那一章节？

答　不会。我不相信大家都在谈论的这种大整顿。这太过简单了。艺术市场和证券交易所一样，是一个投机在起基本作用的领域，因为艺术品准允一种高度的恋物。这是否定性的恋物，因

---

① 弗朗西斯·培根（1909—1992），生于爱尔兰的英国画家，其画作常以扭曲、模糊的肉体为主要形象。吉尔·德勒兹、米歇尔·莱里斯皆写过以培根为主题的专著。——译注

② 爱德华·霍普（1882—1967），美国画家，以描绘寂寥的美国当代生活风景闻名。——译注

为艺术的概念在审美的剩余价值中幸存了下来。此外，这种延续对我而言十分神秘：人们一方面可以拥有对整个东西的绝对平庸的审美化，另一方面还可以拥有对无价之物的突然的结晶化……人们可以把这看作一个好东西，因为这是一种过度之物，但人们很难说这是巴塔耶的那种具有批判意味的过度，即夸富宴式的闻所未闻的挥霍①。但这之所以有趣，是因为我们看到系统本身被其极限之外的反常欲念所推动着。就其本身而言，这也是一种极端的现象。

问 我感觉，在您看来，我们进入了一种全面的熵增之中，人们只能期待一种大爆炸（big bang），尽管这可能是徒劳的。

答 我不知道在这样的情况下是否还依然存在着生活的艺术。人们可能会成为严格意义上的斯多葛派。斯多葛主义以自己的方式形成了一种关于冷漠的极佳策略。我们看到那一策略是道德的、高尚的、严厉的，但这种关于自然的极端观点根本上也是非道德的。在超出世界之日常冷漠的冷漠中，存在着一种挑衅。在我们的文化里，直到18世纪以前，人们一直在以愉悦的角度来设想事物。随后，愉悦的观念消失了，人们发现了以更为民主的方式扎根于现代性之中的欲望的观念。于是，一切皆为欲望，皆为欲望的对象。这曾是一般性的论证，它伴随着欢愉，成

---

① 鲍德里亚此处提及的巴塔耶式的挥霍，属于巴塔耶本人所说的以耗费为导向的普遍经济学，这种具有宇宙论前提的经济学以物质性能量的流动为核心，具有过度的特点，颠覆了以积累—保存—功利性为原则的有限经济学。——译注

了一种新的思想模式和生活模式……但欲望自己也消失了。如今还剩下什么？一个有趣的东西，尽管它十分疲软，但我会把它叫作权利（le droit）。问题不再是真实地存在，而是在此拥有权利。在我看来，没有比权利更令人沮丧的模式了。愉悦曾是一种幻觉，但人们也曾知道如何把它当作幻觉来处理。欲望曾要更为真实，曾是一种削弱了的幻觉形式，但最终它仍然是对一个对象的欲望，尽管这个对象多少被错失了，但它依然维持着同幻影和肉体的关系。相反，在权利的时代，人们满足于使自己的生存合法化，满足于保障自己的身份等等。比如，真人秀（reality show）就是一种让人们得以接触表面和生存的超民主化形式。这不是一个异常荣耀的身份。所有的保险丝都熔断了，生活除了合乎法律的强度以外，不再具有任何强度了。既然万事万物皆为可能，那人们就必然需要它们，哪怕人们并不渴求它们。问题不再在于这一点：一旦有人获得某一事物之后，其他人就要选择放弃。个体像是在所有由系统打开的可能性中被虚拟化了。

问　如果我没误解你的意思，你是说人们因而碰到的是这样一些艺术家，他们的作品除了表明他们是艺术家以外别无目的。

答　对，只要艺术的操练是为了质疑幻觉，为了发明其他游戏规则，那它就可以根除祸害……我认为一些裂缝和庇护所依然存在，我一点也不绝望。但我在两种想法之间徘徊着，一种是人们应该完全朝着系统的方向走得尽可能远，玩着它的倒错的游戏，而另一种想法是人们不应该再处于守势，而是应该从现在起去寻找在免疫缺陷之外游戏的办法。在一个由彻底的幻觉组成的世界中，你不再对任何事情拥有权利，生命本身也不再是一项权利。只有幸存才是权利。

问　当你谈到裂缝和庇护所的时候，你想到的是什么？

答　系统之中有许多缺陷。我不是说人们应该钻入这些裂缝，而是说他们可以以快于系统的速度朝着系统的方向进发，从而从内部扭转了系统。让我们以近期的东方事件为例吧。事实证明，它们并非建构性的事件，也没有创造出新的自由领地。突然，一个政治集团就瓦解了。人们几乎可以用地球板块物理学（physique des plaques）的方式来谈论它们：一个巨大的黑洞形成了。这就是雅里逻辑中的事件：滑向空无而非向中心集中的历史，就好像整体已经走到其极限，并突然丧失了全部免疫性一样。人们把我当成虚无主义者，但这些事件才是虚无主义的。人们应该在这里打个赌，赌真空吸力可以像反重力那样运作。

问　每个人都可以使用新的缺陷来挑起某些冲突。

答　对，通过制造空无来创造……艺术不是一种超历史的现象。它拥有历史，因此也能拥有一种象征的死亡。在 20 世纪初，事情曾要更为鼓舞人心，像本雅明这样的人能在掌握先前文化的同时看到即将到来的崩溃。但如今的艺术家们让这种不再具有启示价值的崩溃永久持续了下去。我们只能看到一些迷失在自然中的效果，它们如同垃圾一般。这有点像是搞物质生产：垃圾比消费品更多。真正的产品被使用、被消费并因而是有用的，而垃圾则是永恒的、棘手的、不可降解的……于是，人们一个世纪以来一直在去除着艺术的神圣性，但仍然无法说这一去神圣化构成了一桩真正的事件。

问　人们去除了艺术的神圣性，但也去除了艺术家的神圣性。

答　是的，他们不得不应付这场灾难，但他们不再能够希望它变成一桩自在的事件，因为它是永无止境的。艺术之死被无限稀释，我感受到了一种高度的稀释，有点像是本维尼斯特（Émile Benveniste）[①] 关于水之记忆的理论：不再有分子，在实体完全缺失的情况下，效果却可以保持不变。艺术的原则、它的能量、幻觉的力量都可能已完全消失，而人们却依然生活在审美之中，就好像它是不朽的。我们感受到：当我们将一切平庸化，并让艺术摆脱其一切意识形态、迷信等等的超结构的时候，我们也触及了自己的现实本身，触及了纯粹的行动，但实际上我们又重新回到了同样的祝圣仪式。这像是一种整合的、封闭的回路，它和政治一样，在某种程度上是不可摧毁的。

[①]　埃米尔·本维尼斯特（1902—1976），法国结构主义语言学和符号学家。——译注

一个终极的必要反应 ① （1994）

问 去年春天抗议职业培养合同（le CIP）② 的年轻人有一条标语："我怀有那种仇恨。"这是一个奇怪的表述……

答 实际上，这个表述是挺奇怪，因为"我怀有**那种**仇恨"（J'ai *la* haine）这句话中没有对象。这是关于这些不再拥有对象的激情的问题。它就像"我示威"（Je manifeste），这说的是"我展示**我自己**"（Je *me* manifeste），但为何示威呢？又是为谁示威呢？这是这一动词获得自主化的表述所拥有的命运。它们以第一人称表述出来，但对象却消失了。"我接受"（J'assume）这句话也是这样。他接受什么？这很难说。这是一个没有客体的主体在言说。

问 这里也有一种同"我是"（Je suis）相对立的"我有"（J'ai）。对于一种像仇恨那样的激情，人们应当"是"它，而不是"拥有"它。从句法的角度来看，"我有"这一表述也是奇

---

① 《Une ultime réaction vitale》, *Magazine littéraire*, 1994, n° 323, juillet-août, pp. 20—24. 采访者是弗朗索瓦·埃瓦尔德（François Ewald）。

② 全称为 Contrat d'insertion professionnelle, 于 1993 年由法国政府实施，属于劳动合同，旨在帮助青年获得更好的职业教育，以对抗失业。——译注

怪的。

答 这准确来说不再是一种句法，而是一个标志、一种标签，就像涂鸦所展示的模式那样："我存在"（J'existe），"我在此在彼过活"（Je vis ici et là）。它是一个点，仅此而已，要么完全合理，要么完全不合理。仇恨也许是某种持存着的、从任何可规定的对象那里逃脱的东西。如今要指责谁呢？事实上，年轻人能指责谁呢？

问 有一种身份，一种生存模式，它听起来也可以像是谴责。这非常令人绝望。

答 我们不应该突出死亡或绝望。他们只是表面上绝望，但我不确定他们是不是真的那样。他们也许没有其他人那么绝望和失落。仇恨依然是一种能量，哪怕它是消极的或反应性的。如今只存在这些激情：仇恨、厌倦、反感、厌恶、失望、恶心、讨厌或排斥。我们不再知道自己想要什么，只能确定自己不想要什么。现实进程是一些拒斥、抛弃、反感的过程。仇恨构成了这一反应性、发泄性激情的范例：我抛弃，我不想要，我不再同意。这是不可协商和调和的。

问 在"我怀有仇恨"这个表述中，还存在着一种自我展示，但最终不作任何诉求的方式。"我怀有仇恨"并不是"我恨你们"。前者是一种以纯粹肯定、纯粹声明的形式呈现出来的抗议，就好像是不可撤回的那样。

答 实际上，"我怀有仇恨"就像一种最后的资本。但这里毕竟还存在着一种他异性，某个站在对面的人，因而抗议总能以这样或那样的方式得到协商，哪怕是同权力进行协商。

问 人们在法国以外的地方碰到过这类感受吗？

答 我才从澳大利亚回来，在那里，同原住民打交道让我感受到了一种彻底的人类学式的震动。在那里，恰恰存在着一种关于他异性的重要问题。原住民——人类学的极端，但也具有启示性——对我们所能呈现的东西，对我们所能是的东西持有一种发自内心深处的否认态度。这就好像这些民族也怀着仇恨那般。这里有某种无法挽救的、不可化约的东西。我们会对他们施以我们所能做到的任何普遍的慈善，我们会试图去理解他们、爱他们，但他们身上有一种不想被理解、也不会被理解的激进的他异性。

我觉得，这些人和启蒙以来围绕着普遍性发展的世界之间的鸿沟在扩大。人们在发明了普遍性的同时，也发现了作为真理的他者，这种他者恰恰没有回到普遍性，其独一性还在坚守之中，尽管它被解除了武装而显得无能为力。我感觉，一种普遍的文化和依然保有独一性的文化之间的鸿沟变得僵硬了、深化了。这些人不敢拥有冒犯性的激情，也没有这样做的方法，但他们依然对此保持蔑视。我认为，他们带着一种不可化约的排斥感，发自内心地蔑视我们。郊区的年轻人是这一现象的一种可能的、但受到整合的版本。而在第三世界，剩下的，没有被摧毁的，或几乎被消灭的东西还保有一种激烈的复仇激情，一种远未衰弱的绝对复归。

问 当代人的这种仇恨感，是否类似于我们直到不久前有时所谓的阶级仇恨？

答 我不这样认为。悖论的是，当代人的这种仇恨依然是一种资产阶级式的激情。这种仇恨有其对象；它可以被理论化，也曾被理论化。它得到了表述，拥有一种可能的行动，承载着一种历史的、社会的行动。这里曾有一个主体，即无产阶级、某些结构、阶级、矛盾。我们所说的仇恨则没有主体，也没有可能的行动，它只能通过表演（acting out）而外化。它的存在模式不再是历史行动，而是激烈的、自我毁灭的表演。仇恨可以轻易地转而反对自身，也可以成为对自身的仇恨和毁灭。您看看最近涅槃乐队主唱 ① 的自杀吧。他想把自己最后一张专辑命名为：《**我恨我自己，我想死**》（*I hate myself and I want to die*）。阶级仇恨从今往后成了我们遗产的一部分，至少是欧洲遗产的一部分。

问 在 20 世纪 80 年代，某些知识分子诊断出了政治激情的终结。仇恨难道不是政治激情的新形式或新形象吗？

答 我们位于终结的彼岸吗？为何这里不能有一种政治冷漠，它并不必然是历史的最后判决，并在某些时候会有反转，会有一种恨意……也许，最后的冲动是反历史、反政治的。也许，现在发生的事件也不再是在历史意义上或政治领域内产生的，而是在反对它们中产生的。这就是皮埃尔·贝雷戈瓦（Pierre Bérégovoy）② 自杀或去年秋天脱欧公投的意义。脱欧公投作为反

---

① 科特·柯本（Kurt Cobain, 1967—1994），美国摇滚乐队涅槃乐队（Nirvana）的主唱、吉他手和词曲创作人。1994 年 4 月 5 日，他因不堪忍受胃痛、药物及商业化运作带来的压力，在西雅图家中开枪自杀，时年 27 岁。——译注

② 皮埃尔·贝雷戈瓦（1925—1993），法国社会党政治家，乌克兰血统，工人出身，最后以自杀来表达对这个世界的不满。——译注

政治的发泄，其针对的对象乃是整个政治，而不是人们出于别的原因而不大了解的特殊现实。这里存在着一种不满、厌烦、冷漠，它们会以更为激烈的方式突然凝结，也会像瞬间过渡到极点的过程一样加速。冷漠完全不是一片风平浪静的大海，不是一张平摊开的脑 X 光片。冷漠也是一种激情。

问 冷漠，一种激情？

答 当然是。这里有一些关于冷漠的策略。冷漠描绘了一种全新的境况，但这种新并非缺席或无。举例来说，大众是一些冷漠的躯体，但还是存在着大众的暴力或毒性。冷漠造成了损害。"冷漠"这个词可以显得平淡无味，但它也可以变得炽热耀眼。这里当然有一种冷漠的暴力。

问 您刚才谈到了"表演"。这难道不是一场十分具有媒体色彩的游戏吗？或是一种电视时代的激情形式？

答 人们总是把媒体当成一种镜子，它创造的效果如此特殊，以至于人们再也不能找回开始时的东西了。这是最常见的分析。但媒体本身是冷漠之地，正是它们制造了冷漠。它们有着非常新颖的生产模式，即生产冷漠。人们认为，正是权力在通过媒体来操纵大众；人们也会认为，相反的才是真的：也许，正是大众在透过媒体而将权力中性化、去稳定化。媒体也许是颠覆理性与历史行动的场所。正是它们几近瘫痪并阻滞了一切。

当然，舞台是忙碌的、满满当当的，但我们非常清楚，那里什么也没有发生，几乎什么都没有。它产生了灾难般的效果。信息填充了我们的空间，但事实上空无却在不断产生于一种黑洞之中。此外，人们相信信息吗？大家都在假装相信。这里有一种以盲从为基础的共识；人们假装相信透过媒体获得的东西是现实的或真实的，人们相信一种信息原则，一种神圣权利的原则。但在根本上，人们是否相信它呢？我不确定。他们不如说处在一种彻底的怀疑状态之中。这一怀疑并不必然是被动的。这是一种抵抗。它意味着的是：这个东西我们并不想要，它与我们无关，它不属于我们的世界。对于绝大多数事情来说，的确如此，它并不看着人们，也与人们无关。这里有一种巨大的失范，它不是在法律和规范之外的小群体的失范，而是一种深刻的失范。

请您看看保兰（Paulin），这个瓜德罗普岛人，他在很多年前谋杀了许多老妇。他受到了审判和指控，后来在监狱里死于艾滋病。一部刚刚上映的电影［《难以入眠》（*J'ai pas sommeil*）①］讲述了保兰的故事。这是一个绝对怪异的人，但很冷静，不带任何明显的恨意。他没有身份，性别不明，种族出身不清，预示了一个全然混杂且变得异常冷漠的社会。他完成了自己的谋杀，不带暴力，没有流血，甚至异常文雅、清醒、冷静。他以一种有趣的超脱感和冷漠讲述了那些谋杀。人们可以把他当作一种真正的冷漠，好像某个对他自己，对其独有的身份变得十分冷漠，以至于他可以消灭那些本身就无关紧要的人（小老头和小老太）一样。人们也会认为，在这一切背后存在着激烈仇恨的基础。也许，保

---

① 1994 年的一部法国电影，讲述了在一位东欧移民、一位努力奋斗的音乐家、一位变性舞者和震惊巴黎的"奶奶杀手"保兰之间的悬疑故事。——译注

兰怀有仇恨，但他过于训练有素和克制，以至于不会以一种激烈的方式将其表达出来。

人们也能如此假设。

问 可以说仇恨会成为我们的主导政治激情吗？

答 沟通交流在日益具有普遍性的同时，也伴随着他异性的惊人丧失。不再有他者了。人们也许会去寻找一种彻底的他异性，和将他异性驱除的方式一样，让其显现的最佳方式，也许仍是仇恨，这是生产他者的令人绝望的形式。在这意义上，仇恨将是一种激情，并表现为教唆和挑衅。仇恨是某种强有力的事物，它可能会引起一种令人心碎的不幸，而我们的世界几乎很难再引起这一不幸了，因为其中的冲突直接就被囚禁和限制、变得不可见了。仇恨是一种可以被倒置的、模棱两可的情绪，一种比爱、好感、共识或热爱交际等较弱的交流模式强烈得多的关系模式。

问 人们不会忘记拿现状和 20 世纪 70 年代的情况作比较。那时候人们只谈论和平与爱（peace and love）。那是一个全面反对越战、海滩大街上满是垮掉一代和嬉皮士，还有约翰·列侬（John Lennon）的《想象》（*Imagine*）① 的时代。人们就这样到处宣扬爱，以至于人们如何能爱权力成为了一个大问题。

---

① 约翰·列侬是披头士乐队（The Beatles）的成员，于 1970 年单飞后积极参与了当时的激进政治运动，后于 1980 年在纽约被一名狂热歌迷枪杀。《想象》是列侬单飞后的著名歌曲，歌曲内容是号召人们想象一个没有国家、没有宗教、所有人团结起来为今天而和平生活的世界。——译注

答 的确，在那时候，一切都围绕着力比多旋转，欲望和力比多。出人意料的是，这是十分衰弱的东西，除了广告里以外。至于权力，它在哪呢？没人再能捕获它，更别提与之斗争。这不再是阶级仇恨，因为它不再让富人和穷人、老板和工人对立。这是一种对政客阶级的仇恨，对政客阶级的彻底反感，这一阶级试图在丑闻出现的时候表达自己，但避免把自己等同于丑闻。

问 我们是不是可以说这种仇恨出现在了历史的尽头？这一激情是否伴随着弗朗西斯·福山所描绘的历史的终结①？

答 我最近在法兰克福的时候正好同福山在一起。我对他说，谈论历史的终结太乐观主义了。也就是说，历史的终结曾发生过。历史的终结预设了这里存有历史。归根结底，不如说这里有一种超越了无穷无尽的历史的过渡。仇恨毋宁说是对这一事实的激烈反应：这里没有解决之道，对历史所提出的所有问题没有可能的解决方法。这是对历史进程的否认，是一种循环和退化，我们不知道自己在和什么东西打交道，也许，在终结之外，在事物被倒置的边界处，可能会有一种未被规定的激情，它必然不像爱那样具有肯定性。尚存的能量会在一种否定性的激情中，在抛弃和排斥中被颠倒。如今，身份被抛弃了，它几乎不再有肯定性的基础了。剩下要做的，只是通过驱逐他者，而不是通过同他者的关系或情感辩证法，来反对对自身的规定性（s'antidéterminer）。这是一种停滞了的情况。也许，这里实际上

---

① 参看 Francis Fukuyama, *La Fin de l'histoire et le Dernier Homme*, Paris, Flammarion, 1992。

存在着一种我们尚未清楚察觉的断裂。我们正在转向的是一种非肯定性的、非线性的时间，而是一种倒计时。以波堡的数字时钟为例：它表明人们处在一种怪诞的时间性之中，它不再是一种从起点开始增加的时间算起，而是一种倒计时。终结就在那里，而我们只能够计算自己同终结之问的时间段。从终结开始计算毕竟是一种好笑的视角，它显然不是为了培育肯定性的激情。

问　在仇恨的时代，何种政治是可能的？

答　重新找回政治激情，这就是知识分子最大的绝望。这里还应该有政治上的赌注。我认为，真正的激情，根本的激情，乃是游戏的激情；正是这种激情超决定了（surdéterminer）所有其他的激情。当人们游戏的时候，他们是充满激情的。只要人们游戏，只要有一个赌注，就会有既非肯定亦非否定的激情，一种战斗的激情，即对自身的挥霍。人们游戏，人们输掉游戏，人们赢得游戏，问题不在于取得进步，因为人们会再次失去他们曾赢得的，以此类推。激情就出自这里。在当前的政治中，赌注何在呢？它们被囚禁了，这里有的只是某种范畴的赌注、行会主义的赌注，就好像我们不再可能把某物当作赌注了。因此，不再有关于政治的激情了。这里只有麻木不仁（apathie）；要是玩下文字游戏的话，也可以说它是同情（compassion）的反面。人们不再身处一种富于激情的政治之中，而是透过人权和团结的延伸而身处同情之中。

问　人道主义呢？

答　汉娜·阿伦特曾解释说，由于大革命，对他人的幸与不幸的同情已经取代了激情、自由、行动这些全然政治性的事物。在这种她所分析和揭示的同情中，激情已经彻底瓦解。人们沉溺于对人权的普遍赞同之中，在这背后滋长了诸多分泌了仇恨的强烈的独一性，因为那种普遍性是不可接受的，正是那一乌托邦暴露了自己的杀人凶手本色。这始于热情，但当一个系统真的达致其普遍点和饱和点时，它就会产生一种可怕的颠倒，所有的事件在人们看来都会具有毒性，这在某种程度上取代了历史的暴力。此后，人们只能同一些反常的、分泌出各种毒性的系统打交道了：艾滋、电脑病毒，等等。也许仇恨也是这样一种病毒。也许，仇恨本身是生机勃勃的，因为如果你不再拥有敌人、厌恶或至少是潜在的敌对情绪，那么最糟糕的事情就可能发生。只要夺去一个物种的天敌，那个物种就会自我毁灭。这里存在着一种生命的亚稳定性，这一平衡意味着这里还有他者，有危险的他者，有敌人。如果人们不再能够自卫，那人们最终就会自我毁灭。这就是我所谓的去－天敌化（déprédation），即人们的天敌（prédateur）被剥夺了。仇恨也许就是最后一种具有生命力的反应。

问 人们说仇恨是民族主义的，说民族主义是充满恨意的。我们应当怎么看当前对民族主义回归的分析？

答 这样说是肤浅的，也过于道德化了。分析应当更加严苛和强硬一些，而不是立马回避掉带有价值判断的现象。呼吁人权的回归毫无必要，因为恰恰是这整个普世价值文化分泌出了我们所熟悉的事态。

问 在人权的普遍主义中存在着危险吗？

答 我们无需进行精神分析就能知道，人类是一种模棱两可的动物，我们无法从自己身上剔除恶，无法将自己只还原为一个肯定的、理性的存在者。然而，意识形态正是建立在这种令人难以置信之事上的。我们必须要有厌恶、不兼容、敌对这些不可调和的东西，也必须冒着最卑劣的激情彰显出来的危险。我们别无选择，必须与之同行。

现代政治始于求辩证化、求平衡力量、在被人一向认为可协商的事物之间寻求妥协策略的意志。现代政治的原则，就是没有什么能避免这一协商和调解的事业。就算不得不发生冲突，它也会被很快解决。现代政治包含了一种最终解决方案的原则，即它有时会走向"那个"最终的解决方案。这就是辩证法。但现实并不是辩证的；它是由不可调和、明确敌对的东西，由弗洛伊德所提出的生命冲动和死亡冲动那样彼此完全排斥、绝对永远不可调和的事物构成。在献祭、仪式、礼仪的帮助下，其他文化懂得以象征方式来对付这种根本的模棱两可。而我们则不想考虑这一点。我们的出发点是事物应当得到澄清，应该变得透明；同时，事物当中也存在着一种没有得到处理的残余，因为它是不可处理的，它必然成为残余的、否定性的，并自然而然地转变为仇恨。通过将普遍性贯彻到底，就像人们正在做的那样，人们必然会招致这些事物的逆反，并再次招致其他的独一性。我并非悲观主义者；独一性是不可摧毁的。

问 仇恨会普遍化吗？我们能想象一种仇恨的联邦吗？郊区是否会接过民族主义的大旗，而民族主义本身又在一曲《国际歌》中接过不知何种事物的大旗？

答 人们几乎都渴求这样一种剧情的真实发生。但是，从根本上说，惰性的东西，即冷漠，无法变得稳固，因为它是去稳定化的结果，是普遍性之失败的结果。它是分形的、碎片性的，它在或这或那发生爆炸，却没有重新找到一种政治一致性的乐观可能性。不，最糟糕的不总是可能的。

如果这里必须有一种关系，那它会是一种连锁反应，是目前的事件传播模式。它不再是信息模式、知识模式、带有经过思考的、理性化的进步主义观念的理性模式。这里存在着启动、不可控的连锁反应、传染现象，正如埃利亚斯·卡内蒂在《大众和力量》（*Masse et puissance*）中所描写的那样。大众是一种不透明的物体，由于一种对传统社会学分析而言依然神秘的效果，传播在其中是超高速的。该模式是超高速传染的类型之一。这是病毒的毒性，但不是所有病毒都具有否定性的反常效果；某些病毒可以具有肯定性的反常效果。我们身处一个超–反应（ultra-réaction）、过度–反应（over-reaction）、连锁反应、直接相连的世界之中。这是今日媒介化的模式本身，即传播模式。显然，在这类世界中，政治行动要困难得多。

问 从传统上来说，政治哲学是从抵抗威胁个体之危险的自我保存原则出发而进行思考的。今天，我们看到了像安德烈·格鲁克斯曼（André Glucksmann）这样的人，他们试图把道德建立在对彻底恶的认识原则之上，并以某种方式建立在一种对恶的仇恨原则之上。仇恨难道无法成为某种新道德的原则吗？

问 我并不反对恶和恶的原则。在我看来，那里似乎有一种主动原则，只要我们不把恶视为恶魔，不像格鲁克斯曼那样把它变成一种病理。对此有过各种分析，比如据巴塔耶的分析所言，社会能量来自恶的原则，它不来自社会的肯定性的激情，而是来自其否定性的激情。这也是我叫作恶之透明性的东西：恶不再被玩弄，它不再被置于游戏之中，它到了别处，并在各处显露。它并非可以把握，而是变得无法把握。恶采取了如今令我们不安的所有病毒的形式。但我们就因此必须给自己一种邪恶的原则吗？

问 我们难道没有在尼采那里找到一点这样的东西吗？在我们必须学会憎恨的观念中。

答 我们应该变得邪恶，应当助一切歪斜之物一臂之力，以便让它倒下。这就是最恶毒的策略，伴随着一场真正的竞价战，一种超越性的过渡。我非常喜欢这一逻辑。我们应当学会走向极点。厌烦，是因为我们处在善恶的此岸。我们失去了价值，失去了诸价值之间受控制的对立，我们没能超越，而是跌入了此岸。从今往后，诸种价值都不可辨认，它们是不可判定的，它们漂浮着。

善，只有在合规则的善恶对立存在的时候才存在。善完全承认了恶的存在，但也说这里存在着调和的可能。我们所有的宗教和意识形态都出自善的原则。恶，只有在善恶调和不再可能、两个极点四分五裂的时候才有。我们因而身处不可调和意义上的恶之中，从道德的视角来看，这种恶是不能容许的。它意味着善恶之间不存在可能的调和。

问　这没有给我们当前的融合政治（politiques d'intégration）带来很多未来前景。

答　的确，直到 20 世纪 80 年代中叶之前，我们的文化进程都没有在朝排斥的方向走。但这变了。此后，某种东西完全逃避了社会调控。就算这不是历史的终结，那也是社会的终结。某种事物分裂了，分裂的原则在运转，而我们却看不到它的终点。

我们不再处于失范（l'anomie）之中，而是处于反常（l'anomalie）之中。失范属于资产阶级社会，失范者由于暂时的排除而不受法则限制，但人们非常希望将其重新铭刻入法则之中，并通过团结而将其重新矫正。而反常本身就是无可救药的，其问题不在于一些细微的变动。反常不是逃避了法则（la loi），而是逃避了规则（la règle）。这要更加深刻：游戏规则并不是必然得到声明的，没有人认为自己有认识规则的义务。人们也许完全不知道游戏规则，但我们知道，一些人完全逃避了游戏，逃避了游戏的可能性，逃避了游戏规则。法则是明晰的、可质疑的，失范体现了一种抵抗和颠覆的原则，而反常则完全是非理性的；正是反常落在了别处，它不再游戏，不再处于游戏之中，它出局了（hors jeu）。在反常中是何者被煽动了，人们对此一无所知。

问　反常会拥有一种像激情一样的仇恨吗？

答　我们也许生活在一个事物发生反转的普遍进程之中，这一进程由仇恨那样的各种激情所滋长。倘若不知道这一点，我们就会去往另一边，进入一些愈发复杂化、功能性、操作性且愈发受到失调和暴力反转之威胁的系统。因此，我们要提出的正是这类问题，而不仅仅是关于某些身陷自毁进程的文化的问题。我们已经看到了一些文化在那样崩溃，那仅仅发生在一瞬间，但无人知其缘由。

问　我们每个人都是印加人……

答　您没有必要想得那么远，看看最近的剧变就行了。

事实性与诱惑 [①]（1994）

问　在第一次阅读《威尼斯追踪记》[②]（*La Suite vénitienne*）的时候，我认为这是一种让人得以扮演诱惑者角色的做法，尽管这对扮演者来说很难。这有点像你所说的占星学。对于一个男人来说，变成女人是十分容易的，但变成诱惑者则要难得多。在我看来，在这十五来天里，他就扮演了这个角色——表面上看，人们只跟踪女人，我们很少见到有人跟踪男人，更多的是男人跟踪扮演着诱惑者角色的女人；可在这部作品中，被跟踪的是男人。

---

① 《Facticité et séduction》, dans Jean Baudrillard et Marc Guillaume, *Figures de l'altérité*, Paris, Descartes, 1994, pp. 131—143.
此标题也涉及双关，facticité 既有"事实性"的意思，也有"矫揉造作"的意思。——译注

② 苏菲·卡勒（Sophie Calle）的图像-文本作品，艺术家在其中用日记式的、有时间戳的条目记录了她在威尼斯对一个男人的监视。苏菲·卡勒 1953 出生于法国巴黎，其作品以其自身介入设定的场景而著称，并响应了 20 世纪 60 年代被称为"Oulipo"（乌力波）的法国文学运动。卡勒的作品经常描绘人类的脆弱性，并审视身份和亲密的问题，她以侦探般的行为认识陌生人，并追踪他们的私生活，其摄影作品经常包括她自己作品的文本叙述。——译注

正是这一点让我采纳了这个假设。

因此，那个男人站在了诱惑的位置上，不仅仅是出于表面原因，还因为他在根本上从游戏规则里被抹消了。实际上，这是一种相互的抹消，它影响了双方。

答　但那个男人并没有起作用。

问　实际上，这是一位非故意的诱惑者。但从某种层面来说，化了妆的女人也没有起到诱惑的作用。也就是说，在她消解在了规则之中后，人们才跟踪她。当然，这里面有一种最低的诱惑技巧。

答　我认为，她才是被引诱的人，但这种引诱是客观上的，而不是在公开的过程中进行的。

问　我正是为此而感到困惑。

答　通过跟踪，她改变了他的行踪，因为她事实上转进了一种晦暗的意识之中，即她认为自己所体验到的东西之中。这一转向就是诱惑。

问　是的，但我们必须应用你的可逆性原则。在我看来，她给那个男人打上了诱惑者的烙印，无论他自己是否想要这样。他同一个女人的差异，就在于他完全没有意识到这一点，但他完全被女性化了。

答　因为你所想象的典型且原初的场景是一个跟踪女人的男人？

问　通常意义上的典型诱惑场景，就是两个人在一个仪式性的秩序中自我分解了，而化妆是其症状。人们进入了一种游戏规则之中，其中一方捕捉了另一方的目光，既没有爱情关系，也没有心理学的关系……仪式中存在着一种共同的消解。显然，我们起初提出的那条规则与此十分不同，它没有得到赞同，它只是一条烙在背上的强制规则。但是，在我看来，男人还是站到了诱惑的位置上。

答 我这里的"诱惑"指的是"形式"。的确，这里不存在任何性或爱，在某种意义上这纯粹是命中注定的。也就是说，对方有时也躲开了自己。通过跟踪，苏菲再现了这样一个事实：他想去某处，但事实上，他内心里完全不知道要去哪里。而她呢，她知道，是她在跟踪他，她在某种程度上透露了他的去向。她夺走了对方游荡的方向。诱惑，就类似这样一回事情，偏离自己的方向，偏离自己的目标。因此，当对方察觉到这一点的时候，对方就成了恶人。

这里有两个问题要提：为什么苏菲走进了这样一场游戏？我们需要寻找其心理原因吗？个人而言，我认为不用，这个问题很无聊。那么，为什么她要在一个命定的层面，在这样一个纯粹游戏的剧本中进行跟踪呢？为什么男人在察觉到自己被跟踪时会如此勃然大怒呢？他作出的是常规的反应，这一点毫无疑问，人们只能思考其深层原因。是什么得到了如此深刻的触动，以至于产生了真的会发展成凶杀的反应？

问 我在想，女人们是否不会由于男人们从未是诱惑者、这里从未有过可逆性、男人们也不会遮掩自己而感到痛苦？这不是原初意义上的心理反应，而是一种从未有权接触男人所戴面具的女性所共有的痛苦。

这是因为，在"化妆"中，我看到了"面具"。恰恰是日本文化向我们完美表明，女性的妆容曾的确是一个面具。作为主体的女人被这一面具废除了。这种面具垄断所造成的痛苦曾如此强烈，以至于情况被逆转了，随后男人们开始戴上女人的面具。

答 男人因而成了一个被揭去面具的存在。

问 日本人通过一种异装癖文化回应了这一情况，异装癖首先是一些戴着面具的人。这因此是一场无限的镜像游戏，因为在此之后，女人开始像化妆成女人的男人那样给自己化妆。

在我们西方文化中，苏菲·卡勒那显然颇为造作的体验要说的是：如何给一个男人赋予一副诱惑者的面具？我们必须提出一条游戏规则。这是相当刻意的。但这不就有点像"你怎么可以跟踪男人呢"这种同个人痛苦相连的无情吗？这正是诱惑于男人而言的乐趣，至少我是这么理解诱惑的。您把随便哪个女人都认定为真命天女，如此假定显然完全不顾她的生理与心理。您会出于纯粹的诱惑而对她说："你就是我的那一位，我会追随你的。"男人都能获得这种体验，但女人不行。

答 我不知道。你提到了我没有注意到的性别差异。

问 这并不真的是性别差异。我说男人-女人是为了简化：的确，更会戴着面具的是女人，而非男人。正是这种关于可逆的他异性的玩笑话被实际应用在了男女角色中，它在某种程度上是诱惑的已逝回声。

答 我同意你关于化妆的看法。在那里，我们可以看到苏菲的跟踪在某种程度上给对方的存在化了妆、突出了对方。化妆突出了事物，增添了色彩。也正是在那里，每个人都只顾着自己。苏菲检验了由她拍摄的照片和在边上写下的文本所强调的最微不足道的事物。这些微不足道之物在这里多了一种意义，多了一种它自己当然不知道的深刻内涵。实际上，这有点儿像化妆和面具，它是一种对事物的强化和立体观察，给微不足道之物带来了一种气概和意义（但这种意义不可以被解读或装饰），一种它自己所没有的强度。

我们能够在另一种方向上即一个男人跟踪一个女人，只有剧情完全相同的方向上想象与苏菲相同的体验吗？也许不太容易，因为这是一件并非无罪的举动。而我呢，我实际上觉得那是命定的，也就是说，在这意义上，它一点也不反常。它是命定的，这很简单。这是将命运，将我们每个人深处的身份缺失纳入游戏的技艺，但它几乎从未得到揭示，因为我们为了让身份发挥作用而不断过度补偿，也因为在这种联结中，它事实上剥夺了对方的身份，也失去了自己的身份，并因而身陷这种致命的平流层之中。这就是纯粹的游戏，它不必被打上心理学内涵的烙印。我们实际上可以认为，这场游戏里有苏菲，有她所是的东西等等。但关键是，她触及了某种超越她的东西。她拥有排演的天赋，我们应当承认其操作的人为性。我们能拥有这些观念，并由此出发付诸行动。反常也许就在这里。我们可以把它看作有趣的观念，甚至为此写一篇文章，但使之现实化则是某种惊人的事物。那里当然存在着一种迷恋和反常，这是出自心理学的考量。我们也许永远无法彻底消除这种反常。

问　打断一下，有一个问题：她是不是剥去了对方的身份？还是说她躲开了对方，像 X 光一样透视了对方？

答　原则上，对方可以是任何人。为了进行这种做法，她必须了解一点对方，渐渐地，她最终也了解到了很多！但这根本上只是关于事物的次要事实，这没那么有趣。此外，这种做法很大一部分是发生在更为有趣的狂欢节期间的，因为那里到处都是面具。因此无论如何，威尼斯都是一座进行跟踪的理想城市，这是秘密的迷宫，身处其中的人都会感觉到每个人都在跟踪其他人。这是一座十分具有文化底蕴的城市，但这种文化深陷秘密之中，它所独有的踪迹被抹除了。这也是这个故事的一个美丽之处：它体现出威尼斯是一座意义于其中尽失、目的地在其中相混的城市，是一座在迷宫式的回旋中自转的城市，只要深入其中，就能发现自己身处它所引发的、以人为方式更加夸张地重新创造的环境之中。

问　此外你还补充说，在这样一座迷宫里，避免相遇的唯一方式就是小心翼翼地跟踪某人，不让他从视野中消失。否则，我们随时都会有碰上他的危险！这就是最终会发生的事情。

在你的分析里有一件令我担心的事情。你因此提出了这种维持他异性颗粒的方式。你将诱惑颗粒（le grain séduction）和缓解性、抵抗性颗粒（le grain délestage，dérogation）联系了起来。这里有一种累进的滑移。但是，在抵抗性颗粒中，在任其自然中，我把自己的意志交给了某个他人，他将因为受到这种委托而获得更为彻底的他异性地位。在这一颗粒和诱惑的主题之间，在听你所说或读你所写之前，我似乎觉得这里还是存在着两个世界：奴役、服从的世界和诱惑的世界。服从的世界可以用黑格尔的术语分析。在那里，你无法割裂它们。

答　主人是奴隶的他者，还是奴隶是主人的他者？在阶级的、历史的、力量关系的语境里，他们当然处在异化状态之中，思想也在这里融入了异化系统。但在象征领域内，这不再是被我们视作历史的价值领域的一部分，情况也不再如此。他们都站在各自的、具有可逆性的诱惑位置上。

比如，在一个等级社会中，特权阶层（le casté）不是贱民（le paria）的他者，贱民也不是特权阶层的他者。这里不存在他异性的心理学位置，二者都被包含在一连串互不兼容的进程之中，就像施尼茨勒（Arthur Schnitzler）[①] 的故事里发生的那样。这是不可协商的，因此这不是能被克服和僭越的异化。两个"种姓"（castes）彼此完全陌生，然而它们在这一象征秩序，在这种毋宁说是变形的一系列阶段中是绝对共谋的，因为它们总是模仿对方的生活。这不如说是一种变形的循环，而不是一个异化或他异性的现象。问题意识不再关于他者。在那种意义上，这是一个具有高度诱惑性的问题意识，因为这里存在着一种可逆性。二者

---

①　阿图尔·施尼茨勒（1862—1931），奥地利剧作家、小说家，维也纳现代派的核心人物。他是第一个把意识流手法引入德语文学的奥地利作家，以表现内心情感为宗旨的心理艺术风格使他成为德语现代派文学最杰出的代表之一。——译注

之间存在着全面的不兼容性，但这里根本上有着一种可逆性，因为这里存在着从一个形式到另一个形式的渐进秩序。

这就像神话学和变形中所说的那样。看到这一点是有趣的：在所有不同于我们的秩序中，他者并不存在。这里有一种包含关系，我们在自己的西方价值中重新发现了它，但我们的秩序假设的是自我和他人这两个不同的项之间的对立和潜在的冲突。实际上，在所有其他的文化中，比如当我们读到阿拉拉人（araras）都是博罗罗人（bororos）①时，出现了一个包含阿拉拉人和博罗罗人的循环，那里不存在割裂的身份，而存在着阿拉拉人向博罗罗人的生成，他们并不互为他者。二者是一种重新集中了所有存在的象征秩序的连续可变的形式，在这一秩序中发挥作用的是身份的混合形式，而非诱惑。也就是说，就像施尼茨勒解释的那样，这既是完全的共生（symbiose），也是完全的不兼容。这全然是以另一种方式运转的。

因此，哪怕是在主奴的历史中，诱惑也在其中发挥着作用。这里不再有任何意志。实际上，每个人都把自己的命运委派给了他人，这也是可以成为自己最终形式的最终形式。之后的形式因此并非一个心理学意义上的他者，而是命运，当然，在那种意义上这也是十分不同的。

为了回应人们向我提出的一个问题，我想要明确一下，当我谈及"命定"（fatal）的时候，绝不是取其宗教宿命论的贬义意

---

① 阿拉拉和博罗罗都是巴西原住民部落的名字。——译注

义。于我而言，命定意味着这里实际上存在着对任其相信、任其存在、任其意愿的承认，即承认一切发生在您身上的事情都属于非人范畴。这完全来自他处。这从来都不是出自您自己的意愿和意志，因为人们无法企图占有它，但大部分文化的确建立在这类事物的基础上。自从文化不再以自身的属性、身份、对世界的占有为基础，我们就处在了最高贵意义上的任其自然（laisser-faire）之中，而非处在"让……做某事"（faire-faire）或"想要做……"（vouloir-faire）之中。当然，我们的文化属于命令或意愿的文化。

这是当前同伊斯兰的关系中的众多悲剧性成分之一。今天几乎只有唯一一种情况，其中存在的是一种不可理解性的真正形式。这的确是两种完全不同的类型。于我们而言，他者是不可接受的；对他们而言，我们的秩序也是不可接受的。这根本不是历史演化的问题，因为在那种演化的尽头，他们最终会在我们的秩序中渐渐得到认可；这里有某种完全不可化约、不可跨越的东西。西方的各种政治心理学当然无法对此作出解释，因为它们完全不懂这一点。

在任其相信、任其自然、任其意愿中，存在着一种情感形式。它并不简单，至少没有意愿那么简单，它是一种情感。某种程度上，这里存在着一种关于矫揉造作的科学，一种附庸风雅的艺术："我什么也不是，我任其自然。"

当人们说"我想成为一台机器"的时候，这是附庸风雅的极端形式，一种纯粹的情感。同时，通过任由机器世界存在，并只对其略作修补，人们也得以触及事物再生产的秘密。人呢，他只是另一台机器，另一台小机器，但这台机器产生出了其他一切事物的事实性。在那里，人们还在一直寻找机会。人们带给某一事物的总是超意义（la sursignification）。但人们任其到来；人们并不想要发明或改造世界，甚至不想要阐释它或赋予其意义。这里存在着一种对顺从世界之明晰性，顺从事物单纯的新陈代谢，顺从纯粹事件和他者意志的热爱。

这也很接近大众的历史。整个历史的发生，就好像是大众信赖某个他人——媒体、政客阶级——并使其承担为他们阐释一切的责任。大众并不阐释。大众并不理智，也不试图理解。大众任由他人来为自己阐释、意愿一切。这是一种奇妙的情感。

附庸风雅的人别的什么也不做，他没有自己的意志。这就是布鲁梅尔（George Bryan Brummel）① 的故事："告诉我，我更喜欢什么。"这就是他和他的男仆在苏格兰湖畔的故事。他转向自己的男仆，对他说："我更喜欢哪个湖？"在他的内心深处，他对自己所拥有的欲望不屑一顾。那个欲望不存在。这就是情感。

对我们来说，这个过程具有否定性的意义，它显然是完全贬义的。这是一种被动的策略。我很少想同东方哲学产生什么关

---

① 乔治·布莱恩·布鲁梅尔（1778—1840），18 世纪晚期到 19 世纪初英国的知名人物，男装改革时尚先锋，奠定了男装的特定剪裁模式，提倡男装应基于暗色调、长腿裤、亚麻衬衫和领结。他也被人们铭记为花花公子的典范，他的名字也仍然与美貌、造型、风格等联系在一起。——译注

联；人们会谈到日本，但那是现在的日本。否则，人们就会发现我同这些在此种意义上任其自然的、可逆性的哲学有着无尽的关系。

问　诱惑和可逆性带来的断裂相对于黑格尔的作品来说是非常激进的。您重读科耶夫《黑格尔导读》的前几页就会看到，为了人类主体的诞生，他以公理的形式地提出了成为他者欲望对象的必然性。这整个辩证法排除掉了被动性和可逆性。这有点像是另一个公理系统的诞生。所有紧随而来的分析都接受，或至少是部分接受了这条黑格尔式的公理。因此，诱惑的概念，以及它所引入的可逆性，就有点像是人们对几何学作出的改变。

答　是的，我们摆脱了异化，完全摆脱了异化的强盛与衰弱。

问　打断一下：继续这个关于主动性与被动性的问题，您难道不认为在书和体验之间存在着全面的鸿沟吗？也就是说，当苏菲·卡勒通过语言来解释跟踪的时候，她已经超越了这一沉默的体验，这种体验中存在着一种属于感官领域的可逆性——动人-触摸（touchant-toucher），即所有发生在身体层面的事物。而当这里存在语言的时候，就会有对体验的解释，因为这里有主动性，也拥有意味着一种置入世界的方式的反思性。那一刻，我们得以理解被跟踪者的反应："您解释了我的所作所为。"我们因此立刻将自己置入主体间性的对话者的位置，这也是您前些天所说的。

答　对。这是一个矛盾和悖论吗？难道这个秘密本身就要求自己无迹可寻？最初，我是同意的，我会说这里存在着一种毁约，因此另一方有理由寻求复仇。

书写是彻底背叛秘密吗？或者说，这里是否还存在着让书写朝非美学的形式再进一步的可能性？于我而言，这完全不是一部具有美感的书，而是一部依然秘密的书，它保留着秘密的踪迹。

我认为，您从根本上来说是有道理的，但同时，我们是否应该放弃投射秘密的形象和诉说秘密？然而，这里的确存在着一种诉说秘密的方式，一种也许全然亵渎的、愚蠢的解释秘密的方式。也许，这里还有各种各样的保守秘密的方式。我发现，在秘密最初的产物中，有某种东西能够围绕着秘密而转，且丝毫不离弃它、解读它或背叛它。

我以为，这故事当中不存在完美，但苏菲所给予故事的最好的东西依然是最接近秘密的东西。归根结底，她在行动中所写的日记构成了跟踪的一部分，而出版则显然是不同的事情。

当人们不再可能谈论跟踪的时候，就会出现一个问题，可这里毕竟应该有这样一种可能性：在行动和游戏中传达出命运，即在那种意义上的他异性，当然，前提是遵守游戏规则，我依然相信这一规则，因为不这样的话，卡勒甚至连排演场景都做不到，她也就无法再跟踪任何人。但如果她没有跟踪他，那他就不曾有秘密。她成了他人的命运，正是她创造了那种意义上的纯粹他异性，她也不得不这样做。为了某人能够成为他人的命运，任何引诱过程都必须在完全谨慎但又非常暴力的情况下进行。我们不应该将暴力抽象化，暴力应当发挥作用。在那里，规则依然是秘而不宣的。我们说不出那场游戏的规则，她也没说出来，她是出于别的理由而忽视了规则：因为她异常天真，她并不追求规则。我个人在事后研究了一下，但这毫无助益。她心怀极大的天真，但又能使出惊人的手段。

解剖 90 年代 [①]（1996）

问 您和马歇尔·麦克卢汉[②]的关系很有趣，评论家们常常对此进行评论，但少有人作出过分析。距离的概念，或淫秽的概念，还有作为距离的讽刺，与它们有关的、在您的文章里如此明确在场的视觉性存在扮演了何种角色？清楚的是，为了分隔和排开作为感知之基础的想象物，视觉性是必要的。但如何处理图像与声音之间的差异化问题呢？声音可是一种比图像更为柔软、流动、漂浮的媒介。

答 回答这个问题有点难，因为声音、声音的领域、听觉的领域、音响，对我来说比视觉更加陌生。的确，我喜欢视觉，或者说我喜欢图像及其概念本身，而声音于我而言则更加

---

① «Vivisecter les années 1990», *Recherches sémiotiques/Semiotic Inquiry* (Association canadienne de sémiotique), 1996, vol. 16, n° 1—2, pp. 165—183. 采访者是格雷厄姆·奈特（Graham Knight）和卡罗琳·巴亚德（Caroline Bayard）。

② 关于麦克卢汉和鲍德里亚，参见 Gary Genosko, «The Paradoxical Effects of Machluanisme [*sic*] . Cazeneuve, Baudrillard and Barthes», *Economy and Society*, 1994, vol. 23, no 4, pp. 400—431。

陌生。我对这方面少有见地，少有分析性的领会。这不是说我
不区分噪音和声音，而是说，就超级现实而言，这个周围世界，
这个精神圈（noosphère），我更倾向于把它们看作世界的视觉
化（visualisation），而非其超声音化（hypersonorisation）。二者
的差异意味着什么？我觉得可以透过麦克卢汉的世界来一探究
竟——他也高度聚焦于视觉，尽管他曾经是个音乐家。事实上，
在这个大众传媒构成的精神圈中，不同的感知区域倾向于在一
种对感知领域的去极化（dépolarisation）中相互融合。如今我们
常说的"视听"（audio-visuel），就在某种程度上把二者合在了一
起，合在了一种混合或**拼凑**之中。也许，我会借助我微弱的听觉
而感知到这个空间，但在我看来，一切都被归结为一种整合了所
有感知领域、并以一种比先前更加无差别的模式运转的组织方式
（logistique）。此时此地，一切都是以不加区分的方式被接收的，
这种不加区分事实上是虚拟层面上的。

　　虚拟（virtuel）是一种稍显世界性，也可以说是稍显后现代
的概念，我不清楚。在这时，不是凝视而是视觉，不是听觉而是
声响。此外，对于麦克卢汉来说，事实上一切都可归结为触觉。
触觉，乃是感觉的区域，它属于接触，但它不是物理性的接触，
不是感官的接触，而是一种传播–接触（communication-contact），
其中接收者和发送者之间存在着一种短路。我的意思是，在个体
的感知中——不仅仅是在传媒中，还是在我们肉身性的生活方式
中——存在着一种不加区分的、混合的、未分化的形式，其中
所有的感知都是杂乱无章地发生，都可以被归纳为一种触觉的氛

围。在这里，区域之间的差异性、凝视的独一性、声音和音乐的独一性要更加少。这就是我们所能说的。也就是说，在这个领域中，也许依然存在着一种主导这个触觉世界的方式。我认为，对于麦克卢汉而言，他无论如何都坚信这一点，他认为一种关于这个触觉世界的策略真实存在着，并且这一策略不是不值一提的。问题根本不在于说这个世界是无关紧要的，而只在于说这是更加无差别的。

问 我记得您曾写过威斯特摩兰（William Westmoreland）和科波拉（Francis Coppola）[1]，但在重读之后，我想知道问题是否不在别处。说得更简单一点，大家根本就无法下最终定论，因为这里不存在最终定论，因为大写的历史还在继续［这和**斗争不息**（*lucha continua*）不是一回事情］，因为我们的大写历史或许也是这样，是一段漫长的再书写过程，从不匆忙，但漫无止境，闪烁不定。您有时能在其中看到逝去的时光在病理学层面上焕发新颜[2]，在这一更新中，我们每个人都既是原告也是辩护人，这两种角色是共谋的。有时，您又会在此察觉到一种斯多葛式的欲念，也就是马可·奥勒留在其古代之末面对大海，既不急迫，也

---

[1] *Simulacres et simulation*, Paris, Galilée, 1981, p. 90.
威廉·威斯特摩兰，美国陆军上将，越战期间曾任驻越美军最高指挥官。弗朗西斯·科波拉，美国电影导演，曾执导《教父》三部曲、《现代启示录》等。——译注
[2] 参见鲍德里亚和约翰·约翰逊（John Johnson）的面谈，*Baudrillard Live: Selected Interviews*, éd. Mike Gane, Londres, Routledge, 1993, p. 161。

不卑躬屈膝的欲念。它们能否成为您感知的两个棱面？其中哪一面现在离您最近？

答 我不是历史学家。我对事物甚至不具有历史感知。我更喜欢说自己对事物具有一种稍显神秘主义的感知，而历史于我而言，只是那种我会倾向于将其神话化的长篇大论。有意思的是，我重新采用了一种有趣却又极端的假设，它由 18 世纪英国一位名叫戈斯（Philip Henry Gosse）[①] 的博物学家所提出，他也是古生物学家和考古学家。戈斯研究了地质岩层中的化石，且因为他是基督徒，他提出了万物诞生于无的假设。对于这位读过《圣经》的人而言，世界是在五千年前创造的，正是在同一场合，上帝也一下子创造了该时刻之前的一切，也就是化石、地质岩层等等，就好像它们曾经存在于那里，并在 18 世纪依然存在于那里。但上帝创造的是它们的拟像和错觉，来给予人类一段历史、因此还有过去（但人类一直被这个突然的创造所困扰，被自己身处现实之中的事实所困扰）。最终，通过创造出他那个时代的化石和地质岩层，上帝给予了人类如此这般的回溯性历史。但他也精确地创造出了这些东西，以至于我们能够以科学的方式研究它们，尽管这一切在某种程度上都是被发明出来的。既然我们谈到了这个，那么我们还可以说说伯特兰·罗素的悖论，即在本质上、从

---

① 菲利普·亨利·戈斯是一位动物学家，其生卒年实际上是 1810—1888 年。我们并不想修正鲍德里亚关于戈斯生活年代的不准确之处。鲍德里亚在《完美罪行》中再次谈到了戈斯（*Le Crime parfait*, Paris, Galilée, 1995, pp. 1—2）。

科学的角度来看，世界归根结底就那样存在于那里，仿佛它从昨天起才在那里，又仿佛它从那一刻起就一直在那里一样，而其余的一切都可以根据回溯性的模拟来解释。当然，这是一个悖论，但我更倾向于使用这样一个悖论。所以，我们直接掉入了历史叙事的历史和历史编纂的真实的、超真实的且无论如何都属当下的境况之中，它提出了一个政治问题，即过去的历史通过历史学家的话语被重新发明了，因为那种话语必然是一种重构。在某种意义上，这一重构也是人为的。如今的趋势不是倒退，而是回到历史的先前阶段，就好像历史将我们重新引向了反面，这会让人提出一些和"毒气室存在过吗""大屠杀存在过吗"一样残酷的问题。

当代想象物的潜在问题在于，它无法真正将历史现实化，无法真正理解其职责和目的，因而无法提出一个也许荒诞、但有关对过去事件的绝对信任的问题："这个过去的事件是什么？我们对此有何种证据？"是的，我们掌握着许多客观且真实的证据，但我们拿这些做什么——在一个已然变得虚拟的系统中，在一个几乎完全被虚拟化的系统中，我们要如何处理历史现实？

因此，我不再以真正现实主义的术语来确定历史，尤其是不再使用道德或政治的术语。最终，这里也许会有一种关于历史的道德哲学，但我不知道我对此会持有何种立场。这种立场在今天对于什么是历史这个问题而言当然非常模糊。历史如今进入了同样不可判定的、无法确定的解释领域，进入了不确定原则之中。如果这就是我们所察觉到的过去，那么这对于未来而言也是同样清楚的，而当下本身也身陷其中。我们正处在不可中断的时间之中，尤其是因为我们出发去往的是真实时间，也就是时间在每一刻的结晶。事实上，我们愈发失去了时间的客观坐标，甚至连想象物和再现在我看来都似乎受到了威胁。最终，我不是在为历史辩护，我只能注意到了这些问题。

问　我想要说的是，对模拟所造成的社会和政治效果进行讽刺性和敏锐的观察，是您在 20 世纪末赠出的礼物。

相反，在某些人眼里，弱化了这一批判的东西，并非作为其展开前提的认识论上的轻率；就其本身而言，这毋宁说是一个帝国在消亡之际的诱惑性谦逊的标志（姑且认为西方就是这样）。但是，您拒绝承认这个世界上或死或活的 CNN[①]、默多克（Murdoch）[②]、马克斯韦尔（Maxwell）[③]，都对我们的视网膜每天所经历的图像、并因此对我们的想象力有着超常的控制力，不管他们对解决我们最微小的问题而言多么无能。是的，这让我们困惑。参照当然已经改变，它们一直都在疯狂地变化着，但我们很难承认参照本身已沉入我们集体性失范的地平线之下。躯体被杀，个体发生爆炸，整个城市沦为废墟，从萨拉热窝到伊拉克南部。人们同您争论的不是作为我们信息网络之基础的模拟效果，

---

① 即美国有线电视新闻网（Cable News Network）。——译注
② 世界报业大亨，美国著名的新闻和媒体经营者，新闻集团主要股东、董事长兼行政总裁。——译注
③ 默多克的对手，"二战"后专门从事科技方面的教科书和杂志的出版发行工作，1959 年进入伦敦政界。——译注

而是对这些模拟所引发的现实和个人经历的否认。如果您1991年2月在巴格达，或一年半前就到了萨拉热窝，那么，您会对把参照扔进大写历史的垃圾桶中的做法更加犹豫不决吗[①]？

答 会的。我不会不负责任地采取一个——怎么说好呢——治外法权的立场？如果我这样说了，那我一定是在某种情况下说的。我想说的是：我有根基。当然，要激进，就必须有根基。我有，但它并不是意识形态的参照。

你提到了萨拉热窝，这正好让我想起了媒体上的一个插曲。那时正值轰炸最严重的时候，贝尔纳-亨利·列维去那做了一档电视节目，采访了一个做图书管理员的妇女。她那时说："我希望鲍德里亚也在那里看看透明性意味着什么。"她认为这验证了我对恶、对恶之透明性的论述。我认为这其中存在着某种误解。当然，这是对我的嘉奖，因为准确来说，我谈了恶的透明，谈了恶的显现，它们恰恰处在一个恶在原则上应当被清除、并想成为一个新的世界秩序的世界之中。我们则处在善和肯定性的虚拟性之中。而恰恰相反的是，在一个这样的系统中，到处都显露出恶。这就是恶的透-显（trans-apparition）。恶不是我们观看时所透过的东西，而是它透过一切进行观看，是它进行了穿越，显然也是它穿越了善。那时，所有的积极努力，所有的政治建构中都

[①] 参见 *Le Crime parfait*, op. cit., pp. 181—193.《完美罪行》的这部分由题为 «Pas de pitié pour Sarajevo» 的文章（*Libération*, 6 janvier 1994, pp. 13—16）构成。该访谈所讨论的某些概念也可追溯到这些文章。

存在着一种反常的转换，这最终把一切都转变成了恶。于是，归根结底，所有的东方事件——南斯拉夫、波斯尼亚、萨拉热窝这些国家的剧变——都是对这类灾难、对这一反反复复产生了恶的灾难性形式的骇人证明。而我却不知道要怎么说这些，因为准确来说，我并不是在"不幸"（malheur）和"苦难"（souffrance）的意义上理解恶（mal）的，而是把恶理解为事物的否定性和邪恶，理解为所有转变成自身反面、从未触及其目的性、甚或超越其目的性，并在那时变得怪异的一切事物所具有的方式。

我们的平庸中相当一部分怪异之处都来自这里：所有的显现都变得极端了。在全球性传播的帮助下，在我们的方法、进步和科学的帮助下，它们每一个都具有不可控的、非人的维度。恶被我理解为形式。显然，我不是在体验和痛苦的层面上理解恶的——我对那种情况没什么可说的，其他人也是如此，除非从道德的角度出发，但这正是我想要避免的。我并不是要把道德悬置起来，而是要把它相对化。这里有一种书写的逻辑，一种反思的逻辑，一种哲学逻辑，在这意义上说也是斯多葛式的逻辑。我们不会给人们的世界观、自然观加上事物或个人性或集体性的感人意义，但当然，这样说的时候，我意识到这是悖论性、挑衅性的，且归根结底是不可接受的。我非常理解这可能会引起的过敏反应。这不是要说一切对我来说都是无关紧要的。如果我们要谈的话，我们可以从身心上参与集体的不幸。但我相信，如果有近乎斯多葛式的义务的话，它不是要将其崇高化、抽象化、距离化，而是要说："这是游戏规则，我与它游戏。"保留终极的讽刺性的可能性，这也许是对历史的讽刺。因为不幸、不幸所导致的强迫、关于清洗罪恶的治疗性强迫都无法构成对历史的最终判决。我没有其他什么要说的，但这的确可能成为一项非常严重的指控！

问 顺着卡罗琳问您的问题，我一下子想到了一个和我所谓的"事后清晨"有关的问题。献上自己的眼睛当然是诱人的，尽管它会在第一时间带来生理上的不适，可第二天会发生什么呢？谁会发现自己成了独眼龙呢？在忍受诱惑之苦和生理残疾之间，选择谁难道不明显吗？身体掩盖了许多其他损失。

答 故事没有第二天，讲故事就是为了耗尽它。同样，如果您一板一眼地对待事物，那这会是令人无法接受的。最终，好吧，我们会以某种方式身陷残忍之中。除了在那时复仇之外，第二天又会发生什么呢？无论如何，在那种意义上，献祭（le sacrifice）没有终点。献祭没有明天，因为它没有终点，因为它能自我繁衍。每个人都能重现这一献祭。我们非常清楚，这是一场小游戏，就像在这场游戏中赢得或输掉的钱那样：在游戏中赢得的钱不能带出游戏，它应当在游戏中被焚毁和消耗。这在我看来似乎是一回事情，在赠礼和献祭的系统中没有明天，没有留给人们进行计算的时刻，没有给人们时间来说："就在那里，我被偷了；在那里，我输了；在那里，我被献祭了；我必须复仇。"这些都没有，我们继续玩游戏。您问："第二天会发生什么？"我们也许会这样回答：那时，我们会挖出第二只眼睛，我们消灭了问题！

问 如何使用策略的概念？它似乎暗中包含了一种主体性的

形式，然而我们使用它的方式却被暗中破坏了主体性，或把它置于一个它被蒸发或弱化的语境之中。此外，由于策略最初是一种军事隐喻，它如今在何种程度上拥有使其意义更为复杂的战争内涵呢？

答 对，在这一点上我赞同您。"策略"这个词代表了一种便利，因为它很优美。这是一个讨人喜欢的术语：它拥有一个形式，它同想象物对话，它拥有一种控制形式，同时，它也在一个空间中自我展开。但在我看来，它不再有什么宏大的意义了。为了让这里存在一种策略，事实上应当有一个策略的主体，某个拥有意志的人，一种未来事件的表征，即应当存在着一种目的性。如果策略要成为一种偶然的组织方式，那它严格来说就不再是一种策略。因此，我们依然能使用这个术语，也许只是以隐喻的方式使用它，但确定的是，它失去了自己的军事参照，也许甚至是其最终的参照。当我在"致命策略"这个表述中使用"策略"这个词的时候，很显然，它不再具有自在的目的性。它是一种致命程序的形式，其中当然不再有主体和主体性。致命策略于我而言，乃是一种关于客体的策略。当然，这并不意味着什么，可客体要如何才能拥有一种策略呢？这很荒诞。但是，我还是非常喜欢坚持悖论性的东西。我也谈到了客观的幻觉。幻觉如果是真理原则的反面，那它就不能被奠基于客观性之上。但我还是喜欢把这两个术语联系起来，为的是让二者之间产生**碰撞**。因此，致命策略这个表达实际上描绘了一个过程，一种符合事物范畴的可逆性，那时的它的确是疯狂的、致命的。我们每个人都身处其中，都是这一事物的载体，而不是主体。那时，它假定了这样一种主客关系的相对性，这致使它成为致命的。一方面，我们见证了主体性的丧失；另一方面，我们也见证了客体本身以某种致命的、明确的、决定性的方式介入了游戏之中。结果，不再是主体持有事物了，严格来说只存在着关于主体的策略；谈论关于客体的策略是一个悖论，是一种对事物的隐喻性转移。因为话语本身就如此建立在了主体性的基础之上，并且这样一来我们就没有一种我所理解的客观话语，它同科学性全无干系，却也关于客体的话语。但是，我们不拥有客体。我们所拥有的是事件本身，是世界的进程本身，那里就算没有一种策略，至少也有一条游戏规则。而我呢，我依然相信这里有一条规则，但不是由我来宣布它。它必然是难以明了、秘而不宣的。不过，某处仍存在着一种事物运转过程中的逻辑，哪怕是一种疯狂的逻辑。让我们把它叫作策略吧，为什么不呢？这毕竟是有意义的话语尝试描绘无意义的方式。但显然，我们依然总是处在二者之间。这里不会有科学意义上的客观性。那是不可能的。

问　很显然，吕克·费里（Luc Ferry）和阿兰·雷诺（Alain Renaut）① 等年轻一代哲学家，米歇尔·马费索利（Michel Maffesoli）② 等年轻一代社会学家，以及没那么年轻的阿兰·图

---

①　68—86：*Itinéraires de l'individu*，Paris，Gallimard，1987.

②　*Le Temps des tribus：le déclin de l'individualisme dans les sociétés de masse*，Paris，Méridiens/Klincksieck，1988；*La Transfiguration du politique：la tribalisation du monde*，Paris，Grasset，1992.

海纳（Alain Touraine）① 或埃德加·莫兰（Edgar Morin）②，都讲述了主体的回归。他们当然不是从老一辈人道主义者或原教旨主义者的角度，而是从一个主体的角度来讲述的，让我们此刻先不要妄下定论。令人惊讶的是，在两卷《冷记忆》（1987，1990）中，您已经对其可能的进程作了描述："我们在欢愉中所毁灭的东西，正在由我们悲伤地重构着。"③ 但是在这里，悲伤是您的悲伤，上述作者却不一定承受着同样的忧愁。

您觉得他们都在多重幻觉的马尾藻海 ④ 上航行吗？还是说，作为另一种选择，您会把他们的努力解释为一种有趣的生态学，就像 20 世纪末的再循环技术一样？毕竟，这一次人们确实走到了这里，有一点后现代，外加一小撮自由主义和少许康德式的伦理学，最后还有大剂量的、经得起世间任何险恶考验的乐观主义。在这当中，马费索利打了头阵，费里紧随其后。的确，年长的那些人要更为谨慎。图海纳无论如何都很少在那方面冒险。相对于主体的回归，您自己的立场如何？

答 在马费索利那里，这实际上是一个十分特殊的主体，因为它同部落性（tribalité）联系在一起。这毋宁说是一种部落的

---

① *Le Retour de l'acteur：essai de sociologie*，Paris，Fayard，1984.

② *Un nouveau commencement*，Paris，Seuil，1991.

③ *Cool Memories：1980—1985*，Paris，Galilée，1987，p. 187.

④ 马尾藻海（Sargasso Sea）是北大西洋中部的一个海，海上大量漂浮的植物马尾藻属于褐藻门、马尾藻科，是唯一能在开阔水域上自主生长的藻类。据说许多船只因误入这片奇特的海域，被马尾藻死死缠住而遇难，这片海域因此有"海洋坟地"的称号。——译注

再次涌现，而主体则是一种特殊性、独一性形式的载体。这里有部落，有某种意义上的独一体（le singulier）。我会更倾向于认为，这整个运动都不是残留，而是关于也许依然活跃的残留物、元素和遗迹的工作，因为残留并不必然是死的。事物的零散碎片就算无法构成总体性（totalité），至少也能够构成整体性（globalité），可以不顾一切地组织世界。它们是主体，是世界的组织者。主体毕竟创造过一种哲学的形式，一种世界的生成-主体（devenir-sujet du monde）的形式。最终，无需谈及黑格尔，我们也可以说主体有某种力量，尤其是精神组织的力量。大家都知道，它如今不再有这一力量了。在我看来，您所描绘的是一种修复；我们每个人如今都身处这一修复之中，身处主体的紧急呼救（le SOS-sujet）之中，或者身处主体性的紧急呼救（le SOS-subjectivité）之中 ①。此外，这个主体在我看来也完全不像是一个分裂的主体，即一个的确被异化、并从其异化中汲取能量的主体，而更像是一个被重构的、被再度综合的、没有经受这一分裂的主体，这一切都在象征界和想象界当中。这是一种关于被重构主体的模型肖像、机器人-肖像（portrait-robot），它再次开始征

① 最近，"SOS"这个词在法国被用于社会和政治的行动主义语境之中。比如 SOS 种族主义是一个由阿勒姆·德齐赫（Harlem Désir）建立的组织，它主要与反非欧移民的种族主义作斗争，吸引了大量的目光。在给阿勒姆·德齐赫的公开信中（Paris, Rivages, 1990），茱莉亚·克里斯蒂娃（Julia Kristeva）提出了非差别主义版本的民族身份，以表对德齐赫捍卫移民做法的同情，但这同德齐赫本人关于身份的差别主义概念有着明显的差距。

服其残余、其剩余。是的，这会是一个生态学主体，我们将会有一种主体的生态学，一种对主体的保护，因为主体显然受到了彻底的、来自某种十分简单的事物的威胁，这一威胁被称为客体的消失。如果主体没有死得其所，那么，它所想要客观化并加以控制的东西此后就会躲开它，一如它关于力量、权力、控制的立场那样。这个主体甚至不再被假定为有能力、能信仰的主体。信任的问题非常现实，因为这个主体甚至都不再相信自己。

从某种程度上说，甚至连这些重提主体、使主体成为行动者的人也依然明白，主体失去了对自身的信念。事实上，主体既失去了自己的异化，也失去了异化的反面，即对主体自身的良善信念，对参与它自己的改变世界之大业的信念。主体不再相信自己，甚至那些相信主体的人在内心深处也不相信它。我们在那里感受到的是一种企图让人相信的意愿，这就其本身而言是一种策略形式，但这是一种死后的策略。这是得以幸存的主体，是主体的**超-生**（*survival*）、主体的**复生**①（*revival*）。当然，目前的问题在于主体性，因为所有的学科——社会学、心理学、哲学——都为挽救其主体付出了努力。无论是主动的主体还是被动的主体，我们都面对着想要做（vouloir-faire）某事和让某人相信（faire-croire）某事这一情况，在此，主体试图在权力的元素和世界观的元素的围绕下自我重构。至于我，我则不相信这一点。也

---

① 原文通过斜体强调了 survival 和 revival 这两个词，它们具有共同的词根，其中，前缀 sur- 表示超越、超过，前缀 re- 表示再一次，故以超-生和复生进行翻译。——译注

就是说，在主体漫长的毁灭之后——无论是哲学上的、结构主义上的，还是其他意义上的毁灭，也许存在着一种再-革新和更新的效果。那里可能只有一种平衡游戏，即平衡本身。于是，在观念史中，在这一实例中，我们将会见证一种内在于观念史、且反作用于世界史的现象。因为事实上在我看来，主体的确近乎消逝（vanishing），它抵达了消失点，且只能在哲学的世界中重现。我当然不会赋予主体很高的可信度，至少对我自己来说不会。

问　多年前社会主义在法国的某处获胜之后，那时距现在还有些年头，您和利奥塔都表现出了某种十分健康的反应①。当您指出知识分子不以除自己以外的任何人的名义说话的时候，我在您同玛丽亚·谢夫佐娃（Maria Shevtsova）②的会面中重新发现了那种健康反应的踪迹。如今很清楚的是，福柯、萨特等人都不得不面对我们的同时代性中的磨难。然而，十二年过后，英国或美国的知识分子③向法国同行讲述了完全另一件事。这一表达水准不具谩骂式的道德化，却又坚定有力。此外，桑塔格（Susan Sontag）算是亲历了现场，她直面了萨拉热窝的炮火，并在那里排演了《等待戈多》的第一幕。另一件事则关于一种有形的、谦卑的选择，这是在尖酸刻薄的攻击下无法发挥作用的、属于安德

---

①　*Tombeau de l'intellectuel et autres papiers*，Paris，Galilée，1984.

②　*Baudrillard Live*，*op. cit.*，pp. 72—80.

③　Tony Judt，*Un passé imparfait：les intellectuels en France，1944—1956*，Paris，Fayard，1992；Susan Sontag，«Godot Comes to Sarajevo»，*New York Review of Books*，1993，40（21 octobre），pp. 52—59.

烈·格鲁克斯曼的独特风格。他出现了，花了几个小时走入战火
纷飞的城市，为的是在电视上解说战争的胜负。桑塔格则是位
六十岁的灰发老妇，面带不屑，却又神色坚定（除了荣誉没有什
么可失去的了，而荣誉对任何年龄的人来说都意味重大）："我
回来了，我和演员们一起做了这一幕戏，哪怕他们可能会筋疲力
尽、躺倒在地，他们也想要活下来，想要游戏、思考，并把戏演
完。"[1] 在 1993 年，这也许是一个令人失望的选择，是一种对万
斯（Cyrus Vance）和欧文（David Owen）[2] 压倒性的实用主义的
拒绝，是面对普遍的懈怠而不存幻想的行为，但它也是必不可少
的，以提醒盲目的欧洲：走出失范状态是一件好事。

我想问您的问题如下：第一，您在《终结的幻觉》（*L'Illusion
de la fin*）第 95 页谈到的"现实主义的卑鄙"，相比于对侵犯的坚
决主张，难道不正是对不花我们一分钱、让我们匍匐于电视前的
不可避免性的接受吗？第二，如果桑塔格没有那样做，那谁会那
样做？对于您来说，在这些目前遍布地球的末日微空间里，个体
的角色是怎样的，无论他是知识分子、水管工、外科医生还是剧
作家？

答 我倾向于肯定的回答。我希望依然有把那种东西刺破一
点的可能。因为如果不带幻想、目的和结果去做、去拯救（拯救
什么？一种良心？一种骄傲？），这样想依然是好的："好，我会

---

[1] Susan Sontag, art. cité, p. 52.

[2] 在鲍德里亚和谢夫佐娃会面期间（1993 年），塞勒斯·万斯任美国
国务卿，大卫·欧文任英国外交大臣。

不顾一切那样做的。"这是一种英雄的行为，因为英雄主义总是不带幻想的。在这意义上，真正的英雄总是悲剧性的，因为幸运的是，他们恰恰不指望从自己的行动产生结果。但人们无法独自成为英雄；在这方面，我算是个集体主义者，我认为一项行动不具有自在的意义，除了荒诞的意义。自杀也许就有这种意义。另外，我们在此所见证的也许正是一种自杀。我对此一无所知。但是，为了让这样的行动拥有一种意义，为了让行动本身具有意义，哪怕它是不带幻觉的，我们也必须在它所产生的回响中寻找其意义。是的，这需要在他人的意识中，尤其是行动在原则上所针对的那些人的意识中，即波斯尼亚或其他人的意识中。但是，机器正是在那里濒于崩溃，因为通过某种共鸣箱，对回响的吸收显然被冒充、完全扰乱和预先中介化，这种通过预期、通过您所能做的一切保持先行吸收，正是令我不快的东西。无论如何，我们还是这样行动吧！为了拯救自己独有的幻觉，即自身意志的幻觉。但是，如果没有一个知识界这样的共鸣箱与这种行动保持团结，且能不顾一切地从中提取并回响出一种意义，使之重新回到历史并成为事件，那么这样做还有意义吗？我觉得不值。我自己绝非机会主义者，而接近于现实主义者，是极端的政治现实主义者。我觉得如果我们选择要做一件事情，那件事情必须触发事件。不是因为事件很重要，而是因为它可以在某处的信息连锁反应中制造一种断裂。那么，它是否曾创造过断裂呢？问题就在这里。倘若没有，我们将不知道能对此作何评估。我们也许可以将这一行动评估为断裂，也至少可能维持这样一种想法：如果每个人都以身作则做好自己的小事等等，那么这一切就会带来勇气、行动的原始积累，并最终形成一桩事件。今天，我并不相信这样一回事情，因为传媒机器使得这一原始积累不再可能，这就是保罗·维希里奥所清楚描绘的那种宿命[①]。行动不再拥有先例，哪怕它们参照了其他革命时期；行动准确来说不再具有长期目的，因为无人知道目的性来自何处，也因为这种目的性是在真实时间中发挥作用的，而这一真实时间在昙花一现中找到了排演一切的方式。苏珊·桑塔格的行动是受限的。这一行动无法成为**匿名性的**（incognito），它必然被中介化，这一点是肯定的。就其本身而言，这并非彻底的拒斥，而是一种趋势。信息不再是其曾经所是。过去，某事发生了，而人们随后才知道它发生了，人们听说了它。现在则不是这样，我们预先就知道它发生了，它也不再有时间来发生。中介化是一种差值，我们可以把它叫作时间中的拟像差（la précession des simulacres dans le temps）。在我们所处的世界中，为了回应一种真正的现实，回应事物的重要性，必须遥遥领先于它们；归根结底，我们必须比拟像本身更超前、更预先，否则机器和系统就会先我们一步且无处不在。这就像布拉格的那位大学生[②]，无论他本人在哪里，他的分身总是先他一步到了那里，因为这位大学生自我分裂了。当他要和某人决斗时，对

[①] *Essai sur l'insécurité du territoire*, Paris, Stock, 1976；*Vitesse et politique*：*essai de dromologie*, Paris, Galilée, 1977；*Esthétique de la disparition*, Paris, Balland, 1980.

[②] 参看 *Le Crime parfait*, *op. cit*。

方已经先行一步，杀死了自己的对手。因此，他不再有理由活着了。我们就身处这一系统之中。我们还能再领先一点吗？在一种我们所身陷的总体境况中，我们甚至还不经意地成了共谋，因为事实上，在类似情况中还存在着斯德哥尔摩综合症的效果，也就是说，在这样的事件中，受害者和加害者在某处形成了共谋。这很可怕，但事情就是这样：在人质和挟持者之间存在着一种共谋。为了能够触发直接的、已被完全剥夺意义的事件，我们必须迅速采取行动，必须已作出出色的预期。这就是我们通过思想和写作所能尝试的事情，但如今，在实操中做到这一点要难得多。桑塔格那样的姿态在我看来是没用的，这并非价值判断，也不是对其勇气的评判，因为她所做这一行为中确实蕴含着一种美德；但美德是另一回事情，就策略而言，如果还是要使用这个词的话，我实际上要更加愤世嫉俗。

最终，在我看来，这里存在着一种需要人们尊敬的劳动分工。如果还有知识分子，我也并不确定自己是否是其中一员，哪怕我过着知识分子的生活，某种话语的生活，我也没有同知识分子形成共谋，因为他们想要表现得很有责任感，并对某些事物、某种良心享有特权。激进性依然是知识分子的特权，它已深入事物，也深入了别处。苏珊·桑塔格那样的主体不再能介入了，哪怕只是象征层面的介入，但这当然也不是预言和诊断。

问 可以说超真实是一种拥有过多现实而意识形态不足的状态吗？我们是否成了意识形态的流浪汉？这不是说我们依然相信它；事实上截然相反。但是，意识形态曾是我们的托辞，是我们在主观讽刺领域的借口，是某种我们事实上并不相信的东西。有趣的是，随着时代的变化，如今我们已经很难变得愤世嫉俗了。

答　的确，因为无论如何都没人再相信意识形态了。这就是问题所在：人们不再相信它，不仅仅是对于意识形态，还有对于冷漠也是如此。冷漠曾是一种美妙的、近乎斯多葛式的品质。在一个不算冷漠、存在着差异和冲突的世界中保持冷漠是多么棒。所以说，这种冷漠，这种冷漠的策略，给人一种最拥有特权的处境。但是，在一个变得全然冷漠的世界中，冷漠还有何用呢？我们必须再次具有差异（différent），以区分于一个客观上变得冷漠（indifférent）的世界。这一历史是十分有害的，而这对于拥有幻觉力量的艺术来说也是如此。在一个最终全面沦为幻觉、甚至偶然的世界中，艺术会变成什么呢？我们很难找到一种类似于艺术的介入形式。于是就有了意识形态。对，今天的世界已经完全被意识形态化了，一切都沦为了意识形态的历史，但意识形态对我们来说不再有什么用了。由此产生了意识形态或者说超越性的位置，但它在现实中不再存在。

而我则体验到了模拟与拟像。如今我已受够它们了，这已经快二十年了，已经够了。最近在这个问题上，发生了一件关于日本的趣事。有一位日本学者来采访我，我问他：为什么多年前他们就翻译了我的书，而我却没有收到过反馈？我之前去过很多次日本，那时人们对我说："噢，模拟与拟像！在日本，您是一位杰出的阐释者。"于是，我便问他为何我没有再听到过读者的反馈。他告诉我："这太简单了。您知道，拟像与模拟已经实现了，您是完全正确的，世界成了您所说的样子，因此我们不再需要您了。您已经消失了，您从现实，或者说业已实现的超级现实中消失。就这样，就理论而言，我们不再需要您了，也不再需要捍卫您的理论了。"这就是业已实现的乌托邦所具有的悖论；显然，它让一切乌托邦的维度都完全无效了。所以，我不知道这算不算回答了您关于意识形态的问题。在我看来，意识形态似乎是个老掉牙的词，我不太喜欢去讨论它。至少，如果诚如马克思所言，即意识形态是上层建筑对经济基础的反应效果，那么它这种模式就反映了冲突的模式。如今，我们不再能赋予意识形态以基础，除了生产一种指涉性的话语，它本身不再能够对经济基础的现实中产生出当前的冲突，而只能是已经过时的概念性话语的遗存。经济基础成了自己的意识形态僵尸，成了自己的制品。但是，这一方面无需为人所知，因为最终大家都在说意识形态的语言，都在把事物意识形态化——这就是我们的救命稻草。就我自己而言，我打心底里认为，笼统来说，没有人还相信意识形态了。但意识形态总会存在，不幸的是，知识分子阶级，尤其是政治知识分子阶级所扮演的角色，依然是要维持意识形态话语的虚构。大家都在假装消费，因为不然就会出现恐慌；但是，从更深的层面看，一切都不再可信了。这早晚有一天会让一切一下子陷入崩溃。这一崩溃之所以发生，是因为这一事物很久以前就从根本上不再有任何可信度了。人们总是问，为什么东方的一切发展得这么快，却无法预见这一溃败。这仅仅是因为长久以来一切都被完全剥夺了生命力，话语本身不过是对自己的戏仿（la parodie）。有朝一日，仅仅是对自身的戏仿的现实将会轻而易举地崩溃。我们甚至都不需要助其一臂之力。此外，另一点也很有趣，那就是从冷漠中浮现出来的这类新型事件，不再出自行动意志，而是出自将会侵蚀系统的慢性迟钝，并早晚有一天会发生内爆。

问　鉴于人们对您策略中的摩尼教特征的影射，讽刺（l'ironie）在这里是一个相当孤立的术语①。它和戏仿一同良好运转着，但后者很少出现在您的文章里。为何不呢？是因为"讽刺"这个术语中已经包含了矛盾吗？

答　您说戏仿不太出现？戏仿这个术语也许依然有些……我自己很喜欢这个词——它非常戏剧性，也许还异常惊心动魄。但它依然拥有某种力量。的确，我使用"讽刺"更多，而且我也没有在主观的意义上使用"讽刺"这个术语——这不是主观或浪漫的讽刺，也没有在这意义上使用"幽默"。这毋宁说是一种啪嗒学式的讽刺，但它也是客观的。它先前是主观的讽刺，因为它和批判有关，和批判性的、浪漫的、否定性的视角有关，和一种幻灭的形式相关。在我看来，新的讽刺更是一种对肯定性和现实的过度。因此，我把它叫作啪嗒学的，因为啪嗒学、愚布王就是这种满溢（le trop-plein）、溢出自身，是绝对的超意识（la superconscience），是无瑕的肯定性。显然，迟早有一天，愚布

---

① 摩尼教特征指二元对立，而讽刺则不是一个处于二元对立结构中的东西，故形容其为"孤立的"。——译注

王的畸肚脐（guidouille）① 会爆炸。这就是形而上学的讽刺，是对我们这个世界的讽刺，它同隆凸有关，同系统的增生有关。这不再是古典戏剧中的荒诞，而是啪嗒学。愚布王吞掉了自己的超我。这一切既是触不可及的，也是不存在的。这就是非-存在（l'in-existence）和非-意义（l'in-signifiance）的讽刺。它比他者更加激进。他者依然存在，而且正是他者构成了讽刺的美丽和魅力，他者是讽刺对象的共谋，只要那种讽刺是事件本身的讽刺，就像东方事件那样——突然间，当人们以为资本正在倒下的时候，却看到了另一方的崩溃！这在我看来似乎是一桩讽刺性的事件，它纯然是不可预测的，可它毕竟还属于一种幻想的逻辑。不如说，我如今坚持的正是这一讽刺。但它很难被主题化，因为它不再引人发笑，连微笑也无法引起。这很不幸。也许有客体在某处微笑，但我们并不知道它。

问 您说话时偶尔会像一个清洁派教徒。

答 是的！对，清洁派教徒！摩尼教徒②。当然，是《恶的透明性》里所说的那种摩尼教。

问 但这其中有一个悖论依然令我着迷。因为最终，从一方面来看，这种清洁派早晚都会回到某种先知论调。这可以是《耶利米书》，也许是垃圾堆上的《约伯记》，当然在其他场合也是《传道书》。但是，对我来说，悖论如下所言；我知道，您对道德主义的严守戒规非常排斥，但从另一方面来看，我们在成为

---

① 特指愚布王父亲的肚子。——译注

② 鲍德里亚提到过清洁派教徒，参见 *Le Crime parfait*, *op. cit.*, p. 121。

先知的同时，能像您一样顺理成章地不当道德主义者和严守戒规者吗？

答 对，严守戒规严格来说是一种品质。严守戒规是一种缺陷，但严格，对，我会为严格或极度严格作辩护，这一点是确定的。激进性实际上也是严格。在这意义上，一种严格的逻辑在我看来似乎微不足道。任何对现实的怜悯和宽容，我实际上都不会参与。我更喜欢朝另一个方向走去，而这的确可以将我们带向一种先知性的道德主义。不过，它是先知性的，但我不知道它是否真的属于预言；它里面存在着一些推论。我很喜欢推论，也就是把一个观念推到尽头，推到自己的终点之外，我喜欢这样做，这是肯定的。可这是不是预言？有时，它是正确的，但这并非必然。我记得某人把我说过的所有蠢话都作了记录，其实是某些蠢话，是所有我预言过的没有实现的事情。做这件事的是一份报纸，是《环球》（*Le Globe*）还是什么类似的报纸。这是件好事，它也宣传了某些已然成真的事情。但我宣布这些预言并非出于美德，尽管美德不错，可我们是道德的，还是不道德的？我不知道这会走向何处。我们内心深处也许是道德的，我也许也是这样，我也许从我的农民祖先那里继承了美德，但我对此一无所知，我的祖先是农民，而非其他什么。是的，就是这样，严格毋宁说也是这样。而且严格出自排斥反应，而非道德主义。我是道德的，这是因为我带着一种距离感、一种愤世嫉俗或客观性、一种悖论而从表面描述一切，但我排斥任何深度。引力和深层的斥力同时存在。当然，道德的确必须以怨恨和排斥为养料。我承认自己对事物具有客观的排斥，因为要好好描绘某物，我必须变坏，必须拥有排斥的能量。波堡事件、波堡机器开启了我身上的斥力，我带着彻底的厌恶描绘了它们。但最终当我们赋予客体以其异常维度的时候，它重振了旗鼓。为了发现客体，我们必须既吸收它（也许是稍稍与之同化），又激烈地排出它。书写也来自这里。这是一种**表演**，我们昨天谈到过这一点。道德所做的是压抑、排斥、禁止，但我不确定这些类比是否依照了同样的原始坐标系和同样的源初场景。

　　问　如果您现在马上要对自己作出定义，您会不会把自己描述为20世纪末的"意外旅客"①？而他带着这个千年的末尾在黎明前所留下的东西：很少的行李，很少的幻觉，以及斯多葛式的心理？

　　答　旅客？是的，说到底这个说法没有那么积极正面。对，怎么说呢，这是一种依然投机取巧的形式？不过，这的确也是一种横跨世界的形式，这一点是确定无疑的。旅客横跨了世界，存在一种横跨性（la traversalité），一种途经的方式，一种观看事物和试着环游的方式。是的，这的确是在环绕，试着同时从各个角度观看事物。这也的确是我所寻求的减负与舒缓。我拖着沉重的包袱，我试图摆脱它。整个观念史，整个哲学本身的历史，哪怕是我最喜欢的事物，我至少也在尽力不把它们变成参照。它们就在某处，但我尽量不再参照它们，我尽量摆脱这一切。也许我不

---

①　安·泰勒（Anne Tyler）的小说名（*The Accidental Tourist*, New York, Knopf, 1985）。

过是在试着制造空无？我不知道"旅客"这个词是否完全契合这个意思。但如果它指的是一种可比较的运动性，即积累的缺席，哪怕是原始的、次要的积累，那我就是旅客。我曾试着避免积累，朝着耗费 ① 的方向走去。不，我既不是玩家，也非耗费者，但我必须学会为重新从满盈中创造空无而献祭，而学会与之相反的做法。这一点是很清楚的。

问　在向您提出这个问题的时候，我想到了《意外旅客》的主人公。因为在《冷记忆》里，您在流亡这个美妙而舒适的结构中，在虚幻和世界尽头勾勒出了许多美丽的波纹。您是在法国灰暗与悲哀的无解之外，以碎片的方式来寻找它们的吗？

答　流亡。这是肯定的。我清楚地意识到，在这整个流亡中存在着一种偏见，一种民族主义、反民族主义或反文化的偏见。在我身上的某处存在着对最为切近之物的逃避，因为在我们自身的文化、国家或家庭中最为切近的东西正是我们无法逃避的东西。事物的这种混杂，在我看来是的确很危险的；因此，我总是试着保持距离，而这一距离可能会变成偏见，变成一种真正片面的判断，甚至是对最近之物的片面判断。不过，我确信我有一种感觉，一种由亲近感和过去世代的根系塑造（至少我坚持这样认为）的感觉。也许正是因为我具有农民意义上的激进性，我才能够完全成为世界主义者（cosmopolite）。因为我知道，我一直拥有一种形式，以及一种稳固的实质；我知道我没有失去这

---

①　积累和耗费是一对取自巴塔耶普遍经济学的概念。根据巴塔耶，此二者并非绝对对立的，而是同属于一种能量的周期运动。——译注

些元素。因此，我没有把世界看作一个遗失的客体，并且允许自己看不到它，尤其是最切近于我的东西——地区，甚至是国家。的确，我对法国持有某种一贯消极的判断，但它可能过于消极了，明显存在某种不公。对于文化来说也是这样的。我总是持有一种反文化的偏见；文化，我从未原谅过它，因为它有着太多令人无法接受的元素。世界变得愈发不可接受了，因为它以一种疯狂的速度自我教化着（se culturaliser）。现在，一切都成了文化，超越自己的文化变得非常困难，因为到处都能看到它。人们甚至无法找到片刻的荒漠。荒漠是关于消逝和消亡的隐喻，它在文化的彼岸，而现在，它本身也被教化了，连发现它都变得非常困难。

巴塔哥尼亚如今是一道新的边界。缺席之时刻与缺席之地点变得愈发难以接近。危险实际上就迷失在一种强迫性的否定性之中，一种对他者文化的否定，对周围世界的否定。正是在这里，我的确保持着一种稍显偏颇的距离，但我认为这比相反的做法更值得。

问 在您从巴黎经加利福尼亚到澳大利亚的旅程中安排的会面里，您常常谈到电影、造型艺术、建筑和绘画。那味觉、嗅觉、触觉和听觉四种感觉在您的生活里占据着怎样的位置呢？

答 噢，我们几乎又回到了一开始的问题！怎么说呢？我没受过音乐教育，也没有什么音乐熏陶，情况的确如此。这是些你成年后肯定会心心念念的东西。至于绘画，我只是自学了一点，但我知道这是怎么回事。电影更是如此，因为我在生命的某一阶段的确对电影有些痴迷，而我今天则好了一些，因为我回不去了，我再也看不出什么来了。还有建筑？嗯，这更多的是通过我的建筑师朋友，通过我曾经很熟悉的环境。最后是摄影，这个领域对我来说曾变得非常亲密和深刻。那并非实质的深度，而是强度。我没有坚持摄影太久，也许有十来年吧，这让摄影对我而言成了同写作一样强烈的东西，尽管它们的方式全然不同。也许，摄影给我的愉悦比写作还要强烈。

这是同图像的关系吗？我们能把照片叫作图像吗？于我而言，这也许是另一回事情，它实际上比图像更加神奇。这毋宁说是一种从一开始就令我激动、令我迷恋的事物。我始于物，随后是大写的物（l'Objet），甚或形而上学的物；这可以是任何我们所想要的东西，可以是作为彻底他异性、作为彻底异国风情的物。图像-照片（l'image-photo）于我而言有点儿类似上述情况，但它不是电影。我不是唯一一个因为电影相对于照片乃是一种幻觉及其力量的丧失，而认为图像-照片优于电影图像的人。当然，这可以说是一种客观的进步，但和所有的进步一样，准确、客观地说，这一进步完全是一种丧失。电影本身在其实践内部失去了幻觉的力量。它由于色彩、由于所有的改善而失去了这种力量，而那些业已实现的改善事实上在我们看来是成问题的。图像-照片恢复了一种绝对的时刻。巴特对此所说的话非常漂亮，但也许过于漂亮了 [1]。我的确没有对此进行过反思。显然，这是一种粗

---

[1] *La Chambre claire*, Paris, Gallimard, 1980.

糙的元素，我试着依照它原来粗糙的样子保存它，并以粗糙的方式实践它，我非常愿意承认这一点。就其他方面来看，哪怕是艺术、绘画，也从未介入自我之中，除非以平行不如说是附带的方式。我从未以这一视角接触事物，即使我有时会不由自主地身处在这些空间之中，和纽约的艺术家一起，和模拟主义者等人一起。这曾是一段极端暧昧的奇遇。我被带到其中，被当作参照，我成了怎样的人质和参照啊！我曾在那受到了粗暴的对待，我一下子被吹上了天，随后又遭到了恶意的贬低。好吧，但这一切都不是我的初衷。这一命运并非我的本意。

就选择、欲望、投注而言，命运站在图像一边，实际上是在图像的领域之中，更准确地说是在照片的领域之中，这无需我对其原因作出确切解释。我在此发现了一种方法，它并非替代性的选择，而是与书写交替进行。毕竟单单写作才会把您变成一位知识分子，哪怕您并不愿这样。写作同话语更为相关，而照片则可以在彻底的、外在的、陌异的独一性中被拍摄。当然，这里依然有一种危险，一种被人当作摄影家的危险，这会使我们再一次掉进同一个回收系统之中，但摄影依然在一瞬间发挥了作用！

即兴喜剧 ^①（1996）

问　我之前就想同您作这次访谈，因为在您的文章震惊我之后，我觉得必须把它同您更为全面的反思放在一起来看。我觉得，您在这篇文章里并没有对艺术表现出兴趣，因为您在那里发现的是行为和功能，它们支撑了您对西方文化的批判……

答　实际上，艺术对我来说是边缘性的东西。我不是真的赞同艺术。甚至可以说我对艺术培养了一种和我对一般文化相同的偏见。因此，相对于其他的价值体系，艺术并不具有任何特权。人们依然把艺术看作一种出人意料的对策。而我所质疑的正是这种人间净土式的艺术观。我的观点是人类学的。据此，艺术似乎不再拥有生命所必需的功能；由于同样的超越性的丧失，艺术也遭遇了相同的价值毁灭的命运。艺术没能避免这一发展形式，没能避免事物的这种彻底的可见性，而这正是

①　«La commedia dell'arte», *Artpress*, 1996, n° 216, septembre, pp. 43—48. 即兴喜剧（la commedia dell'arte）是意大利流行的戏剧体裁，诞生于 16 世纪，通常由戴着面具的演员即兴表演。此处的意大利语 arte 不是指艺术，而是该戏剧类型特有的演员表演形式。——译注

西方所遇到的情况。但是，超-可见性（l'hyper-visibilité）乃是一种毁灭凝视的方式。我从视觉上消费艺术，甚至可以由此获得某种乐趣，但这并没有恢复我的幻觉和真理。当人们质疑了绘画的对象，随后质疑绘画的主体，在我看来，人们似乎很少对作为第三项的观者感兴趣。观者愈发受到挑逗，却又成了人质。在艺术圈的自我凝视之外，还存在着另一种对当代艺术的凝视吗？

问 的确，让我们来谈谈艺术圈吧……您对这个圈子非常苛刻，因为您在谈到所谓的"艺术阴谋"时把这个圈子里的人都描绘成了密谋者……

答 当我说"艺术阴谋"的时候，我用的是隐喻，就像我谈"完美罪行"的时候一样。我们既不能确定阴谋的始作俑者，也无法确定受害者。因为阴谋没有作者，大家都既是受害人又是共谋者。政治中也发生着同样的事情：比如在上演的模式中，每个人都受到了欺骗，但每个人又都是共谋者。无信仰和非沉迷让大家都在一种无限的循环里玩着两面派的把戏。但在我看来，这一循环同艺术的形式本身是矛盾的，因为艺术假定的是"创造者"和"消费者"之间的截然二分。一切都隶属于这场混乱，都在打着互动、人人参与和接触的名号——我还知道什么？——这令我感到厌烦……

问 读了您的文章之后，我不觉得您自认为参与了共谋……您似乎更想把自己放在圈外人的位置上，也就是我们试着去欺骗的那些人的位置上……

答　我故意扮演着多瑙河流域农民①的角色：这个角色什么也不知道，他只是有所预感。我要求的是不-顺从（in-docile）的权利。不-顺从就其字面意思而言，乃是拒绝被教育和指导，也就是拒绝掉入符号的陷阱。我试图通过像一个不可知论者那样看待事物来作出诊断……我很喜欢把自己放在原始的位置上……

问　那您是在假装天真了！

答　是的，因为自从我们进入系统以对揭示它之时起，我们就自动构成了它的一部分。如今不再有我们作出纯粹且严格的判断所借助的理想起点了。在政治领域中，我们可以清楚地看到，那些指控政客阶级的人同时也是使之复活的人。政客阶级通过被指控而获得重生，甚至连尖锐的批判也被纳入了这一循环之中。

问　这一在您看来此后都不再可能的批判立场，反过来还能被大家所持有，难道您没有这一幻觉吗？

答　实际上我认为，尽管大众参与了游戏，尽管他们站在自愿为奴的立场上，但他们依然是怀疑论者。在这意义上，他们是在以某种形式来反抗文化。

问　这让我想起了您发表在《解放报》上的另一篇文章，题目是《底层与精英》（*Les ilotes et les élites*），您在其中批判了精英，还说所谓的盲目大众事实上看得非常清楚……在政治方面这也许是对的，但我们能说这些大众也能自发地观察透彻艺术吗？在艺术领域，公众毋宁说是因循守旧的……

---

①　法国俗语，指说话毫无顾忌的人。——译注

答　在政治领域，大众的不透明性将人们对其施加的象征性支配中性化了。大众的这一不透明性在艺术领域中可能没那么强，其批判力也会削弱不少。某种对文化的需求也许依然存在……如果文化成了政治的中转站，那它也会成为共谋机制里的中转站。但大众的艺术消费并不意味着他们赞同文化教给他们的价值。大体而言，大众不再反对任何事物。我们看到了一种排列看齐的形式，一种普遍的文化动员的形式。

问　请您原谅我的问题，但您对精英的批判就没有重新混入某种极右翼的煽动吗？

答　左右二字对我来说没什么区别。的确，我们不能说大众被欺骗了，因为这里不存在操纵和客观的剥削。这毋宁说存在一种守旧主义，因为大家都被号召整合进同一个循环之中。如果有欺骗的话，那它就在政客阶级和知识分子阶级之中。是的，在那里，人们被那些阶级所独有的价值所欺骗。正是这些价值对人们施加了近乎谎语癖的力量，让他们像阶级一样自主化，并敦促这些在外部活动的人进入游戏内部。

问　您不就是在质疑民主制度吗？

答　民主制度发挥的作用越来越少了。它以一种统计学的方式运转，例如投票什么的。但政治舞台是精神分裂的……相关的大众完全处在这一话语民主的外部。人们无所事事。鲜活的参与是极端虚弱的……

问　这不就是右翼政客说的话吗？

答　他们这样说是为了自己的利益而动员大众……比如"请

您看看我们"等说法。不过，在其信仰层面，在其投射出的价值中，大众是不左不右的。我们无法孤立他们，我们也是大众的一员……让我感兴趣的是，政客为了深度动员大众而付出的一切努力都是徒劳的。在站队和肤浅的判断之外，大众对这样一种政治还存在着一种抵抗，其方式和抵抗对事物进行审美化和教化的系统一样。面对这个规模愈发庞大的公众，人们首先在政治上征服了他们，而现在，人们则希望在文化上征服和吸纳他们，可他们会抵抗，抵抗进步，抵抗启蒙，抵抗教育，抵抗现代性等等。

问 您为此高兴，不是吗？

答 完全正确。由于这里不再有什么当务之急，所以这在我看来是唯一可能的反抗潜力——另一种共谋，但它是谜一般的、不可辨认的。所有的话语都是模棱两可的，包括我的也是。所有人都陷入了某种与系统本身的可耻共谋之中，而系统本身则指望这种模棱两可的话语来作为其保障。于是，评判者成了政客阶级的担保人；他们是唯一对政客阶级感兴趣的人。系统以其迫害为生，但从另一边，也就是从大众那边来看，它存在着某种未经修整且不可化约为政治、社会、美学统治的东西……一切都倾向于得到越来越多的实现。某一天，社会将会得到完全的实现，这里将只有被排除掉的人。某一天，一切都会被教化，任何物都会成为所谓的审美物，不会再有更多的审美物了……随着系统的自我完善，它进行着整合和排斥的工作。比如在信息技术领域，系统越自我完善，为了计算而被遗漏的就越多。欧洲正在被制造，它将被制造，随着它的实现，一切都开始反对这种欧洲唯意志论。

欧洲将会存在，但英国不会，许多地区都不会。由技术专家这个特权阶层促成的诸事物的形式性的现实化，与诸事物的现实植入之间的差距在不断拉大。现实完全没有遵从这种最高级的唯意志论的现实化。扭曲是相当大的。洋洋得意的话语在彻底的乌托邦中得以幸存。它依然自认为是普遍的，但它很久以前起就不再能够以自指的方式之外获得实现了。由于社会支配了所有维持一桩虚构事件的方式，它才能无限地延续下去……

问　您刚才谈到了公众的冷漠。但在您的文章里，您要走得更远……您说的大概是："消费者有理，因为大部分当代艺术就是个屁。"我们可以从"大部分"来看艺术吗？如果有艺术这回事的话，它毋宁说是在您所忽视的那"小部分"里……

答　我同意，但对于独一性我没什么要说的。此时此刻，我看到这里涌现出了大量关于培根的写作。于我而言，这就等于零。所有这些评论在我看来都是对美学环境的一种稀释。何者可以在一种狭义的文化中起到这类东西的效果呢？我们不会回到原始社会，但在人类学式的文化中没有什么可以躲开整体循环，无论是使用还是解释……独一性是不会在交流的意义上得到传播的。或者说，在一个如此微小的循环中，独一性不过是一个被盲目崇拜的偶像。在阶级社会中也是如此，象征物的循环回路是受限的。一个阶级可以享有象征世界，不需要另外赋予其极高的重要性，但人们并不想纳入其他人。而今天，人们却希望所有人都进入这个世界，但它会如何改变生活呢？它激发了何种新能量呢？它的挑战是什么呢？在审美世界中，上层建筑是如此庞大，以至于没有人能和事物或事件产生直接粗暴的关系。制造空无是不可能的。我们只能分享事物的价值，而非其形式。物本身就其隐秘形式而言，即就其为何如是而言，很少被触及。形式是什么？是某种超越价值的东西，某种我试图通过一种在其中物、事件都能有机会以最大强度倾泻出来的空无而触及的东西。我所指责的就是美学：这是一种附加的价值，一种文化性的赋值（faire-valoir culturel），而独有的价值则在其背后消失了。我们不再知道物在何处，徒留周围的话语或积累起来的凝视，它们最终创造出了一种人造的光晕……我在物体系中观察到的东西，人们如今也能在审美体系中重新找到。在经济领域中，物从某一刻起就不再按照自己的目的性存在了；它们只是彼此相连着存在，所以我们所消费的是一个符号体系。从审美层面来说，这是同一回事情。培根以公开的方式作为符号被消费，哪怕从个人层面来说，每个人都能试着实施一种独一化（singularisation）的操作，以便回到培根所代表的例外的秘密之中。但如今，我们要花很大力气才能越过教学和符号绑架的体系！为了重新找到形式的出现点——这同时也是所有这种加工程序的消失点……独一性的盲点只能以独一无二的方式接近。与文化系统相反的正是中转、过渡、透明的系统。至于文化，我才不在乎。任何发生在文化上的否定性的东西，我都觉得是好的。

问　在《世界报》上，您对热纳维埃夫·贝雷特（Geneviève Breerette）说：您并不掌握真理性的话语，我们因此不必像您那样思考……您准确想说的是什么呢？

答 我不想把自己对于艺术的看法变成一种教条。我对大家摊了牌，让他人也可以像我那样通过发明自己的规则来游戏。换言之，我所说的东西不具有自在的价值。一切都取决于回应。艺术品本身是作为崇拜物和确定物给予我们的。我完全拒绝这种根据范畴来终审判决（sans appel）式地表现事物的方式。这里存在着上诉的可能，但它不是按照和解或妥协的模式，而是按照他异性和二重性的模式而存在的。我们重新发现了形式的问题。形式说的从来都不是关于世界的真理，而是一场游戏，是某种自我谋划的事物……

问 您文章中令人很难消化的东西，就是众所周知，您对图像感兴趣。您也展示了您的摄影作品……某些人觉得被自己人背叛了……您拍摄的照片的关键是什么？

答 当然，哪怕拍照只是为了我自己，但从我展示它们起，我就和我的照片一起陷入了暧昧不清之中。这对我来说是一个悬而未决的问题……但这样做的确给了我直接的愉悦，这愉悦超越了任何摄影文化，任何对主客观表达的追求。在某一刻，我捕捉到了光，一抹同其余世界分离的颜色。而我自己只是一个缺席者……捕捉您在世界上的缺席，事物就能显现……我对我的摄影被评为美还是丑并不感兴趣。关键不在于审美，而毋宁说在于一种人类学式的装置，它建立了同物的关系（我从未拍过人像），建立了对世界的某一块碎片的凝视，这种凝视让他人得以走出自己的语境。这或许是因为凝视这些照片的人也可以以审美的方式进行凝视，并陷入无聊的议论。这种情况近乎不可避免，因为自从这些摄影作品进入了画廊的流通之中，它们就成了文化物。但当我摄影的时候，我使用的是一种作为形式、而非作为真理的语言。正是这一隐秘的操作在我看来是至关重要的。表达同一观念的方式成百上千，但如果您没有找到形式与观念之间的理想互渗的话，您就会一无所有。这种同作为形式和诱惑的语言的关系，这一巴特所言的"刺点"（*punctum*）[1]，变得愈发难以发现了。但只有形式能抵消价值。二者相互排斥。批判如今不再能以他异性的位置自居了。只有形式才能对抗价值交换。没有变形的观念，形式就是难以想象的。变形让一种形式过渡到另一种形式，而不需要价值的介入。我们无法从中提取出意义，无论是意识形态的还是审美的。我们进入了幻觉的游戏：形式只能映射出另一些没有意义流通的形式。这恰好就是诗歌这个例子中发生的事情：词语相互映射，创造出了一桩纯粹的事件。同时，这些词语捕获了世界的一块碎片，哪怕它们并不具有可辨认的指涉物来给人们吸取实际教训。

我再也不相信词语的颠覆性价值。相反，我对形式的这一不可逆的操作有着不可磨灭的希望。观念或概念全都是可逆的。善总是可以颠倒为恶，真可以颠倒为假，诸如此类。但是，在语言的物质性中，每个碎片都耗尽了自己的能量，余下的只有一种强

---

[1]　罗兰·巴特《明室》（*La Chambre Claire*）中的关键概念，取自拉丁语，意为照片中格格不入的或突出的部分，是能激起主体特殊的审美感知的元素，与该书另一个关键概念"认知点"（*studium*）相对。——译注

度形式……这是一种比审美更加激进、更加原始的东西。在 20 世纪 70 年代，卡约瓦曾写过一篇文章，他在文中把毕加索形容为所有美学价值的伟大瓦解者。他认为，在毕加索之后，人们只能想象一种独立于功能物之流通的物体和恋物的流通。实际上我们可以说，审美世界是拜物化的世界。在经济领域中，货币必须以某种方式得到流通，除非这里不再有价值。同样的法则也统治着审美物：这里必须有越来越多的审美物，使一个审美世界得以存在。物只有这种迷信的功能，它通过过度的形式化，也就是通过对所有形式的过度使用，引起了形式在事实上的消失。对于形式来说，没有比一切形式的自由支配更糟糕的敌人了。

问 您似乎对一种原始状态怀有乡愁……可实际上，这一状态并不一定存在过……

答 当然，正因如此我不是一个保守主义者：我不想退回真实的物。那只会助长右派的怀旧情绪。我知道这个物并不存在，真理也是如此，但我通过一种绝对的凝视、一种上帝的审判来保持对它的欲望，相对于这一凝视，所有其他的物都显得微不足道。这一乡愁是根本的。如今所有的造物都缺少它。它是一种心理策略，支配了我们对虚无或空无的使用。

病毒的与转义的^①（1999）

问　最近，《世界报》上刊登了一篇讨论数字技术进展的文章，它的题目是《虚拟与现实的边界愈发模糊》。粗粗读过您著作的人不就会想问：这是鲍德里亚的题目吗？

答　以此开始访谈很有意思，因为我恰恰从没这样说过，无论是在何种情况下使用这一说法。于我而言，现实不再存在是一个假设，我们只能在这一意义上来理解它。但想要重建任何一种真理都是徒劳的，因为从根本上说，我们身处的是真理不再存在的世界……

问　三十年前，也就是在您早期的著作中，您常常使用"符号"（signe）的概念，它随后近乎成了陈词滥调。

答　彻底的陈词滥调。人们让我背负着"一切只是符号！"这类荒诞的判断。后来，我在"模拟"（simulation）这个概念上碰到了类似的情况：一些美国艺术家巩固了这个假设，乃至于僵化了它，此后校正这些偏差都成了不可能的事情。不过也正是在

---

①　«Viral et métaleptique», *Le Monde de l'éducation*, 1999, n° 274, octobre, pp. 14—16, 18 et 20. 采访者是皮埃尔·邦塞纳。

这里，我们依然可以说：这是游戏。

问　在《冷记忆（I）》中有一连串令人伤感的片段，半是散文，半是日记，可您却悄悄塞进了这些作为澄清的心里话："符号的非物质性于我而言是陌生的，就像它对农民群体来说也是陌生的一样，我和他们都一样具有强迫性的道德、迟钝，以及对真实的愚蠢且过时的信仰；实际上，我站在农民那边。"

答　实际上，我的父母都是农民出身，他们来自阿登，后来定居兰斯。由于这一农民出身，我保留了针对文化的野蛮预防措施。和表面相反，我在对符号系统的操纵中并不感到自在。我所坚持的所有主题——符号的非物质性、模拟、诱惑——都不是我的志向。甚至对于死亡，我也几乎不存幻想。但正是我身上存在的这种晦暗不明的根脉和冲动，让我被一直逃避我的东西所诱惑。于是，我试着把它们变成乌托邦或分析对象。

问　您是不是在这意义上才被美国所诱惑甚至震撼?

答　对，当然。很显然，我无法生活在这个世界之中，除了让我感到亲近的沙漠——因为在沙漠里，原生环境与对虚无和空无的感受之间不存在悖论。去年春天，我回到了加利福尼亚。这不是发现时刻的顿悟和昏厥，而是近乎生理性的新陈代谢，它让我全身心沉浸在了美国之中。但是，无论是通过壮丽风景的自然景观、技术还是文化，我都在那里重新找到了我的幻想。也许是因为我保留了孩子般的好奇心，且从未心生厌倦，我一直觉得美国汽车那安静且装有空调的自动装置，或者在大白天的沿海八车道高速公路上亮着的路灯是不可思议的。我的书《美国》写的就是这些，一种真实的幻影，而美国的读者却没能理解它，也没将其弃置一旁，这只是因为我和他们绝不是一伙的。

问 相反的是，您自己也经常反复说，您无法忍受对美国的居高临下或轻蔑的评判。

答 我完全不批判对美国的判断，比如说政治方面的。但当人们同我谈论法国文化的例外性的时候，我就怒不可遏了。我很难忍受这类对文化的歪曲，而且它还自认为是文化。因为我们和美国人处在同一层面上，所以我们才补偿性地加强了人造的他异性。我是第一个同意全球化未被接受这一说法的人，但把全球化和美国混为一谈是很愚蠢的。美国和其他任何国家一样，都是全球化的受害者，没有谁是这一令人晕眩的作用的受益者。抵抗全球化的唯一方法就是独一性。激发法国文化例外论，也就是试图通过尽力补救而重获尊重。归根结底，如果让我来选的话，我宁愿选择美国那不可思议的没文化（inculture），也不会选我们后文化（postculturel）的濒死者。当我身处异国他乡，这不仅仅是在美国，我向您保证，我会对法国的自满略感羞耻，会对我们虚荣和大言不惭的做派略感羞耻。

您察觉到这些耻辱在哪里了吗？幸运的是，人们已经不怎么叫上我了，我也愈发善于回避。我不会浪费精力向他们解释，这类疑问不会再被提出来，问题也已经消失了。

问 还是在《冷记忆》中，您在 1987 年的时候还说过一句话，现在引用一下还挺有趣的："我生于 1929 年，恰逢黑色星期五过后，受狮子座和经济危机影响……伴随着现代性的第一次大危机降生的我，希望能活得够长，能见证现代性在世纪末的灾难性转折。"

答 我仍在这样希望，不幸的是，希望非常渺茫（笑）。事实上，我承认自己把这简单化了，因为我犯了日期上的错误。1929年的经济危机发生在10月，而我生于7月。我到七十岁才刚刚发现了一张更惊人的编年表：1929年，经济危机；1939年，第二次世界大战；1949年，冷战的顶峰；1959年，于我而言是阿尔及利亚战争；1969年，我们依然处在六八运动的阴影之中，此外还有登月行动；1979年，我还在寻找这一年的重大事件；1989年，柏林墙倒塌；1999年，我发明了这一以十年计的小小神话，原谅我已七十多岁了……

问 您非常享受这类总结的乐趣。这里还有一句话："二十岁时是帕嗒学家，三十岁时是情境主义者，四十岁时是乌托邦主义者，五十岁时跨界，六十岁时成为病毒的与转义的。这就是我的整个故事。"那么七十岁时呢？

答 您难倒我了：我还没想过。我也许会在《冷记忆》的第四卷中加上，这本书我准备在2000年出版，而且这会是最后一本。我很早就确定了这个目标：从1980年到2000年的二十年要出版四卷。这不是正式的挑战，而是相信自己有一刻能写出这类书，相信它不应该拖延下去。

问 在新类型出现之前，您一直保持为"病毒的与转义的"。这到底指什么？

答 "转义的"（métaleptique）指把结果当作原因，颠倒或打断事物的合理展开。"病毒的"（viral）和前者有点类似：不再有原因，只有联结造成的干扰。这比较符合我的想法，即不再是批判性与理性的激进思想，而是扰乱判断和写作的激进思想。我果真是病毒的与转义的吗？可以说在我身上，这既是欲望、梦幻，也近乎颠覆事物或将序列至少无限延伸至虚拟灾难爆发的系统性策略。

问 顺便说一句，我注意到您是前后一致的，因为您本可以说："激进性是人职业生涯末期的一种特权。"

答 年纪大了才会那么说！人们习惯上想的是截然相反的东西：激进性是年轻人的特权或幻觉。而事实上，激进性就是深入事物的根基，质疑并筛洗现实。我谈的不是经验积累：激进性不是掌握更多的真实，而是走到另一边。这一精神状态我要到很晚才获得。

问 在20世纪80年代末，您提出倡议，说要提前消除下一个十年，让我们从1989年直接进到2000年："因为20世纪末已经到此，伴随着它僵死文化的浮夸、它的哀叹、它的纪念仪式、它永无终结的博物馆化。我们还要在下一个十年中为这种苦差事而厌倦吗？"所以说，您在过去的十年中为此极度厌倦过吗？

答 完全没有。从个人层面来说，这十年是非凡的。我曾认为我们作为集体注定会感到厌倦。一切都被玩弄了。您看，并没有发生什么改变格局的重大事件，我们刚好穷尽了可能性。虚拟或克隆对世界的去现实化已经就位很久了。没有什么值得欣喜的。十多年前起，我就在努力超越2000年的大关，并努力超越它来进行思考。我再也不想火中取栗，尤其不想吟唱世纪末的悲歌，这种乏味的悔过是我们正在见证的。作为讽喻，唯一有趣的新颖之处就是千年虫问题①。这首先是因为我们把它当成了一桩没人知道真假的事件；其次，我们似乎被这一"全面事故"所吸引，就像我的朋友保罗·维希里奥所说的那样；再次，如果我们无法将电脑重置回初始值"00"，那么从隐喻层面说，这就意味着我们无法从零开始进入21世纪。我们悖论性地察觉到，正是技术本身——它原则上是超越的维度——包裹住了我们、困住了我们。我在此看到了一种心理的、集体的故障。

问 您的文章不属于典型的社会学，也并不总能被哲学家接受。此外，在大学体制中，您毋宁说一直都处在边缘。

答 对于大学体制，尤其是楠泰尔的，我经过了深思熟虑。在人们能轻松去掉大学标签的时代，我则成功地留在了那里。出于各种理由，我为这些结果付出了代价，但总体来说我还是赢了。请您别从这里看出任何的浪漫主义；这只表明，我所想写的东西没什么意义，哪怕我试图潜入学院体制时也是如此。我不曾具备学院资质。因此，我要求在理论内容和行为举止之间存在某种一致性。另一方面，我们不应该天真，不应该对社会学家或哲

---

① 指计算机2000年问题。在某些使用了计算机程序的智能系统中，年份只使用两位十进制数来表示，例如以"98"表示1998年，以"99"表示1999年。以此类推，2000年会被表示为"00"，但"00"会被计算机误解为1900年。因此，当系统进行或涉及跨世纪的日期处理运算时，就会出现错误的结果，进而引发各种各样的系统功能紊乱甚至崩溃。——译注

学家的职业团体的消极反应感到惊讶。但是，察觉到这一点很有趣：在国外，这样做让我差不多可以从某种剩余价值中获益。在英美国家，有二十来本书是写我的，但在法国则一本也没有（除了格勒诺布尔的朋友们组织的一场研讨会）。这种封闭从何而来？有时，我宁愿认为问题在于有组织的密谋！

问 说到密谋，您最近因为写了一篇题为"艺术的阴谋"（*Le complot de l'art*）的文章而被中伤，文中您质疑了某种当代艺术所谓的"无用性"。

答 对悖论和讽刺的辨别力并不常见。可以说，只要表现出一点点情绪就足以继续冒充法西斯骗子了！一段时间以来，我一直想谈论一部分当代艺术所谓的无用性，但我无意挑起争端。威尼斯双年展期间，我被某些行为艺术的火刑式场面震惊到了，这些表演坚持玩垃圾崇拜或残损肢体的把戏。这种摘除术也要求观众给自己的审美判断做脑叶切除术。这就是我谈论"艺术阴谋"的原因：它一方面成功地抹掉了任何的艺术原创性，另一方面又让观众动弹不得，他们因为害怕被当成白痴而不得不强忍着，或者说带着心理上的奴性而接受。让我不自在的并不是对创作者的选择，而是这种普遍的奴性。我无法忍受这样一种机械性的共谋。我一定戳中了它的伤口，但我完全没有料到如此激烈的反应：要么是"反对当代艺术就是支持勒庞"这类恶劣的大杂烩，要么是更微妙的指控，它暗示这是保卫传统艺术免遭当代艺术的污染。为何我被剥夺了揭露审美中毒以及政治或传媒之毒化的权利？有一种欺骗或劝阻的战术，它在艺术中成了针对精神的治理模式。很抱歉，我很难接受这一点。不过请放心，我的介入不会改变任何事情。

问　您的新书《不可能的交换》（*L'Échange impossible*）的标题参照了《象征交换与死亡》（1976），而后者标志了您学术生涯中的一个阶段，以及对系统的内在批判。

答　对，在构成上，它更多的是论述，我也更多地从内部出发。无论您怎么说，我都是跟随着运动而行的，我经历了符号学或马克思主义的"长征"。现在一切都结束了。但实际上，我想把《不可能的交换》当作《象征交换与死亡》的回声，我试图在其中重新找到相同的全景位置，尽管这会更为激进。在《象征交换与死亡》中依然存在着某种东西，它就算不是希望，那至少也是一种乡愁，尤其是对原始社会的怀旧。遗失物的视野已经消失，哪怕我们不会彻底忽略它，哪怕话语更倾向于重新激活它。

问　在《不可能的交换》中，您花了很多篇幅写机器、人工智能和卡斯帕罗夫对 IBM 深蓝①之间的国际象棋大战。您最后写道："我们应该重新审视我们对这一'异化'技术的判断，它是我们整个批判哲学都竭力想要揭示的东西。"简言之，让机器在它们必然会赢的地方赢也罢，我们要突出自己与机器不同的地

①　1996 年 2 月 10 日，IBM 研发的超级电脑"深蓝"首次挑战国际象棋世界冠军卡斯帕罗夫，但以 2 比 4 落败。其后研究小组把"深蓝"加以改良，并于 1997 年 5 月再度挑战卡斯帕罗夫，结果以 3.5 比 2.5 击败卡斯帕罗夫。"深蓝"由此成为首个在标准比赛时限内击败国际象棋世界冠军的电脑系统。——译注

方：愉悦、生活的陶醉、讽刺。

答 《不可能的交换》的整个结尾都是在我名为"情景的诗歌式转移"（Transfert poétique de situation）的平衡游戏中展开的。我反对批判性的判断，为的是走向讽刺的、悖论的或反常的那一面（如人们所愿）。在提出系统或代码已然获胜这样的假设之后（归根结底，让我们确保它会获胜），我就在试着知道除此之外还有什么可以思考的。对人工智能来说，有什么是无法化约的呢？可不幸的是，对人工智能的迷信就是相信它可以吸纳一切。在某种层面上，我觉得最好不要抵抗虚拟，这样做的目的在于让我们更快地走向另一种事物。正是在这里，我和维希里奥的想法不太一样：我以批判的方式，且近乎是在道德层面上反对他。让我们放慢脚步，重新找回失去的时空吧。我对此心怀疑问，或者不如说，我打的是另一种赌。但我认识到，我完全不知道这会把我引向何方。

问 一开始，《不可能的交换》的主旨就是不确定性随处可见的爆发。

答 现在，存在着一种对所有核验系统，甚至是对所有价值体系的重新质疑。我认为，我们可以利用这一不确定的处境，其中矛盾的既定之物同时为真。如今，我们应该学会管理无数二律背反式真理的共存。我并没有身陷荒诞或无意义之中，我完全没有绝望，而是试图在不陷于可笑之境的情况下，通过对命运问题的追问，而找到某种游戏的层面：在真理与价值的所有无法解决的冲突之外重新发现一系列的形式是可能的吗？艺术恰恰可以是这样的领域之一：它其中存在着一种自由，它不同于在各种被规定的选项间作选择的自由。如果我要为一个对象辩护的话，那就是这个与我关于幻觉、或形式与表象的游戏所尝试要说的东西相联系的对象。

问　吸引你的主题包括克隆，或者是躺在液氮棺材里的瓦尔特·迪士尼表现出来的永生不死的幻觉。

答　每天都有媒体以或这或那的方式谈论这些，但我不认为人们看出了其中的关键。比如，人们只会用生物学术语来谈论克隆，但是在我看来，似乎已经先有一种心理克隆了：学派制度、信息系统、大众文化系统，这些系统让人得以制造一些可以变成彼此相符的复制品的东西。基因克隆只是实现了这种心理克隆。

问　但是，您，让·鲍德里亚，在何种程度上避开了这种心理克隆和大众化？

答　我为此作出了一些努力，但没想要获得成功。我也站在了错误的一边，因为我不是漫步在另一个世界中的大天使。对于我所能写的一切东西，我都在此世加以思考，而不是通过观念史或哲学来思考它。相信我，我意识到了自己的矛盾，那都足够写成一小本黑皮书了！

问　您写道："性曾经从繁衍中解放了出来，可如今却是繁衍从性中解放了出来。"您也注意到，在对其他生命实施暴力之后，人类通过生物技术将暴力转向了自己。但您把伦理委员会的工作称为"伪道德思辨"。

答　不要觉得我一点也不害怕。但我认为，人们不会满足于伦理委员会，它只是把事情带回了传统道德之中。从伦理委员会的角度来看，问题是不可解决的，它们所做的只是堵住缺口。我从卡内蒂的妙语连珠中受到了启发，他谈到了"跨过历史"（franchissement de l'histoire），而我更喜欢追问跨过物种的过程。卡内蒂表明，跨过历史的某一点之后，我们就来到了无法区分对错的时刻。只要我们没有在这边发现另一个点，我们就会陷入毁灭之中。在我看来，卡内蒂在现代史中揭示的东西似乎推广到了所有领域中，甚至蔓延到了我们在其中不再能区分美丑的审美领域。通过所有这些生物的转基因、基因编辑、基因流通，我们来到了一个没有退路的地方，在这里，我们不再能决定什么是人的、什么是非人的。通过将我们与低一等的动物性进行区分，我们划定了界线，创造了一个特权空间，而对人的定义正是建立在这一空间之中的。我们正在牺牲这一维度。以物种为赌注是有利的还是危险的？我不允许自己作出根本性的判断。我有幸去过拉斯科岩洞（不是它的复制品 [①]），还在回去的路上重读了乔治·巴塔耶的文章。他思考拉斯科的人们为何没有画下人的形象，而只留下了动物的图画。巴塔耶解释说，这是因为那里的人正在摆脱动物性，但又依然无法具有更高的地位，人性还没有作为更高等的事物而存在。在拉斯科数千年之后，我们也许见证了一种类似的操作，其间，人类摆脱了我们认为是人性的东西。从人性的视角来看，这恰恰是灾难性的。但是从根本上来说，我们

[①] 法国政府为保护拉斯科岩洞不受破坏，在旁边以原比例建造了一个复制品供人参观。——译注

对此一无所知，我也相信这里不存在一种同对非道德的、永生且技术性欲望相对立的道德。

问 您谈到了许多灾难，谈到了戴安娜、教皇或世界杯，您说"笼罩在人群中的直接而普遍的可悲传染不是偷窥或发泄的问题"。您还补充说，我们社会的非道德是由信息过度引起的，它自动导致了人们对"致命"事件的渴望。让我们以戴安娜为例，您甚至也为她献上了一首歌曲，我们可以在法国国际（France-Inter）[①]中听到。

答 对，是《戴安娜悲歌》（*La Complainte de Diana*）……它用极少的文字和音乐就说明了一切，我们每个人所期待的就是这些！我们每个人都是这一非道德事件的同谋，这事件也因非道德而崇高。当然，我们没有理由以此傻乐。但这里存在着某种浮夸和野蛮的东西，它毫无道理可言，也无法预料，这已经超出了理解和判断的范畴。别看这是一种犬儒主义，它只是试图采取这样一种视角，可以说是一种终点的视角，它使我们得以解放某种思维方式。同样，面对所有的兴奋剂和腐败传闻，我想我们应该试着去看，不是看它在事后有什么用，而是看它如何成为一个吸收的过程，这是一种净化的过程，符合恶的原则。

问 从很多年前起，您就对摄影非常感兴趣，您甚至办了展览，还出了摄影集。您还会继续下去吗？

答 会的。它一开始只是一个爱好，一种写作之外的消遣：我拍照是出于乐趣，而不是为了谈论它。随后，我就进入了这场游戏。我清楚地看到，理论有时会碰到自己的限度，而跨媒介有利于向其他形式过渡。图像让人得以超越话语。但这一活动中没有任何专业性，我绝非要在摄影艺术史中占据一席之地。我只是严肃认真地玩着摄影游戏。这就是我尊重一种职业道德的方式。

鲍德里亚解码《黑客帝国》^①（2003）

问　您对现实与虚拟的反思是《黑客帝国》的导演们提到的参考对象之一。《黑客帝国》的第一部非常明白地提到了您，我们甚至可以在其中看到 1981 年出版的《拟像与模拟》（*Simulacres et simulation*）的封面。您会对此感到惊讶吗？

答　当然，这里存在着误解，这是我直到现在都对谈论《黑客帝国》感到犹豫的原因。沃卓斯基兄弟（*The Wachowskis*）^②的剧组也在《黑客帝国》第一部上映之后联系了我，好让我参与之后的几部，但这场景的确令人难以想象（笑）！从根本上来说，这和我在 20 世纪 80 年代的纽约同模拟主义艺术家在一起时所产生的误解差不多。这些人把对虚拟的假设当作一种事态，并把虚拟变成可见的幻觉。但这个世界的本性恰恰不再是我们能用有关现实的范畴所谈论的。

---

①　«Baudrillard décode Matrix», *Le Nouvel Observateur*, 2003, 19 juin. 采访者是奥德·朗瑟兰（Aude Lancelin）。

②　美国著名编剧和导演，原是沃卓斯基兄弟，经过变性手术，现为沃卓斯基姐妹，主要作品有《黑客帝国》《云图》等。——译注

问　不过，这部电影同您在《完美罪行》中的看法之间有着十分惊人的关系。片中对"现实荒漠"的提及，这些被完全虚拟化的幽灵人类，都不过是思维物（objets pensants）的能源库罢了……

答　是的，不过其他电影已经处理过现实与虚拟之间日益增长的模糊性了：《楚门的世界》(*The Truman Show*)①、《少数派报告》(*Minority Report*)②，甚或大卫·林奇③的杰作《穆赫兰道》(*Mulholland Drive*)④。《黑客帝国》像是这些作品的集大成者，但其结构布局要更加粗糙，且不会真正引起什么麻烦。《黑客帝国》中的人物要么都处在矩阵⑤之中，也就是事物的数字化之

---

① 由彼得·威尔执导，金·凯瑞主演的美国电影，上映于1998年。影片主人公楚门是一档热门肥皂剧的主人公，他身边的所有事情都是虚假的，他的亲人和朋友全都是演员，但他本人对此一无所知。最终楚门不惜一切代价走出了这个虚拟的世界。——译注

② 由斯皮尔伯格执导，汤姆·克鲁斯主演的美国科幻电影，上映于2002年。故事发生在2054年的华盛顿特区，在那个时空里，未来是可以预知的，罪犯在实施犯罪前就会预先被惩罚。司法部内的专职精英们可以感知到将发生的犯罪时间、地点和其他细节，这些证据由"预测人"负责解析。——译注

③ 大卫·林奇（David Lynch），1946年生于美国蒙大拿州，美国著名导演、编剧、制作人、艺术家，主要执导作品有《橡皮头》《穆赫兰道》《妖夜慌踪》等。——译注

④ 由大卫·林奇编导的电影，上映于2001年，该片特有的林奇风格使其充满神秘和恐怖的氛围，难以概括。——译注

⑤ 《黑客帝国》英语片名"matrix"的直译即为矩阵。——译注

中，要么就完全是在外部，也就是电影里的"锡安"①，反抗军的城市。于是乎，展示这两个世界的接合点所发生的事情会非常有趣。但这部电影一开始就令人不悦之处，正是模拟所提出的新问题同关于幻觉的老问题混淆在了一起，而幻觉问题在柏拉图那里就有了。正是这里存在着真正的误解。

被视为彻底幻觉的世界，乃是所有伟大文化都曾面临的问题，而这些文化曾通过艺术和象征化来解决它。我们曾为了承受这一苦难，而发明了一种被模拟的现实（un réel simulé），一个危险的、否定性的东西被从中清除的虚拟宇宙，这个宇宙从此取代了现实，成了对现实的最终解决方案。但《黑客帝国》也完全参与了这一实践！在电影中，一切属于梦、乌托邦、幻想之类的东西都展示给了人们，它们都被"实现了"②。人们处在完全的透明之中。《黑客帝国》有些类似于一部关于矩阵的电影，但也正是矩阵建造了它。

问 这也是一部旨在揭露技术异化，但又完全发挥了数字世界和合成图像之魅力的电影……

答 《黑客帝国2》中的惊人之处在于，其中没有丝毫讽刺的意味可以让观众把这宏伟的特效反转过来。这不是拥有巴特所说的"刺点"的序列，而是让您直面真实图像的惊人诀窍。而正是这一点让这部电影成了有教育意义的症状，成了对这一荧幕技

---

① 电影中的反抗军所在地的名字直接使用了《圣经》中上帝居所的名字"Zion"，这也是犹太人期望重建家园的地方。——译注
② 原文为 réaliser，也有导演或拍成电影的意思。——译注

术宇宙的恋物癖本身，这个宇宙的现实和想象不再有区别。在这方面，《黑客帝国》乃是一个怪诞的东西，它既天真又邪恶，其中既没有此岸也没有彼岸。伪弗洛伊德在该片结尾说到了所谓的善：在某一刻，人们必须对矩阵进行重新编程，以便把反常者整合入方程之中。而你们这些反抗者，也会成为它的一部分。我们似乎因此掉进了彻底虚拟的循环之中，在其中不再具有外部。我在理论上还是无法赞同（笑）!《黑客帝国》营造了当前境况中垄断性全能者的形象，并因此助长了它的传播。从根本上说，这一垄断性全能者在全球的撒播构成了这部电影本身的一部分。这里，我们应当重提麦克卢汉：信息即媒介。《黑客帝国》的信息就是它的传播本身，而这一传播是通过激增的、不可控的传染实现的。

问　我们也非常惊讶地看到，此后美国市场中的所有爆款，从《黑客帝国》到麦当娜的新专辑，全都明确地表现为对系统的批判，但正是该系统大范围地推动了它们……

答　也正是这一点让现时代变得令人窒息。系统制造了虚假的否定性，这一否定性会被整合进娱乐产品中，就像工业品中包含了过时的内容一样。此外，这也是封锁任何真正的替代选择的最有效的办法。不再有作为思考这个世界之基础的外在终点了，也不再有反抗的功能了，只有被诱惑的赞同。但我们必须明白，一个系统越趋近完美，它也就越趋近完全的意外。这是一种客观的讽刺，它使得一切皆有可能。当然，"9·11"事件也享有这一特点。恐怖主义不是一种替代性的力量，它只不过是西方力量近乎自杀性的自我回归的隐喻。这就是我目前所说的东西，但它无法被人接受。但在这些情况面前，我们没有必要成为虚无主义者或悲观主义者。系统、虚拟、矩阵，这一切也许都将回到历史的垃圾桶之中，而可逆性、挑衅、诱惑则是不可摧毁的。

镜像中的摄影报道 [①]（2003）

问 您为何要去国际摄影报道节 [②]？

答 佩皮尼昂（Perpignan）[③] 于我而言是愉悦，是严肃的放纵，是事件与图像的天然矿藏，我可以在这个宝库里随心所欲地漫步。我享受到了大量已公开发表的图像，并且也贡献了自己的一份力量。

问 您是怎么看"签证"[④] 的？

答：当地人并不真的关心这桩事件，或者说是以一种旅客的心态来面对它。这一事件在他们看来似乎是例外之物，因为这不是他们发起的活动，因此也无法被他们占有。所有这类节日都是如此。"签证"首先是摄影师对自身及同业群体的"回顾"。它的指涉对象是由摄影师所拍下的全球事件，但更是其地方城市中的在场。摄影师重新发现了彼此，并反射出彼此的镜像。

[①] 《Le photoreportage en son miroir》（3 août 2003）, *lemonde. fr*, 6 mars 2007.

[②] 该节日原名为"发给图像的签证"（Visa pour l'image）。——译注

[③] 法国南部城市。——译注

[④] 国际摄影报道节的简称，下同。——译注

众所周知，佩皮尼昂弥漫着沉重的照片紧贴着的"受害者式的"、悲惨主义的话语。新闻摄影同其他摄影领域相反，它总是更注重景象。我在"签证"中看到了许多背负太多符号的图像，比如阿尔及利亚的圣母（la madone algérienne）①，对这些图像的迷恋类似于对明星照片的崇拜。

这些圣像周游了世界，是全球化的产物。这种对受害者的强调是由表达怜悯的话语承载的，它过于沉重了。这种强调成了对观众的敲诈勒索，将痛苦展示并强加给了观众。

问 您如何评价记者的工作？

答 我们暂且不谈外景地的风险问题，因为记者们承担了那些风险。我不愿体会他们的切身感受，因为他们的位置是异常模糊的。他们既在事件之中，又在事件之外。他们受事件牵连的状态只是暂时的。记者们预先就站在了受害者和人类苦难的一边，但他们的天然位置却是另一边，也就是那些眼睁睁看着、任其自然发展的人一边。记者们是不负责任的，因为他们并不介入。他们的不负责任类似于摄影作品消费者的不负责任。他们向受害者举起其苦难的镜像，然后再送出这"**彼岸**"的图像以供推广和消费。

---

① 原名为《本塔哈的圣母》（La Madone de Bentalha），系摄影师奥西纳（Hocine Zaourar）于 1997 年 9 月 23 日在阿尔及尔附近的一家医院拍摄的照片，描绘了阿尔及利亚内战中一名妇女因家人被叛乱团体所杀而悲痛欲绝的场景。本张摄影被评为 1998 年世界新闻摄影大赛年度照片。——译注

问　您怎么看待可以合理化这些照片的见证？

答　从媒体到政客，全都中毒颇深，他们每个人都挥舞着这样一种卫道的旗帜。新闻照片中存在着一种谋杀。对于所有这些饿得要死但又展示了自己形象的人，人们从未偿还自己所欠下的债。在全球化经济之中尤其如此。这种被拍下的痛苦，是推动信息经济发展的原材料来源。见证是一种合理化。只有当我们都生活在记忆的时间之中，见证才会存在，才能引起观看所必需的距离和判断。自从我们生活在真实的时间之中，事件就像走马观花一样络绎不绝，反思的时间也就被绕过了。屏幕打破了事件、图像、感知之间的距离，屏幕成了想象力的屏幕。而当想象力不再可能的时候……

问　重新质疑见证，不就是打破现实同新闻图像之间的连接吗？

答　"签证"和新闻一样，实际上想要把照片锚定在现实之中。照片并不是作为图像，而是作为现实的碎片被把握和评论的。我们给照片嵌入了信息，并赋予其政治意义。我们这样做，是在对以暴力为内容的图像施加暴力。相信图像可以见证现实的做法非常自欺欺人。信息是一个冰冷的区域，并如是被接收。图像是不同于现实的表象。当图像能说明现实的这种不足，并且既在场又缺席的时候，它就是稀有物。更多的信息是随着文本传达的。

问　可人们却说一张强有力的照片可以产生意识和行动。

答　人们说的是越南战争，我们已经在这方面谈了很多。人们根据自己之所是而行动，而非根据他们所见的图像来行动。图像是额外的。

我们毋宁说，正是冷漠在承载信息的照片面前起着支配作用。照片变得过于熟悉，以至于我们无法触及它。我们对此习以为常了。我们总是需要更多的照片。图像的激增就是这样，以至于我们跨过了禁止真正解读的关键门槛。

佩皮尼昂再生产了这一过剩。公众在那里看到了数千张照片，就像在电视屏幕上看到一样。但公众并没有获得什么参考标准。他们浏览着照片，却无法评判、区别并甄选它们。距离、批判、图像的愉悦，是一种少有人参与的戏剧评论。这一问题如此复杂，以至于我自己也不再清楚孰好孰坏。随后，这整个苦难还都必须感动我们，可它产生的却毋宁说是相反的效果。人们只是暂时被感动了。照片创造出了一种人造的恐慌，它引起了观众的自卫反应。而当极少数图像克制地留在"**真实**"（*vrai*）之中，人们就会怀疑它们的信息价值。

问　没有时事照片的世界会是怎样的？

答　会是全面的丧失。我们会觉得自己被剥夺了某种东西，并且对世界一无所知。

为了令新闻图像不造成视觉冲击，我们应该做什么？

首先，它们必须摆脱这种政治、美学和信息的过载。感动必须要有诗歌式的移情，其内容应当任由想象力在图像中自寻出路。我尤其想到了一些未加工的图像；我在佩皮尼昂发现了它们。我也想到了一些近乎人类学的照片，它们没有受到作为其创造者的经济学的规范化。为了避免污染，在照片之间和照片中都必须存在空白。沃霍尔说我们应当把虚无重新引入图像。

问 还有事件能够生成这类图像吗？

答 世贸中心双塔的倒塌①。这一事件没有被图像取消，因为图像曾位于事件的核心。图像并非事件的翻倍，而是事件的一个构成部分。

问 新闻摄影专家能够消除您的疑惑吗？

答 关于新闻摄影的争论涉及职业、技术、图像权利的经济收益，但一向无关图像本身。这很正常。开启这场争论，也就是开始暗中破坏一个职业的根基。

---

① 指"9·11"事件。——译注

谋杀现实 ①（2006）

问 既然已经到了 2006 年的一月，那么表达新年祝福还有什么意义吗？

答 乍一看，这是一种被集体遥控的象征性仪式，它属于附带的免费物品，就像是提供给旅客的报刊或公司礼品一样。我则从社会学家、人类学家马塞尔·莫斯在《礼物》（1923—1924）中所描述的那种象征交换开始，并由此察觉到这类交换在贺卡中的残留。贺卡可以构成所有这些承载关系的仪式的社会沉淀的一部分，这些仪式是强而有力的。但事实上，祝福不如说更属于这种我们不顾一切地试图通过虚弱的符号、去仪式化的仪式来重新创造的所谓社会纽带。此后，我们开始交换空洞的符号，尽管这些卡片还带有少量的仪式色彩和一丝奢侈的余音，然而它们无法缔结任何的协定。当符号就这样沦为次要的存在，并超出自身的目的，它们的存在就会变得无休无止……

问 您想到了什么？

---

① 《Le meurtre de la réalité》, *Télérama*, 2006, n° 2923, 18 janvier, pp. 9—12.

答 我想到了纪念仪式和节日，它们不再赋予一种真正的集体生活以节奏，而只能唤起对"社会纽带"的乡愁。我想到了所有的政治实践，甚至还有选举制度：这是苟延残喘、而不再充满生命力的代议制。该机制还在运转，就像活人墓一样。

问 您的思想诞生于现代世界独有的饱和与瓦解。我们不是已经抵达了这一思想的核心吗？

答 我实际上是从关心"消费"这一普遍现象开始的。这不只是消费品，还有属于义务性强迫性活动的心理突变：我们所身处的是一台在必然性的统治之外自动运转的机器。我们是这台机器的载体和人质。我们不再是行动者或生产者，而是消费者；我们不再是需求和欲望：生产装置制造的东西必须被消费掉。社会关系因此服从于这一强迫性的循环。这就是我从今往后相比于"消费"更喜欢"普遍交换"这个说法的原因，因为"消费"同过时的使用价值紧密相关。我们身处符号价值（la valeur signe）之中：我们不由自主地消费着符号。

问 因此，用您的话来说，"我们不再知道要如何面对现实世界。我们完全看不到这一残余的必要性，它已经笨重不堪"……

答 消失的正是现实的原则。自从现实不再等同于理性、合理性、参照系、时间中的连续性、历史，自从我们不再参考其他实例——无论是超越的还是神圣的，我们就不再清楚要如何面对位于物质性中的粗糙现实了。现实需要担保才能存在。

拿我们所掌握的原初现实之一——身体来说吧：透过健康或

娱乐，我们愈发关心身体。身体令我们着迷，但我们不知道该怎么处理它。当灵魂还存在的时候，我们体验到了二者之间的心理冲突。但如今，身体不再是这种象征性的物质。当它不被固定在屏幕前的时候，它不过是我们日常流转的平庸工具而已。

问 您写道："同已说过的⌊真实（le réel）在抵抗，它是所有假设的绊脚石⌋相反，现实（la réalité）不太牢固，它似乎更倾向于退回无序之中。"

答 人类学家马克·奥热（Marc Augé）也承认，现实除了自我重复或自我毁灭之外，没有其他存在理由。现实不通往任何在彼世超越它的东西，因此，它不得不放慢速度，自我复制、自我克隆身体或观念的形象。自从再也没有目标、目的性、超越性之时起，事物就被交付给了自身，也就是说被交付给了无限自我复制的命运。此时，它们不再有终点和目的这两种意义上的终结，也就是说它们不再拥有任何目的性，但同时它们又被证明是无穷无尽的，并被明确扔到了一个空无的轨道上。

换言之，我们也可以提出一个假设，即世界就其物质性而言是一种褒义上的幻觉：某种我们在心理层面制造出来的东西，某种无法证明的东西。我们不再能把自己所拥有的东西等同于明确的真理，也因此不能等同于现实。这就是问题所在：关于真实的永恒幻觉。我们可以形而上学式地高呼，可如今所有的电影作品和幻想作品都围绕着这一集体迷恋在转：我们处在一个真实的世界里吗？一切不都正在向虚拟转移吗？

问 那我们应该像您在《完美罪行》中写的那样去"拯救现

实"吗？

答 我没发出过这样的命令：我在书中谈论的是一种集体迷恋。我们发明了越来越"无法现实化"的技术，同时，我们也试图找到更多的重力、重量和存在理由。为了反对消失，反对被分散到虚拟之中，人们试图回到真实仍然存在的地方。

为了反对普遍交换的全球新格局，我们也许不得不回到一种现实原则。悖论的是，我也因此希望恢复资本，以反对比它更糟糕的东西。任何批判思想都反对资本，反对商品的意识形态。今天，这一思想面对全球新秩序再也无法施展拳脚了。资本主义秩序也许构成了反抗这种蛰伏于各处的超级去现实化（ultradéréalisation）的最后堡垒……

问 差不多二十五年前，您在《神圣左翼》(*La Gauche divine*)中提到了另一种拯救，那就是共产党的拯救……

答 实际上是人们挽救了法共（PCF）。它是拥有我们所说的无限实存的幽灵的一部分。它就在那里，是一种微弱的抗衡力量，从前遭到打压，而如今却得到保存，就像濒危物种一样。工资制也是如此：我理解雇佣劳动者（les salariés）为什么要捍卫工资制（le salariat），而反对分散的就业政策，尽管他们的做法很矛盾，因为这也包含了维护资本的一面。这保障了一种秩序，同时还有其力量关系、现实和社会纽带。目前，一切就是这样连贯运转的：我们挽救了大局，包括社会党（PS）。过时是传染性的，所有党派都在苟延残喘，它们只能以其存在的符号为生，试图延续一个不稳定的社会，这样的社会并不知道自己要去向何方，也不知道自己要走的道路为何。我们所身处的是一片破败。这就是我们唯一能感受到的东西，只要我们不太处于意识形态的自卫状态之中……

问 我们所身处的只是解体与虚幻吗？

答 伴随着幻觉，这里还存在着冲突和骚乱。伴随着虚幻，我们遗失了自己的影子，我们变得透明，我们在一个无足轻重的世界中演变。我们体验到了无厚度、无重力的事物。重力消失导致一切四散而去，而许多人却把这分析为一种进步：您就在那里，在属于您的元素之中，通过一切虚拟技术实现总体性的、全球性的辐射……就我自己而言，我认为事物的核心丧失了。以失去密度为代价，您得以使自己全球化，并掌握关于一切的总体信息。这情况有点儿像您跨过了斯提克斯（Styx）这条冥河，来到了另一边：同您打交道的是一些跟随您已逝影子的人……

问 重力消失了。在您看来，随着双子大楼的倒塌，让人重新发现重力的"9·11"事件的重要性是从何而来的？

答 当然，这的确发生得很突然。在20世纪70年代初，我曾眼看着这两栋楼建起来，而它们唯一的要求就是倒塌，以在这个如此创造出来的空无中，让这一势不可挡且宿命般的演变至少能暂停片刻。至少，这就是我们透过自己仅剩的、具有重要作用的想象力所能看到的东西……

问 "9·11"袭击被放置在暴力-真实-象征这个三角关系之中……

答 对，因为象征于我而言是一个激烈的可逆性可在其中发挥作用的空间——因为象征总是一种由礼物–回礼所阐明的二元关系。我们处在同一种图式之中：建筑造得越高，它就越体现出全能的虚拟性（la virtualité toute-puissante），我们也就越幻想它会倒塌，因为许多人都有对可逆性的黑暗欲望，而不需要变成恐怖分子。对此，也许我们还能补充一种内在的逻辑，它建立在显现及随后的消失的基础之上，这一逻辑支配着人类，无人幸免。因此，我们可以打击恐怖分子所是的载体，但无法同这种把恐怖分子作为其手段的逻辑作斗争，而正是通过这一手段才产生了这场全球性的"表演"，这桩出自乌有之乡的象征事件。

我们要重新发现象征，只能以一切在象征化的残余之上建立起来的激烈否认为代价。这一否认在我看来是原初的。在这意义上，我是否认主义者（dénégationniste），而非否定主义者（négationniste）。同样，我是幻灭主义者（désillusionniste），而非幻觉主义者（illusionniste）；是背叛者（apostat），而非伪君子（imposteur）；是发泄分子（abréactionnaire），而非反动派（réactionnaire）。

问 人们觉得您在面对世界发展进程的时候迈着一种双重步伐……

答 对我来说，没有什么是单向的、单边的，没有什么是只朝着一个方向前进的，一切都是双重的。当一个系统自我发展、自我完善，甚至自我饱和的时候，当它似乎只朝其正向前进的时候，我们就没再考虑到它的双重性，它那被诅咒的部分。但这部分在壮大，就像混沌理论中说的那样，就像靠近瀑布的水流会加速那样。某一刻，这个双重性的部分会占据上风，而另一部分则自行瓦解。这正是共产主义所碰到的情况，它分泌出了自己独有的双重性，而随着柏林墙的倒塌，它轻而易举地瓦解殆尽了。

问　在这样一个您看来瓦解是关键词的世界中，我们还能被要求吗？我们还能践行自己的批判才智吗？

答　我对一个系统的演化给出了轻率的看法……我说的是我们的系统……但我一直认为，逆向的能量就栖身其中，这个能量是双重性的源头，每个人都能利用它。它与意识、常识或道德毫无关系：我们每个人都掌握着双重性的力量，它高于批判性的、且绝对是灾难性的思想，也就是能够改变既有形式的思想。这样一种能量可以位居思想之中，它会在事物的秩序或无序中凿出裂缝，从而让运动加速。我没有看到变得激进的批判性思想的其他可能性。这就是最终的希望：思想构成了这个世界不具有任何特权的一部分，而这个世界是自我瓦解的，也是朝向其自身的消失而势不可挡地演化的。我们的特权，就是对整个系统的致命策略可能为何的直觉……

激进思想必定在暗中同发生之事形成了共谋，无论那些事情是好是坏。它不同于一种必然想要阻止这样一种演化，并高喊"我们会碰壁的！"的批判性思想。批判性思想曾会导致行动，以及需要保卫的超越性；但如今，我们已经失去了这一超越性。而激进思想则内在于当下的世界，它是这个世界的一部分，是照这个世界的模样而形成的：它是灾难性的，或总的来说是悖论性的、偶然的、虚拟的。

从今往后，激进思想是主动的，它酝酿于系统本身的中心，而不再是一种替代性选择。激进思想只能是一种挑衅，它把事物推到极致。我因此不会谈论希望，但我受到了诱惑，我渴望进入这一历史，并在其中睁大眼睛。这就是我称为"清晰条约"（pacte de lucidité）的东西。我认为，人们正是根据这一清晰性而被划分的。这么多所谓的批判精神都陷入了理性化的绝望尝试之中，它们拒绝考虑这种晦暗的、不可控的力量，这一力量不能根据理性来解释，却在各处都发挥着作用。如果思想不能得到调谐，那它就没什么要说的，它将只是对现实性的戏仿。

我无法忍受自己被当作贬义的悲观主义者和虚无主义者。真倒霉，这就是知识分子圈的法则。从根本上来说，只要我没在某种程度上置身事外，我就无权说我说过的那些话了……

世界的解药在独一性那边①（2008）

问　你是如何成为一位伟大的法国知识分子的？

答　我的道路是非典型的。我的祖父母是阿登地区的农民，父母则在城市务工，我自己则属于中产阶级一代人，也就是可以在50年代没有太多负担地从事学业的这代人。然而，我很快就放弃了风光的教学生涯。我当了很久的中学老师，口袋里只有中学师资合格证（Capes）。我没上过巴黎高师，这所学校在当时是大学教员生涯的必经之路。我也没有写过国家博士论文，也从未获得大学教职，尽管我受亨利·列斐伏尔的邀请，在楠泰尔教了二十年的社会学。此外，我的第一部理论著作很晚才出版，《物体系》出版于1968年，那时我已39岁。的确，相对于写作，我长久以来都更关心政治行动……

问　在您第一部著作中，对消费社会的猛烈批判得到了

---

① 《L'antidote au mondial est du côté du singulier》，*Philosophie magazine*，2008，n° 18，avril，pp. 48—53. 采访者是让-弗朗索瓦·帕亚尔（Jean-François Paillard）。
鲍德里亚于2007年去世，本篇访谈是他去世后发表的。——译注

勾画······

答 与其说是对该系统整体的批判，不如说是对消费品的分析。要到几年之后，随着1970年《消费社会》的出版，这一批判才出现。我一开始的想法是表明，物如何既属于社会实践又属于神话，即一种本质上是物质性的、但又是高度象征性的购买活动。事实上，从一开始就存在着某种误解。我的书几乎只谈到了人工制品，探索了其物理和形而上的维度。对我来说，谈论这两个方面是一种同马克思主义和精神分析进行对话的方式，因为这二者在当时知识分子圈中占据了重要位置。但是，对于这一分析，人们只是立刻记住了其中对消费社会的著名批判如何。

问 原因无需多言。在《物体系》开始，您就写道："在当前秩序下，物的命运并不是被占有，而只是被购买。"您试图确定"消费者的权利和义务"。您提到了"广告的圣诞老人效应"如何。

答 三十年来，只要一个国家进入大众消费时代，它就会把《物体系》和《消费社会》占为己有，并将其翻译成自己的语言。这两部作品的发行因此从未停止过。总之，于我而言，这两部旧书成了过去生活的一部分，而我的工作也换了方向······

"消费社会"的概念和居依·德波1967年提出的"景观社会"的概念一样，都已完全融入了习俗。它们甚至非常流行，以至于成了陈词滥调——也就是说，我们甚至可以在政治话语中找到它们······

问 您随后就攻击了神圣不可侵犯的"艺术品"。在它身上，您只看到了平平无奇的商品……

答 在 20 世纪 70 年代中期，国家建立了波堡博物馆，它成了"为所有人的文化"（culture pour tous）的高地。这就是"波堡效应"。同样，我们也见证了史无前例的、几乎就是专门为博物馆打造的艺术品工业的大发展，它最终把自己当成了主体。在一场美丽的合奏中，艺术家们开始从现实中借来它最平庸的物品，并将它们积累——有时是"表演"——在和垃圾相差无几的聚集装置中……

我发现，这一做法是最为典型的，它的结果就是串通一气，最终就是同那些如其所是的东西勾结在一起，此外无他。艺术家们在某种程度上进入了游戏，成为了一分子。这里不再有对任何东西的激烈质疑，也不再发明专门的艺术场景。只有冗余，一种平庸的、商品化了的"艺术品"的庞大堆积。这就像是杜尚的天才之作的回光返照，但杜尚只是把小便池提升到了艺术品的地位。一切都成了艺术，因此也没有什么是艺术了……同时，艺术也不再留给精英，而是成了国家事务，成了政治策略。这也是"波堡效应"！它之所以是国家事务，是因为它通过对艺术品以及人与之接触交流的场地（博物馆）的神圣化，来教化"大众"这个新的"沉默的大多数"，一个流动的、不可把握的实体，这一实体随着最初的民意调查和为它而写的专著——比如麦克卢汉的著作——才开始浮现。它之所以还是政治策略，是因为它还能够催眠大众，它那以文化为借口的做法扮演着安全阀的角色，并最终扮演着异化工具的角色。

问　这一策略最终会获胜吗？

答　我不这样觉得。大众挫败了当权者的这一策略，包括借助媒体的策略，这一事实当时就令我震惊不已。大众既被政治权力和媒体权力异化，同时也强行拉平了政治和文化的话语，以至于在某种程度上抵消了它们的影响：一切强加给物质和文化物的东西都在某种程度上跌入了一个巨大的黑洞，一个无规定性和不可解读之物的黑洞。面对大众，政治话语不再回归，连政治代表也不复存在：不再有任何东西。这就好像物化了的大众对物的世界进行了自己的复仇。

问　他们从那时起拒绝被操纵……

答　操纵、回收……我不太信任这些术语，因为它们预设了一种意图，一位伟大的组织者，一个空无一物的中心。我们希望这个我们所生活的系统，这个著名的资本主义系统可以受一个主人的控制。事实上，这是西方制度的内在逻辑，它既受到所有人的尊敬，又强迫着所有人，统治着世界。以艺术市场为例：正是其本质上的经济逻辑，在其媒介化的帮助下，解释了当代艺术品在审美上的平庸。只有一种荒诞的念头还留存着：艺术家躲开了这一毫不留情的过程，仿佛享有一种特权。这是全球化时代中的一个属于拟像的矛盾。

问　在您看来，全球化是消费社会的终极阶段？

答　我们无法否认，价值结构如今已蔓延到了整个星球。大众消费的出现、媒介对社会的掌控以及数字技术的普及让这一现象得以可能。人类活动领域无一例外地深陷其中，无论它是私人的还是集体的。我们所打交道的是一个具有生命力的系统，一种完整的现实，它像普世秩序那样强加给我们。此外，在全球性主题和普遍性主题之间存在着一种虚假的亲缘性。普遍性位于人权和民主一边，而全球化本身则指另一个领域，即技术、市场、信息的领域。它似乎是不可避免的、不可逆的，也是毁灭性的：它通过强行吸纳其他文化而消灭了它们。更准确地说，我们如今可能会为普遍性在全球的消解而不安，为人权在政治营销中的工具化而不安。从那时起，重要的问题似乎就是辨认出那不会被全球化化约、不会在这场无法名状的新全球战争中游戏的东西……

问 您谈到了第四次世界大战……

答 对。最初的两次世界大战终结了殖民主义的欧洲和纳粹主义。第三次被委婉地称为"冷战"，但它是真实发生的，它决定了共产主义的命运。请注意，我们每一次都走向了更具包容性、更加独特的全球秩序，而这个过程如今要走到头了。这由此给人这样一种普遍的印象：我们如今面对的是一个庞大的统一系统，一种完整的现实，其中敌人无处不在，也处处不在。这就是我在说第四次世界大战时所要指的东西：这是全球化用以反对自身的战争。在一个全球化系统中，不再有潜在的敌对，不再有公开的敌人，不再有要征服的地区。

系统发展得太过了。因此，它最终因分泌出某种内在的腐败而出了毛病，并自我耗尽。这不是道德意义上的腐败，而是某种类似于整体之解构的东西，是恐怖主义，而恐怖主义乃是对这种不可被系统吸收的张力的强烈隐喻。它仿佛扮演着病毒的角色，归根结底，这病毒终究会触动所有人的想象，并为系统加上极具张力的补充性元素，而这一元素也是象征性的、虚拟的。

问　您对恐怖主义的解释非常反传统，您拒绝把它看作一种不道德的活动。

答　我们要么把恐怖主义看作一种来自别处的恶的力量，这一解释在价值判断面前是站不住脚的；要么就是在善恶的彼岸进行考察。恐怖主义因而表现为以恶制恶，即某种统治系统的影子，某种以同自己所作所为相反的民主或普世的话语之名，把自身强加到所有人身上的霸权系统自身的影子。西方国家不正是以反恐的名义——盎格鲁-撒克逊人把这叫作"威慑"（deterrence）——强加了一种安全的恐怖吗？正因如此，我才说恐怖主义作为一种渗入性力量，可能即将获胜。

问　那美国呢，马上要输了吗？

答　美国是一个世界大国，它因轻率地践踏了自己所宣称的那些普世价值而失去了全部合法性。它不再有特定的敌人，它得自己创造敌人，而这种敌人多少是虚拟的：阿富汗、伊拉克，当然还有恐怖主义，这是一个流动的、不可把握的却又方便的概念，因为我们在其中看到了极端的恶的力量。问题在于，如今恶很大部分是虚拟的，正如我们在伊拉克看到的那样，它的大规模杀伤性武器从未被找到过。最糟糕的是，人们通过宣称要打击这一邪恶，到处制造了传染源：阿富汗、伊拉克、印度尼西亚、土耳其……就好像系统预先创造了自己的漏洞一样。

问　就此而言，您相信"9·11"事件是可预见的吗？

答 不相信。究其根本，这是一桩不可预见的事件。一个在过于可预测和程序化的系统中出现的事故必然是不可预见的。但它的出现是可能的。在全球化的背景之下，政治史陷入了麻烦。表征不再分裂，而社会裂痕却变得巨大无比。随后则会时不时地发生爆炸、戏剧性事件和我的朋友保罗·维希里奥所说的"意外事故"（accident）。他的确谈到了可能造成世界末日的意外事故……

问 您相信他说的吗？

答 我没有这种感受。我不认为世界会以这种方式终结，尽管严格来说我们对此的确一无所知。但是我认为，我们并没有进入危机的旧有循环之中，无论这种危机是社会的、文化的，还是经济的，因为危机终究构成了进步的一部分。

我更相信一种灾难性的过程，因为正如我对您所说，系统会预先分泌出自身的漏洞。另外，在所有领域中……比如，我们能在信息领域中看到这一点。我们清楚地感觉到信息领域中存在着问题。图像和信息变得激增且无法区分、无法被筛选，以至于它们最终杜绝了任何交流。但是，针对这个问题的解决方案不过是增加了图像和信息。我们因此面对着的是一种灾难性的过程……这是一个超速运行至最终发生故障，且无法逃脱自身之逻辑的世界，就好像坠入自身的陷阱一般，可无论如何，在这个世界的景象中仍然有某些令人欣喜的东西。

问 那个体呢？您是否认为个体有能力在这个"抛锚"的世界中有所作为？

答　我认为，每个人的身上都仍然存在着某种生命力，某种依然在抵抗着的不可化约的东西，一种形而上学方面的独一性。它甚至可以超越政治义务，尽管后者在别处并没有被完全瓦解。因此，我们应该在独一性那边寻找世界的解药。此外，我也应该告诉您，如果我不曾相信人身上有某种在抗争和抵抗的东西的话，那我早就停止写作了。因为那就像是堂吉诃德和风车进行决斗。我相信，这种事物，这个不可化约的部分不会被普遍化、综合化或沦为任何标准交换的对象。有一天，人们能把这个部分变成某种肯定性的事物吗？关于这一点，我们无法作出断言。游戏还没有结束。这也是我的乐观主义之所在……

图书在版编目(CIP)数据

鲍德里亚访谈录:1968—2008/(法)让·鲍德里
亚(Jean Baudrillard)著;成家桢译. —上海:上
海人民出版社,2022
书名原文:Entretiens:1968 - 2008
ISBN 978 - 7 - 208 - 17606 - 5

Ⅰ. ①鲍… Ⅱ. ①让… ②成… Ⅲ. ①鲍德里亚(
Baudrillard,Jean 1929 - 2007)-访问记 Ⅳ. ①B565.59

中国版本图书馆 CIP 数据核字(2022)第 020391 号

责任编辑 吕子涵 于力平
封面设计 @Mlimt_Design

鲍德里亚访谈录:1968—2008
[法]让·鲍德里亚 著
成家桢 译

出　　版　上海人民出版社
　　　　　　(201101 上海市闵行区号景路 159 弄 C 座)
发　　行　上海人民出版社发行中心
印　　刷　上海商务联西印刷有限公司
开　　本　890×1240 1/32
印　　张　10.75
插　　页　2
字　　数　214,000
版　　次　2022 年 7 月第 1 版
印　　次　2022 年 7 月第 1 次印刷
ISBN 978 - 7 - 208 - 17606 - 5/B · 1605
定　　价　68.00 元

MINERVA

· 密涅瓦 ·

人生哲思

《论人的奴役与自由》　[俄] 别尔嘉耶夫 著　　张百春 译
《论精神》　　　　　　[法] 爱尔维修 著　　　杨伯恺 译
《论文化与价值》　　　[英] 维特根斯坦 著　　楼　巍 译
《论自由意志——奥古斯丁对话录二篇》（修订译本）
　　　　　　　　　　　[古罗马] 奥古斯丁 著　　成官泯 译
《论婚姻与道德》　　　[英] 伯特兰·罗素 著　　汪文娟 译
《赢得幸福》　　　　　[英] 伯特兰·罗素 著　　张　琳 译
《论宽容》　　　　　　[英] 洛克 著　　　　　张祖辽 译

社会观察

《社会学的基本概念》　[德] 马克斯·韦伯 著　　胡景北 译
《历史的用途与滥用》　[德] 弗里德里希·尼采 著　陈　涛　周辉荣 译
　　　　　　　　　　　刘北成 校
《奢侈与资本主义》　　[德] 维尔纳·桑巴特 著　王燕平　侯小河 译
　　　　　　　　　　　刘北成 校
《社会改造原理》　　　[英] 伯特兰·罗素 著　　张师竹 译
《部落时代：个体主义在后现代社会的衰落》
　　　　　　　　　　　[法] 米歇尔·马费索利 著　许轶冰 译
《不受掌控》　　　　　[德] 哈特穆特·罗萨 著　郑作彧　马　欣 译
《鲍德里亚访谈录：1968—2008》
　　　　　　　　　　　[法] 让·鲍德里亚 著　　成家桢 译